TUSHUO XIFANG QUANCHEN

图说西方权臣

魏　新◎编著

中国华侨出版社

图书在版编目（CIP）数据

图说西方权臣/魏新编著. —北京：中国华侨出版社，2013.9（2021.2重印）

ISBN 978-7-5113-4046-7

Ⅰ.①图…　Ⅱ.①魏…　Ⅲ.①政治人物-生平事迹-西方国家-图集　Ⅳ.①K817-64

中国版本图书馆CIP数据核字（2013）第216683号

图说西方权臣

著　　者/魏　新

责任编辑/凌　嵩

责任校对/李向荣

经　　销/新华书店

开　　本/710×1000毫米　1/16　印张/20　字数/280千字

印　　刷/三河市嵩川印刷有限公司

版　　次/2014年1月第1版　2021年2月第2次印刷

书　　号/ISBN 978-7-5113-4046-7

定　　价/58.00元

中国华侨出版社 北京市朝阳区静安里26号通成达大厦3层　邮编100028

法律顾问：陈鹰律师事务所

编辑部：(010) 64443056　64443979

发行部：(010) 64443051　传真：64439708

网　址：www. oveaschin. com

E-mail：oveaschin@sina. com

前　言

在西方历史上，有这样一些人——他们曾经让天地变色、令历史改弦；他们的存在使得原本至高无上的君权也因之黯然失色；在他们的生前身后，人们用尽种种极端的词汇对他们进行褒贬，时而将他们奉为国之栋梁捧上云霄，时而又将他们当成罪大恶极的奸臣打入地狱；千百年来，有关他们的历史真相被各种标签和脸谱所遮蔽……

本书在恪守史实的基础上，真实细腻地再现了这些西方权臣的生命历程，生动演绎了他们在权力场上的奋斗与崛起、挣扎与幻灭。同时，也描述了他们作为一名普通人的悲欢离合、喜怒哀乐甚至难以启齿的隐私秘事。研究他们的是非功过，治乱兴替，在一定意义上事关国家盛衰、民族兴亡、个人成败，并对我们现代人有着极大的借鉴意义。

独具特色的选材，深刻精到的见解，流畅清新的文字，精美而有代表性的图片，使得这部著作处处闪现着灵动与厚重。通过它，可以引领我们既了解西方历史，学习相关知识，还能带给我们阅读的快乐。

由于时间仓促，加之水平所限，本书缺陷和错漏之处难免，诚望批评指正。

目录

德拉古

贫富的极端分化，造成了社会的动荡不安。德拉古临危受命，制定了极其严厉的法规。但是，洪水只能疏导而不能堵塞，最终，他的高压统治非但没有解决社会问题，反而加深了矛盾。

基隆暴动虽然被镇压，但是社会仍然动荡不安，富人愈来愈富，穷人愈来愈穷。执政的贵族们并不汲取教训，照样花天酒地，雅典的社会矛盾丝毫没有得到缓解。

贵族依仗权势占据大量土地，土地的高度集中使许多农民失去了自己的土地，只得依靠租借贵族的土地耕作为生。地租非常繁重，他们需要把产出的5/6（也有人说是1/6）交纳给贵族，因而被称为“六一汉”。如果农民交不起租金，他们连同妻子、儿女都会被捕，沦为债务奴隶。虽然说只要偿还所欠债务便可以恢复自由身，但这其实只是一句空话，利滚利，债滚债，他们的欠债一年比一年多，还有些人被卖到国外，命运更是悲惨。即使碰上收成好的年头，农民有能力交地租，然而交纳之后粮食已经所剩无几，辛辛苦苦劳作了一年，到头来却连温饱也不能维持。贵族们整天饮酒作乐，奢华无度，穷人却流离失所，无立锥之地，有些贫民还成为贵族取乐的工具，人格上遭到极大的侮辱。如此强烈的反差，使贵族与平民之间的矛盾越来越尖锐。

平民不仅在经济上遭受压榨，在社会地位、法律上也同样是深受欺压。当时雅典还没有成文法，平时在社会生活中使用的是习惯法，但是贵族根本不把习惯法看在眼里，冒犯了众怒顶多是躲藏几日，随后便大摇大摆地出来了。受害者向执政官告状，可是当时哪一个社会都少不了官官相护，再加上没有治罪的凭据，往往是不了了之。深受多重欺压的平民们愤怒不已，有些人被迫落草为寇，劫富济贫；有些人被逼到了绝处，冒险刺杀贵族。一时间，社会秩序变得极为混乱。

同时，贵族之间也互相争权夺利，暴力事件频频发生。人们越来越强烈地意识到需要稳定规范的法律制度来保障公民的人身财产安全，贵族们也担心如果平民的反抗加剧，他们的统治地位将会不保。于是雅典人委托执政官德拉古立法，希望以此规范秩序。

德拉古是当时雅典的六位司法执政官之一，关于他的生平，史料记载寥寥。不过既然他在危急关头被委以重任，可知应该是一位在民众当中颇具有威望的贵族。

公元前621年，德拉古拟定了一部法律，后人称为德拉古法。德拉古法是雅典的第一部成文法，在法律史上具有重要意义。然而这部法旨在维护贵族利益，完全漠视了平民的权利。

德拉古从法律上确立了债权人可以将欠债不还的人及其家属变为奴隶。该法在社会治安问题上则量刑过重，杀人、纵火、抢劫、盗窃一律处死，甚至连偷窃蔬菜，水果也被判处死刑。更令人不可思议的是，竟然连“懒惰”也是罪名的一条。据说有人曾经问过德拉古，为什么对大多数的犯罪采取如此严苛的量刑？死刑未免过重了。他回答道：在我看来，轻罪理应处死，至于更大的罪，还找不到比死刑更严重的刑罚，也只好处死他们。

德拉古的刑罚如此严酷，以至有人说他的法律不是用墨水而是用鲜血写成的，直到今天，一项专横冷酷的法律或者裁决都会被描述成“德拉古式的”。

德拉古所拟定的法律条文保留下来的极少。公元前5世纪，人们曾将德拉古法刻在石碑上。可能是因为人们憎恨他的法律，毁坏了石碑，所以只有一些残缺的碑文流传至今，上面记载了少数的几条法律。其中有一条：过失杀人者，流放。但是也有缓和的余地，只要罪犯的直系男性亲属一致同意赦免，就可以饶恕罪犯。如果罪犯没有直系男性亲属，可以要求旁系男性亲属商议决定；倘若还是没有，可以从他所属的氏族里选出十位男性作为审判。虽然这条附属条款有可能是当时的习惯法，但是不可否认的是，这无疑为贵族逃避刑罚制造了充分的

借口。

在这部强横法律的控制下，贵族之间的争斗确实有所缓解，但是平民对此怨声四起。既然小偷小摸与杀人抢劫是同样的刑罚，犯罪的成本是同样的，许多人干脆铤而走险，犯下重罪。如此一来，社会治安非但没有日趋良好，反而朝恶化方向发展。恐怕这也是德拉古始料不及的。

克利斯提尼

克利斯提尼是被诅咒的家族的后裔，他和梭伦一样，出身显赫却同情平民。他的父亲在政治斗争中失败，所以他的青少年时代是在流亡中度过的。成年后，他回到了祖国雅典，并为民主体制改革做出了不朽的贡献。

克利斯提尼

克利斯提尼（约前 550～前 500）所属的阿尔克门尼德家族是一个可悲的家族。他的曾祖父美伽克勒斯在基隆暴动后被控渎神罪，致使亡者被掘坟曝骨，整个家族遭到流放。过了若干年，雅典人的怒气稍稍平息之后，阿尔克门尼德家族的成员才陆陆续续返回雅典。他的父亲美伽克勒斯是海岸派的首领，曾经与庇西特拉图进行过激烈的权力争夺，但是后来还是失败了，为了避免受到迫害，家族再一次流亡海外。然而，这个家族从来没有放弃过重返雅典的希望，克利斯提尼也是如此。他时时观望着雅典国内的情况，等待着重返故土的一天。

庇西特拉图逝世之后，希庇亚斯执掌政权。然而这位僭主并不懂得体恤民心，因而引起了雅典人的仇视。克利斯提尼敏锐地意识到，他的机会来了。他悄悄与雅典的贵族联系，密谋推翻希庇亚斯的统治。但是就其本身力量而言，他们无法对抗拥有军队的希庇亚斯。于是，克利斯提尼想到了利用斯巴达。

斯巴达在推翻僭主的运动中向来是不遗余力的，但是这一次他们对于克利斯提尼的求助感到犹豫。因为雅典不是一个弱国，如果武力逼迫，可能会造成一些不必要的损失，所以他们去询问特尔斐神庙的神谶，神庙的女祭司早被克利斯提尼用金钱收买了，问了几次，女祭司的回答都是“应该解放雅典”。斯巴达人听从了神的旨意，出兵攻打雅典，并成功地驱逐了希庇亚斯。

希庇亚斯被驱逐后，斯巴达人不久也撤离了雅典。在这次政变中，克利斯提尼的功劳最大，他本人也踌躇满志地准备成为新的国家领导者。但是他的政敌——贵族伊萨哥拉斯抢了先，当上了执政官。伊萨哥拉斯害怕受平民拥戴的克利斯提尼反对他，于是勾结斯巴达人驱逐克利斯提尼。斯巴达国王克里昂米尼借口净化“被诅咒的家族”，派兵公然干涉雅典的内政，克利斯提尼被迫逃亡。

然而伊萨哥拉斯也由于此举彻底失去了民心，雅典平民不愿看到斯巴达人在自己的城市里作威作福，于是联合起来把他们赶了出去。试图恢复贵族寡头统治的伊萨哥拉斯也遭到了雅典人民的驱逐，只好灰溜溜地跟着斯巴达人走了。平民赶走了他们之后，迎回了克利斯提尼。这一次，克利斯提尼以胜利者的姿态回到了雅典。这不仅是他个人的胜利，也是整个阿尔克门尼德家族的胜利。

经过一番激烈的政坛角逐之后，公元前507年，克利斯提尼成为了雅典的首席执政官。掌权后，克利斯提尼深刻地意识到：只有改变当前的体制，他才不会再陷入落荒而逃的境地。他最有力的靠山是平民，而根据现行的法律制度，国家的政治权力全部掌握在贵族手中，平民再有力量也不能直接帮助、支持他。因此他决定进行重大改革，力图每个人都能平等地参与政治。克利斯提尼改革的力度和规模都非常有力彻底。

其内容之一是废除传统的4个血缘部落而代之以10个新的地区部落，按新部落体制进行选举。实际上这些新部落就是城邦的选举区，仅袭用部落之名而已。由于雅典政坛上早有平原、山地、海岸三派之分，新部落的组成就注意到在消除氏族贵族影响的同时，也注意揉合三派，因而组成比较复杂。其办法是每一地区部落都包括三个位于上述三种地区的“三一区”，例如新组成的名为潘迪奥尼斯的地区部落就包括位于海岸的三一区米里诺斯，位于山地的三一区派阿尼亚，位于平原的三一区古达特内昂，三地合一而成新区。这个办法巧妙地利用了原来血缘部落也分三个三一区的传统，只是旧三一区是按胞族划分，现在则按地区户籍组成，而且兼容平原山地海岸三部分。正是在彻底按地区组成这一点上，克利斯提尼改革沉重打击了氏族贵族，使他们依靠旧的氏族血缘关系影响选举成为不可能，雅典的国家组织也由于摆脱氏族关系的残余而完全形成了。

在组成新的选区之后，克利斯提尼便以10个部落各选50人组成新的五百人会议，取代梭伦的四百人会议。五百人会议的成员是所有公民不分等级皆可担任，比四百人会议更民主。选举办法也有新创：各选区基层单位（相当于村庄的德莫斯）按人口比例确定的名额在合格候选人中抽签产生。这样一来，每个身体健康并关心政治的雅典公民，原则上都有当选五百人会议成员的权利，实际上在他一生中也总有一两次获选的机会。五百人会议的权力也更为扩大，除了为公民大会准备议案、所有议题均先由它讨论并由它主持公民大会外，它又在公民大会闭会期间负责处理国家日常政务，由其500成员按部落分为10组，在一年内轮流值班，称为“主席团”，每组50人内部也是轮流抽签值班，而在每人值班那天，他便是雅典国家地位最高的公职人员，有权主持公民大会、接见外国使团。

克利斯提尼改革还直接推动了雅典军队改革，以前按血缘部落征兵的办法现在改为按地区部落征兵，每部落提供一队重装步兵、若干骑兵及水手，并且选举一名将军为统领。10名将军组成将军委员会，由军事执政官任主席。将军之职按公民自费服役的传统，不仅没有薪饷而且要由自己出资装备一切（包括勤务兵），因此只有家产丰厚的人才愿意和可能担当。所以，它始终不搞抽签而只由选举产生，并可连选连任（但也可以随时罢免），后来这一职务便成为奴隶主上层掌握的要职，对雅典政局影响较大。

克利斯提尼改革的最后一个措施是实行陶片放逐法（陶片是指选票），它是按公民投票来决定是否对某一公民实行政治放逐，因投票时把定罪人的名字写在陶片上而得名。每年由五百人会议提请公民大会讨论是否应行此法，若大会同意就召开全体公民集会进行投票，只要出席人数达到 6000 而某人获多数票就要流放国外 10 年，但不动其财产。这个放逐法对那些不受群众欢迎的头面人物（往往是贵族）是很大的威胁，不失为民主政治的一个重要工具。

克利斯提尼的改革是平民的胜利，自然地触动了贵族的利益。贵族们向斯巴达人求助，斯巴达国王克里昂米尼恼恨前次所遭受的失败，试图将伊萨哥拉斯拱上僭主之位。他联合其他城邦，率军兵临城下，威胁雅典。克利斯提尼被迫离开。但是斯巴达的盟国不愿看到斯巴达征服雅典后取得绝对霸权，于是退出了战争。后来斯巴达的两位国王也发生了争执，克里昂米尼无奈只好退兵。人民拿起武器打退了剩余的进犯者，迎回了克利斯提尼。后来在斯巴达人的干预下，雅典的政坛又是一波三折，斗争不断。

为了消除斯巴达对雅典的威胁，克利斯提尼做了一件不明智的事情，他决定和波斯人结盟。克利斯提尼亲自率领使团与波斯总督会晤。总督答应给予他们援助，只要他们同意向波斯国王双手奉上雅典的土和水。意思很明显，也就说用雅典成为波斯附属国的方式来交换援助。克利斯提尼答应了，然而这种丧权辱国的条约遭到了雅典人的普遍反对。回国后，克利斯提尼成为了他所创立的陶片放逐法的第一个牺牲品，被赶出了雅典。

克利斯提尼虽然个人遭致失败，但是他的改革却完整地保留了下来，并被成功地运作。他的改革比梭伦大大前进了一步，基本完善了梭伦初步建立的民主政体。不过，克利斯提尼的改革范围基本上是政治体制，没有涉及社会生活其他方面。

德垃古的立法、梭伦的除旧布新，庇西特拉图的变革，克利斯提尼的彻底改革，这一系列的体制改革和完善，最终导致了雅典民主的产生。这种民主在人类历史上是空前绝后的，人人参与的程度即使是现代的民主社会也是罕见的。经由几代人的不懈努力，雅典开始迈入了辉煌时代。

伯里克利

伯里克利，出身雅典贵族，自幼受到良好的教育，精通文艺、哲学和音乐等，善辩论。他的青年时代是在与波斯的战争中度过的，他在战争中养成了冷静、果敢的性格。

伯里克利

伯里克利讲求民主自由，为了广泛接近民众，伯里克利经常到大庭广众之中和普通百姓交谈，听取他们的意见。遇到反对他的人当面辱骂他，也从不动怒，更不随意抓人。一天晚上，在他步行回家的路上，一个贵族跟在身后辱骂他："你这个疯子！真无耻！你出身贵族，却忘掉了自己的朋友，竟然去结交那些百姓！"这个人就这样一路尖声叫骂着，尾随他到了家门口。看看天已经黑了，伯里克利让仆人打起火把，把骂他的人送回家去。

雅典公民对他的民主作风交口称赞，并给予他极大的支持。有一个大贵族名叫西门，专门和伯里克利作对。凡是伯里克利主张的，他都反对；凡是伯里克利反对的，他都支持。雅典公民便通过投票把他放逐到国外去了。另一个大贵族福克奇利斯，也和伯里克利唱对台戏，反对伯里克利建设雅典城的计划，最后，他也被雅典公民赶下了台。足见伯里克利在公民中的威望。

在伯里克利执政时（公元前443～公元前429年），雅典民主政治的发展可以说达到了古代所能达到的顶峰。

一是国家各机关的官职向全体公民开放。梭伦执政时，公民担任国家官职有等级限制。伯里克利执政后，国家官职不仅向所有等级的公民开放，同时还规定公职人选实行抽签制和轮换制，抽中者担任公职以一年为限，不得连任，到期轮换。这使公民在一生中都有担任公职的机会。

二是国家各机关的公职实行津贴制。各级官职向所有公民开放，并不能保证公民有参政能力，如果无津贴，普通公民让当官也当不起。梭伦执政时，担任公职就无津贴。伯里克利规定公职人员实行津贴制，有助于普通公民当政和参政，这是由富豪政治向民主政治的转变。

三是国家各机关的权力属于全体公民。从公民大会来看，国家的内政、外交、战争、媾和以及高级官员的任免等一系列重大问题，均由公民大会讨论决定，公民大会扩大到每年召开40次，平均9天一次。这充分体现了国家的一切权力属于全体公民的原则，是直接民主制。从五百人会议来看，它作为国家的最高行政机关，其公职人员都不能离开公民大会而擅自决定任何政务大事，他们都处于公民大会的经常监督之下，失职者要依法惩处，从罢官放逐直到处死。从陪审法庭来看，它不单纯是一个审理民事案件的机构，对公民大会的议案有最后的核准权，对公职人员有监督权，它实际上是国家的最高司法与检察机关。

十将军委员会作为国家的最高军事机关，其首席将军可连选连任，但不得抽签选出，也无薪水，他是雅典国家的最高行政首脑。

雅典除了九执政官，十将军外，还有360个公民大会临时主席（每次公民大会要抽签选出9名大会临时主席）、365个五百人会议值班主席、200多个负责工商和审计等方面的官员，700多个驻外官员、30～40名地方巡回法庭官员，再加上五百人会议成员、6000名陪审法庭成员等，雅典每年担任公职者近1万人。这对有抽签制、轮换制、津贴制及任期制的4万公民来说，确实是一个不小的比例。雅典的公职人员在任职前要有资格审查，任职时要有信任式的审查（公职人员每年要经历10次政绩评议和去留表决，即每隔36天面临1次免职的可能），离职时要有述职式的审查，而各个权力机关的互相制约表明，这是一种比较成熟的制度，也是古代罕见的一种直接民主制。

伯里克利另一个突出的特点是对自己要求严格，执政廉洁，他掌权十几年都没参加过别人举行的宴会。他唯一一次接受的邀请是参加侄子的婚礼，但还未开宴他就离开了。老百姓形象地说，伯里克利在雅典只熟悉一条路，那就是通向能和普通公民接触的广场和五百人会议的路。

在雅典，军人、法官、议员和其他政府工作人员起初都是没有薪金的，当兵的要自己掏钱买武器和马匹。这样一来，这些职务都被有钱人把持了。伯里克利执政后规定：军人和一切公职人员都由国家支付薪金。这样，一般公民也能当军人、法官、议员了。这样一来，公民的民主权利扩大了。伯里克利还给穷人发“观剧津贴”，使他们也有文化娱乐的机会。

伯里克利最大的功绩便是重建了雅典圣城。在他的主持下，一批出色的雕塑家、建筑师、工艺家云集雅典，把这座古城装饰得十分雄伟、壮丽。不久，许多闻名于世的建筑陆续屹立于雅典城。可容纳14000名观众的露天剧场，经常上演一些著名剧作家的悲剧和喜剧，其中不少剧作对欧洲的戏剧产生了很大影响；专门用于诗歌演唱和比赛的音乐堂，经过精心设计，具有良好的音响效果。位于雅典中心的卫城是最出色的建筑群，它建在150米高的陡峭的山巅之上，全部用大理石修建而成，城中有雅典最著名的帕提侬神殿和智慧女神雅典娜的铜像。

公元前431年，雅典与斯巴达人爆发战争，斯巴达人攻克了雅典，伯里克利被解除了领导职务。公元前429年，伯里克利死于鼠疫。

亚西比德

亚西比德（公元前450—公元前404），古雅典将军、政治家。苏格拉底的生死之交。以其高傲、自由、竞争、永远第一和在伯罗奔尼撒战争中以反覆于雅典、斯巴达和波斯之间而左右局势而闻名。

亚西比德出身于雅典豪富之家。他的父亲克列伊尼阿斯，在公元前480年与波斯人的海战中，用自己装备的一艘三列桨战舰参战，立了功。公元前446年，其父在作战时阵亡，他的监护人是伯里克利，未能对他进行适当的教养。亚西比德奢侈浪费，爱出风头，惟恐天下不乱，却能言善辩，智勇双全。在一次奥林匹克大会上，一人驾七辆马车参加马车大赛，获得冠、亚军和第四名，名噪全希腊。他有一只长得很漂亮的小狗，但他下令把狗尾巴砍掉，当友人责备他时，他却笑着说，他就是要使雅典人议论这件事。为了寻开心，他把雅典有名的富翁希波尼科斯打了一顿，当这件事在全城传开后，他又亲自去希波尼科斯家请罪。他的妻子因他经常在外眠花宿柳而提出和他离婚，他不但不收敛，反而当着法官的面把妻子强行扛回家中。有人请他做客，他故意不到，待他的几位朋友喝醉之后，他领着一大帮人闯进去，命令奴隶抢走一半金银餐具，然后扬长而去。诸如此类的胡作非为，不一而足。

就政治观点而论，他对雅典民主政体并无好感。有一次，他去见伯里克利，但被阻于门外。守门人告诉他，伯里克利正忙于准备向公民大会提出工作报告。亚西比德在离开的时候说："最好他想出一个根本就不要作报告的办法。”虽然他追求个人至上的权利，但他面对现实，并不妄图轻易改变政治制度，因为他认为改变政治制度是不安全的。他所致力的事业是使群众跟着他走，为此他可以不择手段。

亚西比德

他非常钦佩哲学家苏格拉底，而苏格拉底也为其俊秀的外表和机敏所吸引。公元前 432 年，两人在哈尔基季半岛并肩作战，亚西比德负伤时，苏格拉底竭力救助他；公元前 424 年，在德利于姆战役中，亚西比德也曾掩护过苏格拉底撤退。当时亚西比德以挥金如土、作战如虎而闻名。

两次伯罗奔尼撒战争，打得雅典和斯巴达气喘吁吁、无心恋战，于是坐下来谈判，谈出了个《五十年和约》，时当公元前 421 年，亚西比德尚不满三十岁。公元前 420 年，他当上将军，尽力要阴谋，弄诡计，千方百计破，坏了主和派尼西阿斯建议的雅典一斯巴达同盟互助条约，使雅典与阿戈斯、伊利斯、曼提尼亚等三个伯罗奔尼撒城邦结成反斯巴达同盟。

公元前 416 年，西西里岛的雅典联邦塞盖斯塔向雅典求救，公民大会谨慎起见，派了个使臣去西西里考察，他回来述职时带了 60 塔兰同白银，并向公民大会吹嘘那里多么多么富有。亚西比德听后当即表示赞成出兵，尼西阿斯拼命反对，并开始攻击强硬派头目亚西比德的人品，说他拿钱不当钱使，为了当将军而想打仗。亚西比德立马反对，而事实上他那时的确想借机发战争财。公民大会通过了出兵提案，任命亚西比德、尼西阿斯和拉马卡斯为统帅，希望他们三人的勇敢、谨慎和鲁莽能完美结合。出海以后，亚西比德的心思根本不在战斗上。原来出海前一天晚上，有人将各街口指路用的赫尔墨斯神像的脸都捣

亚西比德与苏格拉底

毁了，亚西比德成了头号嫌犯，政敌趁机说他阴谋颠覆民主政府，所以拖着判决让他出去打仗，以便罗织罪名。

到了塞盖斯塔，大家一看目瞪口呆，哪里有什么黄金白银，三个统帅只能就地搜刮。亚西比德建议先拔了西西里大邦叙拉古的毛，就是剪除羽翼的意思，可是尼西阿斯一直犹豫不决。正当三个人进行不知是第几次的例行会议时，雅典政府通讯快船“萨拉明尼亚号”带来国内命令，要亚西比德回去听审。原来神像毁坏案已经升级成阴谋建立寡头政府的案件，好几个人已经为此掉了脑袋。亚西比德和其他被控者在船上思前想后，觉得回去肯定会活不了命，于是趁中途休息时集体逃亡，投靠了斯巴达。

亚西比德懂得入乡随俗的道理，在崇尚俭朴的斯巴达，挥金如土、食不厌精的他整天吃大麦饼、喝凉水，一身典型的斯巴达装束，决不用自己的奢侈恶习败坏那里的民风，一边看着雅典怎么发落，结果一听到自己被判处死刑，就把雅典远征西西里的目的告诉了斯巴达，并建议斯巴达以后不能打了就跑，要想方设法剥夺雅典来自银矿和土地的收入。斯巴达人用怀疑的眼光打量亚西比德，他赶忙剖明心迹说那个迫害他的国家已经不是他的国家了，斯巴达人觉得有理，决定出兵西西里，结果导致雅典在西西里争夺战中惨败，4 万海陆军全部阵亡。

西西里战役结束，战场移到东方。斯巴达人根据亚西比德的建议，首先在伊奥尼亚地区策动雅典的盟国反叛。公元前 412 年 6 月，在亚西比德率领的 25 艘战舰的支援下，希奥斯岛首先起义，接着伊奥尼亚各邦纷纷脱离雅典。在这个过程中，亚西比德对他们的援助起了很大促进作用。

亚西比德之死

一向苦于缺乏现金的斯巴达，为了在海上称霸，积极寻求波斯帝国的援助。波斯人为了实现重现控制小亚细亚的希腊城邦，进而染指欧洲部分的希腊诸邦事物，也乐于向斯巴达人解囊。从公元前 412 年夏天到公元前 411 年冬天，斯巴达和波斯之间连连签订了 3 个条约，规定联合对付雅典。亚西比德参与了与波斯人的谈判，得到了波斯人的青睐。

亚西比德的得势在斯巴达引起了广泛的猜疑和嫉妒，当局下令把他处死，但是善于察言观色的他早就对斯巴达人有所戒备，在他们动手之前，他就逃到波斯小亚细亚总督那里去了。他向波斯人建议，为了波斯的利益，应该让斯巴达和雅典两败俱伤，因此不应该援助斯巴达攻击雅典。他的意见被波斯人欣然采纳。

雅典在西西里惨败后又集结了一支舰队，准备在萨摩斯岛附近与斯巴达决一死战，决定伯罗奔尼撒战争结局的爱琴海之战拉开序幕。而这时雅典后院起火，公元前 411 年 5 月民主政体被推翻，建立了寡头政权，派人向斯巴达求和。亚西比德便跑到萨摩斯驻军那里，请他们帮他干反，条件是他帮他们打仗。萨摩斯士兵们都是淳朴的，又不满新政府，被亚西比德的演讲所感动，选他当了将军。他一边煽动色雷斯地区和希腊海沿岸的殖民地人民起来反对斯巴达，一面在赫沦斯滂海峡附近的阿卑多斯战役打了一场胜仗，俘获敌舰 21 艘，一时名声大振。接着在公元前 410 年的塞西卡斯战役中全歼斯巴达新建海军 60 艘三列桨舰，击毙统帅明达鲁斯，夺回赫沦斯滂的控制权，重新控制了生命攸关的自黑海输入谷物的通道。斯巴达赶忙求和，雅典却不同意，所以亚西比德只好继续打下去，于公元前 408 年收复了拜占廷地区，衣锦还乡，从颠覆民主的嫌疑犯变成了再造民主的大英雄。

可是到了第二年，战争又开始了。斯巴达任命莱山德为主帅，他一上任就到处筹款，而波斯王子小居鲁士对雅典恨之入骨，当即给了他一万金币。莱山德拿到钱后立即宣布提高外籍雇佣桨手工资，受雇雅典的桨手一听，纷纷跑到斯巴达那里去了。亚西比德想在雅典筹款，无奈雅典钱袋空空，他只能就地筹款筹粮。他一回到前线，就把军队丢给副手，忙筹款筹粮的事去了。莱山德看见机会来了，在诺丁姆战役打了个小伏击，虏获 15 艘雅典舰船。这本不是亚西比德的错，可公民大会听到国库最后储备的船就这么丢了 15 艘，就免了他的职，任命了新将军。亚西比德觉得民众说翻脸就翻脸，就再度跑到色雷斯当雇佣军首领去了。

公元前 405 年夏末，阿哥斯波塔米战役之前，亚西比德又神出鬼没地冒了出来，潜入雅典将军帐内，警告他们地势不利于雅典，应速速移师塞斯图斯岛，众将军根本不听。他只好第三度消失，后来从色雷斯逃到弗里吉亚投靠了当地的波斯总督。公元前 404 年，由于斯巴达的煽动，波斯总督将他处死。

亚西比德的政治地位动摇是伯罗奔尼撒战争中雅典失败的最大决定性因素。他的恶名也牵连到苏格拉底，加强了政敌对苏格拉底的指控。

德摩斯梯尼

自从伯罗奔尼撒战争后，雅典再也没有出现过可以独当一面的人物。在面对马其顿的强权时，几乎无人敢挺身而出，唯有德摩斯梯尼一人毅然站出，用澎湃激情的演讲和勇猛的实际行动做出了振聋发聩的抗争。

德摩斯梯尼（前 394～前 322），出生于雅典一个富商家庭，其父是一个武器作坊主。德摩斯梯尼从小失去父亲，监护人乘机霸占了他的财产，等到他成年后才勉强还给他一部分，但数目尚不足其父所余遗产的 1/10。

德摩斯梯尼的第一次演讲是在法庭上指控监护人肆意侵占他的财产。他的发言结结巴巴，词不达意，因而受尽了冷嘲热讽。最终，德摩斯梯尼虽然打赢了官司，监护人仍拒绝将遗产还给他。为了索回遗产，德摩斯梯尼曾向雅典著名的演说家学习演讲术。在旁人看来，他似乎没有成为演说家的天赋，因为他天生有轻微的口吃，呼吸急促，声音低弱、吐字不清，还有耸肩、摇摆身体等坏习惯。

德摩斯梯尼

但德摩斯梯尼有着坚定的意志。为了使声音宏量，他经常来到海边，把观众想象成波涛汹涌的大海，用自己的声音压倒风浪的怒吼；为了改进发音，他把小石子含在嘴里练习说话，力求清晰准确地吐出每一个单词；为了去掉气短的毛病，他爬到陡峭的山壁上大声地朗诵长句，以延长换气的时间。后来，他干脆搬到一间地下室里，每天起早贪黑对着镜子研究各种举止动作和面部表情；他还把头发剃成阴阳头，以抵御外出的诱惑。过了几个月，当他从地下室中走出来时，简直跟以前那个说话结巴的德摩斯梯尼判若两人。

德摩斯梯尼满怀信心再次起诉监护人。在法庭上，他以雄辩的口才控诉了监护人不道德的行为。陪审员为他的雄辩所折服，一致判定被告立即返还德摩斯梯尼应得的财产。胜诉后，德摩斯梯尼成了著名律师，不久便毅然投身于政治生涯。他的演讲气势宏大，铿锵有力，结构紧凑流畅，字句排比规整，极具说服力，因此很快就成为了一位颇具影响力的政治家。

当德摩斯梯尼踏入雅典政坛的时候，正值马其顿国势蒸蒸日上、军事四处扩张之时。面对咄咄逼人的马其顿，雅典内部分为态度截然不同的两派，一派是亲马其顿派，包括得玛得斯、伊索克拉底。不过他们的观点和作风也略有差异，得玛得斯倾向马其顿，大有欢迎腓力二世亲临统治之意；而伊索克拉底主要是寄希望于腓力二世远征波斯，以拯救希腊。另一派是以德摩斯梯尼为首要代表的反马其顿派。德摩斯梯尼对上述两人的观点都不敢苟同，他坚信只有唤醒雅典人顽强不

屈的精神，才能使雅典得到救赎。

德摩斯梯尼时刻关注腓力二世的种种作为，并预见到了雅典即将面临的危险。于是，他号召雅典人振奋起来，远离侥幸和麻痹心理，并建议国家将则政收入中支付公民观剧津贴的部分用于建设军队、扩充军需。他多次登上公民大会的讲坛，声讨腓力二世。他发表了5篇反对腓力二世的演说，其中以公元前341年发表的《反腓力辞》最为出名。在这次演说中，他将古希腊比作船，把马其顿比作巨浪，大声振臂疾呼："无论是小船还是大船，只要尚未覆没，船中的人都应动手救亡。一旦吞没了它，那么一切努力都是枉然"。此外，他还提出了许多富有见地的建议。然而不幸的是，德摩斯梯尼的呼吁并没有唤起雅典人足够的警惕和热情。

当腓力二世进攻赫勒斯本托斯海峡时，雅典人终于意识到了事情的严重性。德摩斯梯尼充满爱国激情的演说促使雅典人撕毁与马其顿签订的和约，派兵前往增援。其后，他四处奔走，游说各希腊城邦联合起来共同抗击马其顿。在德摩斯梯尼的努力下，反马其顿同盟终于宣告成立。

在公元前338年的喀罗尼亚战役中，德摩斯梯尼以重装步兵的身份参加了战斗。结果希腊联军战败，约有2万人被俘，德摩斯梯尼幸而逃脱。腓力二世率军逼近雅典，雅典人全部武装起来，修高墙挖战壕，准备拼死保卫。腓力二世于是提出与雅典和谈。在亲马其顿派的斡旋下，雅典同意放弃抵抗，对马其顿表示臣服。作为交换条件，腓力二世保证不向雅典派驻军，不干涉雅典内政。

公元前336年，腓力二世被刺身亡。德摩斯梯尼身穿盛装、头戴花环出现在民众大会，一点也不掩饰他的万分欣喜。公元前322年，雅典反对马其顿的起义被镇压下去，马其顿人要求交出其中起带头作用的德摩斯梯尼。德摩斯梯尼不得不离开雅典，辗转流亡海外，最后被迫服毒自杀。

汉尼拔

汉尼拔大约出生于公元前247年，今北非突尼斯东北部的古迦太基，从小汉尼拔就在他的贵族父亲哈米尔卡·巴卡的指导下学习。在第一次布匿战争（公元前264～公元前241年）中，汉尼拔跟随他的父亲到西班牙同罗马作战。据推测，在这次不成功的战役后，汉尼拔向他的父亲发誓将永远仇恨罗马，并且承诺将终生与这个帝国作战。

卢浮宫的汉尼拔雕像

公元前221年，已经二十多岁的汉尼拔终于有机会来实现他的誓言。他的姐夫去世后，他继承了伊比利亚半岛的迦太基军队统帅权。两年内，他征服了整个西班牙，撕毁了迦太基与罗马的协议。罗马要求迦太基将汉尼拔交给他们，当遭到拒绝后，他们在公元前218年发动战争，开始了第二次布匿战争。

汉尼拔决定直接对罗马开战。公元前218年，他率领一支五万人的军队翻越阿尔卑斯山。尽管恶劣的气候和山区充满敌意的部落让他们的士兵损失惨重，汉尼拔还是完成了具有史诗意义的十五天的艰苦跋涉，他的受过更好训练和更自律的军队在提契诺河和特雷比亚河战役中打败了猝不及防的罗马军队。汉尼拔迅速占领了意大利北部。

在传统的敌国罗马征募了当地的高卢人后，汉尼拔挥师南下。公元前217年，汉尼拔在特拉西梅诺湖打败了罗马的执政官之一圣加伊乌斯·弗拉米尼乌斯，随后劫掠破坏了富饶的坎佩尼亚地区。第二年，

汉尼拔和他的迦太基士兵遭遇了罗马人一连串谨慎却无效的阻滞战，但是一直到他们抵达奥菲多河的坎尼都没有大规模的抵抗可以阻止他们。在这里，汉尼拔向罗马人发动进攻，运用出众的骑兵机动部队将罗马人的防御中心包围起来，杀死了大多数的守军。罗马有超过5万人的伤亡，而汉尼拔自己的军队损失了不到7000人。

这时，汉尼拔可以向罗马和那不勒斯前进，但是他计划让逃跑的罗马盟军加入他的队伍是很不现实的，他要求迦太基部队增援也因为政治上的嫉妒没有得到回应。尽管遇到这些困难，汉尼拔还是努力前进，如果他有合适的武器和足够的兵源，他是会取得成功的。他继续在野战中征服罗马军队，但是主要的城市在公元前215年和公元前211年已能击退他的进攻。

因为无法在迦太基找到值得信赖的继任者，汉尼拔叫他的弟弟，西班牙一支军队的指挥官哈兹德鲁拔来援助他。哈兹德鲁拔对他的这一要求作出了回应，在行进过程中，罗马的克劳迪亚斯·尼禄知道了他的行军路线，并在公元前207年在梅陶河畔伏击了他，罗马人砍下哈兹德鲁拔的头颅送给汉尼拔来炫耀他们的胜利。

汉尼拔继续作战，直到公元前204年，汉尼拔曾在首次翻越阿尔卑斯山后打败的一个将军的儿子西辟奥·阿弗里卡纳斯入侵迦太基，汉尼拔才最终从意大利返回祖国。汉尼拔以在意大利战场有15年的战斗经验的老兵为主，组建了一支新的近5万人的军队来抗击罗马的侵略。公元前202年西辟奥在扎马战役遇到了伟大的汉尼拔，汉尼拔取得的大多胜利都是依靠骑兵优势，现在却面临被更优秀的敌军骑兵击败。在这场战争的最后，西辟奥终于打败了汉尼拔并赢得了“阿弗里卡纳斯”的称号。

尽管在公元前201年迦太基和罗马签订了和约，汉尼拔还是策划在政府和军队里继续与罗马作对，这引起了罗马的怀疑和自己国家人民的不信任。公元前196年，在罗马的坚持下，迦太基将汉尼拔流放到叙利亚，在那里他支持了一次短暂的不成功的反对罗马统治的起义，之后逃到小亚细亚北部的比希尼亚。公元前183年或一年后，年近70的汉尼拔，在罗马人逼近时，他选择了服毒自杀，也不愿被俘虏。据罗马人的记载，汉尼拔在说完下面这番话后去世，“让罗马人从长时间的焦虑中解脱吧，他们等待一个老人的死亡太久了。”

汉尼拔率领军队和大象翻越阿尔卑斯山的事迹比他很多影响更持久的成就都要著名，但是他仍然是迦太基最伟大的将军。15 年里，汉尼拔在远离家乡的地方不靠后方依托，仅凭缴获的战利品和战术智慧领导了一场成功的战争。他同他的士兵共同经历困苦和危险，在公元前 217 年的一次冬季露营中，他因为被感染失去了一只眼睛。甚至罗马的记录者都承认他的领导能力，并且记载“他从不会要求别人去做他自己都做不到的事”。

尽管汉尼拔的名声比他的国家存在得远为久远，并且这些带传奇色彩的故事常常将他描写为最伟大的军事统帅。他在战斗中很英勇无畏，指挥上大胆创新，在骑兵战略上才华横溢。汉尼拔的故事被人们记录下来，他的名字和伟大的壮举、勇气联系在一起，经过时间、传说、荣誉的洗礼，改变他的本来面貌，扩大他的影响力。

马可·加图

马可·加图（前 239～前 149）亦称老加图或监察官加图，出身于图斯库兰族一个富裕农民家庭，其先辈多作战英勇之士。他的家姓起初并非加图，后因其精明强干，人称“加图斯”（意为聪慧精明之人），他便获得了加图这个名字。

马可·加图

加图自小生长于农村，生活俭朴，勤干劳动，体魄强健，精力充沛。加图非常热衷于军功，在汉尼拔入侵意大利时他初上战场。经过努力练习，加图日益成为一

个有才干的演说家，而且被普遍认为是一个淳厚端庄的人。社会名流弗拉库斯从加图仆人口中得知加图恪守罗马的传统和道德，对于他与仆人们共同劳作、一起饮食甚为惊讶。弗拉库斯将加图带至罗马，在他的支持和提携下，加图先被任命为军事保民官，后任财务官，直至与弗拉库斯一同被选为执政官，之后还被选任监察官。

加图与年长的费边非常交好，他一直将费边作为自己学习的典范，并且在政治上也始终与费边立场一致。公元前 204 年，他出任财务官，随大西庇阿远征西班牙，对于年轻的西庇阿奢靡挥霍非常不满，向元老院指控西庇阿奖赏士兵过度，结果西庇阿说服了保民官们（他说战争的胜利取决于作战的准备，在不耽误人事的情况下，闲暇社交可以使关系融洽）。加图靠演说声誉日长，罗马人将其誉为“罗马的德谟斯提尼”，但令他声名鹊起的主要还是他的生活方式。

他从不穿价钱超过 100 德拉克马的衣服，在他出任执政官期间及其后也跟奴隶喝同样的酒。他认为，对于不需要的东西即使花一个阿斯也是昂贵的，他对待奴隶更如牛马一样，先是无以复加地役使，但等他们衰老便将其赶走。普鲁塔克称加图的这些行为乃是“一种极其卑劣的性格，他（加图）认为人与人之间除了需要以外没有其他任何联系……法律与正义我们只能施之于人类，但慈善和仁爱则是从人类善的心田涌流出来……其恩泽甚至施加于不会说话的畜牲。一个仁慈的人对待他的马匹即使到衰老不堪役使之时，也要妥为照料……我决不会把替我干过活的牛，只因为它老了，就把它卖掉……他说他甚至把在执政官征战岁月里乘骑的战马也留在西班牙，以免使城邦担负马匹的运费。到底这一类事迹是体现他的精神伟大，还是他的心地狭小？这是一个悬而未决的问题。”

加图卸任执政官之后，被派往近西班牙任行省总督，他在那里征服了许多部族。据说他与野蛮人作战时，曾答允另一批野蛮人支付 200 塔兰特以求援，他的部下因感到羞耻曾为此全体表示反对。加图劝说他们：“如果我们获胜，可以从夺取敌人的虏获中付这笔钱；如果被击败，那就没有什么人留存下来去交付这笔款项。”加图在西班牙的战争是值得骄傲的，他曾说他攻克城池的数目比他在西班牙消磨的日子还多。

他的士兵都获得了大量战利品，他自己却除去饮食之外分文不取。他还劝他的伙伴也不要得非分之财，据说他的一个侍从由公开拍卖的俘虏中买了三个男孩，但当他得知加图听闻此事并前来找他，就悬梁自尽了。后来，加图把这三个孩子卖掉，所得之钱交回公共财库。加图在西班牙任职一年左右之后，西庇阿夺得了继任近西班牙行省总督的职位，命加图立刻回国。加图带了 5 个大队和 500 骑兵护送自己回国，在途中征服了拉克塔尼亚人，将献给他的 600 名逃兵全部处死。西庇阿对于加图的这种行为极为震怒，但元老院对加图的命令和安排不予更动，还为他举行了一次“凯旋式”。

公元前 191 年，加图作为执政官格拉布里奥的副将，参加了同塞琉古国王安条克三世的战争。在温泉关一役，加图模仿当年波斯人在此抄小路偷袭希腊人，在夜间率领一支军队绕至安条克三世身后，黎明时分发动突然攻击，取得大胜。加图亲自将喜讯报回罗马，对于自我赞扬他向来非常慷慨，人们普遍认为罗马对加图的恩惠不如加图给罗马的多。

公元前 190 年，格拉布里奥竞选监察官，因为他属于西庇阿一派，加图支持对他盗用公款的控告，格拉布里奥被迫退出竞选。公元前 184 年，加图当选为监察官，这一职位是凌驾于其他一切荣誉之上的，加图也达到了他政治生涯的顶峰。加图任监察官后，任命其好友弗拉库斯任元老院首席元老，还驱逐了许多元老，其中包括卢基乌斯。任执政有的时候，因他的宠儿想看杀人，便命侍从在酒会上当面杀了一个被判死刑的人。还有就是驱逐了大有希望出任执政官的马尼利乌斯，因为他在白天当着他女儿的面拥抱了他的妻子。

为了限制奢侈风气腐化罗马，加图对奢侈品提高征收税额，这导致了许多人对他指责控告。加图对此不但毫不介意，还推行了更加严厉的措施：把输送部分公用水到私人住宅和花园的水管切断；推倒、拆毁与用公地的建筑物；把公众建筑费用降至最低，尽量抬高公用土

地的租金。这些使那些富人和元老院贵族对加图厌恶至极，但是人民却对他令人惊异地拥护。人民为了表示对他的敬意，在康泰寺为他建了一座雕像，刻有铭文：“当罗马的国家摇摇欲坠时，他被任命为监察官，由于他指导有方，善于制约和谆谆教导，终于使国家再兴。”

对“作恶”的人进行控告并予定罪是加图一生事业中又一重要部分，他多次提出控告，协助别人控告，怂恿他人提心控告。他曾鼓动佩提利乌斯控告西庇阿，由于西庇阿建功巨伟，没能成功。之后他与另一些人合作控告西庇阿的兄弟贪污，纠缠了好几年最后判决他向国家交付了一大笔罚款。加图也经常受到其他人的控告，据说他一生曾被控告 50 次，最后一次是在他 86 岁的时候，加图在他那个时代的三四代名人中间一直朝气蓬勃，在与大西庇阿反复较量之后，还与小西庇阿（大西庇阿继孙）进行政治斗争，在 90 岁时还控告了塞维乌斯·加尔巴。

公元前 150 年，加图被派往迦太基调查努米底亚国王马西尼撒侵略迦太基之事，发现迦太基城又恢复了繁荣，这个宿敌的军事潜力也正在威胁着罗马。他不久返回罗马，向元老院述说迦太基人正在积极备战，必须在还没有造成巨大灾难之前消灭他们。此后，他在每次表决时，不管什么问题，总要加上一句：“依我这见，迦太基必须毁灭。”与之相反的是西庇阿·那西卡（大西庇阿的外甥）在表决时的结束语：“依我之见，迦太基必须予以宽容。”罗马的战争宣传获得了成功，最后通过了发动第三次布匿战争，而加图却没能看到战争的最后胜利以及迦太基被毁，在第三次布匿战争刚刚开始不久他便病逝了。

加图一生共写了 7 部书，涉及历史、军事、法律、医学、农业等方面，但大多都已散佚。他于公元前 168 年～公元前 149 年写了部 7 卷的《创始纪》，详细记述了早期罗马、意大利诸邦、布匿战争的历史。他为了教育儿子还写了好几部家庭教育用书，类似于百科全书，其中包括农业、医学、修辞、军事和法学等方面的知识。《农业志》是比较完整保存下来的加图著作，写成于公元前 160 年，书中内容远远超过了书名所涵盖的范围。在这部书中，加图总结了自己常年以来从事农业经营和管理的经验，还记载了意大利庄园的经营管理，尤其是奴隶劳动的情况。

从《农业志》中我们可以看出，加图对待奴隶非常残忍，奴隶稍有过失便痛加责罚，如若犯了大错便处死。他常常招待朋友和同僚吃饭，宴后就鞭打那些在准备饮食或侍候进餐时疏忽大意的奴隶。他尽量使奴隶们彼此间结仇作对，如果奴隶亲密和谐，他就会产生疑心和畏惧，他让那些因被怀疑而犯了死罪的奴隶在全体奴仆前受审。

加图大力提倡亲身从事农业生产，但他同时一直尽力设法赚钱，用多卖少买的方法增加收益，他认为农业有趣，但无利可图，所以他将资金投入稳妥可靠的商业。他经常以最不光彩的方式放债，还经常借贷给急需用钱的奴隶，他还买进小孩奴隶经过训练和教育再以最高价卖出。加图还有一种说法非常过分："如果一个人的财产最终结算账目时表明比所继承的有所增长。就要被人奉为神明。"

加图晚年亡妻丧子，而他的身体却与他的年迈不相称地更加结实，他最为人诟病的是在远远超过结婚年龄之时娶了一个年轻的女奴作为自己儿子的继母。当加图婚期临近，儿子在朋友陪伴下询问加图，是否由于对他有所抱怨，才会这样硬塞给他一个继母。加图当然有自己的理由，他说，"儿啊，苍天不容！我深深赞许你的行为，我对你并无丝毫不满之处，但我需要有更多的像你这样的儿子保佑我自己和我的国家。"加图的第二个妻子给他生了一个儿子萨洛尼乌斯，后世著名的哲学家加图便是他的曾孙。

对于加图的生活和德行，普鲁塔克提出了一些疑问："……你为什么要占有很多而用一点就感满足，并以此自诩呢？……唠唠叨叨地谈论一个不值钱的铜币，论述如何谋得尽快发财的职业等等，这一切对于像加图这样的人物肯定是不相配的……至于我，并不因加图不断自我吹嘘并且自认为高于任何人而责怪他。尽管在一次讲话中加图说过自诩或是自贬都是荒谬的。抛弃野心对于一个政治家来说是非常必要的良好品质……而加图却满脑子都是。加图由于反对西庇阿，几乎使攻打迦太基人的神奇战役遭到破坏……最后加图又对西庇阿横加种种猜疑和诽谤，并将他逐出罗马，还把最可耻的贪污罪加在他兄弟头上……加图经常大肆宣扬，把自己打扮成非常自我克制的样子。”

西庇阿

普布利乌斯·科尔内利乌斯·西庇阿（约公元前 236 年～公元前 184 年），古罗马统帅和政治家。他是第二次布匿战争中罗马方面的主要将领之一，以在扎马战役中打败迦太基统帅汉尼拔而著称于世，被后世称为大西庇阿。由于西庇阿的胜利，罗马人以绝对优势结束了第二次布匿战争。

西庇阿

西庇阿是公认的军事天才之一，他的军事才能获得各个时期研究者的承认。罗马历史学家弗洛鲁斯（公元 1～2 世纪）曾记载迦太基统帅汉尼拔和罗马将军西庇阿会面时的场景，足以证明他卓绝的军事才干。两位一向以战功闻名的将军，一个在意大利战场屡次得胜，一个在西班牙战绩辉煌……两位统帅本人就达成和平条件会晤谈判。他们长时间相对无言，一动不动，彼此流露出对对方的仰慕之情。由于没有达成和平协议，军号又吹响了。两人都证实，指挥作战不可能这样善于运筹帷幄，在作战中不可能如此斗志昂扬。西庇阿公开这样讲，他指的是汉尼拔的军队；而汉尼拔讲的则是西庇阿的军队。另外西庇阿也非常有文化修养，他对希腊文化的热爱众所周知，在他周围也聚集了不少学者。

在政治上，西庇阿是温和而保守的。他赞同在被罗马武力征服的地区建立附庸国而不是进行直接统治。这表明他代表的主要是依靠自然经济的奴隶主的利益。这使他遭到那些一心想建立新的行省以对海外进行搜刮的商业奴隶主阶层的反对。

然而，西庇阿通过第二次布匿战争获取的过大权力和个人威望也使他广受批评。这是西庇阿的政敌们攻击他的主要原因之一，他们担心他会建立独裁统治。西庇阿对罗马外交政策的过度影响，以及将军队“个人化”（使士兵忠于他们的指挥官），从长远看是危险的。

大西庇阿出身于西庇阿家族，该家族是古罗马著名贵族氏族科尔内利乌斯氏族的一个支系，他的祖先中有好几位担任过执政官职务。他的曾祖父，卢基乌斯·科尔内利乌斯·西庇阿是公元前280年的贵族监察官。科尔内利乌斯氏族是古罗马六个显赫的贵族氏族之一（其他五个是曼利乌斯氏族、费边氏族、埃米利乌斯氏族、克劳狄氏族和瓦莱里乌斯氏族），而在大西庇阿生活的时代，西庇阿家族正处于其权势的颠峰，是科尔内利乌斯氏族中最有实力的分支。

大西庇阿是公元前218年的执政官普布利乌斯·科尔内利乌斯·西庇阿的长子，与父亲同名。他的母亲庞波尼娅出身于罗马的一个著名平民氏族，可能属于骑士等级。

大西庇阿很早就卷入了罗马的军事活动。当时罗马与迦太基的斗争正达到最高潮（第二次布匿战争），迦太基名将汉尼拔率军侵入了意大利本土。公元前218年，年轻的西庇阿在提基努斯河战役中第一次参加战斗。这次战役中罗马军的指挥官是西庇阿的父亲普布利乌斯·科尔内利乌斯·西庇阿，迦太基军的指挥官是汉尼拔。结果罗马人被击败，按照传统说法，西庇阿救了他父亲一命。接下来西庇阿又参加了特雷比亚战役（公元前218年）。公元前216年，西庇阿在关键的坎尼战役中担任军团长。坎尼战役的结果是罗马人再次遭到惨败，他们的统帅、执政官卢基乌斯·埃米利乌斯·鲍路斯阵亡。埃米利乌斯·鲍路斯的女儿埃米利娅·保拉后来成为西庇阿之妻。

坎尼战役之后，以卢基乌斯·卡埃基利乌斯·梅特鲁斯为首的一些贵族青年对形势感到悲观失望，企图逃离罗马。西庇阿做出惊人的举动，他召集支持者手持武器闯入这些青年的集会场所，胁迫他们发誓决不背叛罗马，并继续为罗马服役。这次事件可能对元老院也产生了震动。由于在与汉尼拔的战斗中已经损失了五分之一的成年公民（仅坎尼战役的损失就可能高达70000人），罗马人心动摇，主张向敌人让步者大有人在。但最终，元老院中的主要势力都坚持要继续对迦太基作战，而主张与迦太基妥协者没有产生任何重要影响。

公元前212年，西庇阿宣布竞选市政官。由于他未达到法定年龄（担任市政官者自动成为元老，而元老要求年满30岁），保民官否决了他的竞选资格。但此时的西庇阿已因其勇敢和爱国名声大噪，支持者众多，遂以毫无异议的票数当选。保民官最后也收回了他们的反对意见。就这样，西庇阿在24岁时成为市政官，进入了罗马的晋升体系。

公元前211年，西庇阿失去了两个亲人——父亲普布利乌斯·科尔内利乌斯·西庇阿和叔叔格奈乌斯·科尔内利乌斯·西庇阿·卡尔弗斯。他们在西班牙作战时，双双死于汉尼拔的弟弟之手。第二年，西庇阿主动请缨要求指挥即将派往西班牙的新的罗马军队。尽管年轻，西庇阿凭借高贵的举止和充满激情的语言说服了元老院及民众，成功地当选为派往伊比利亚半岛的资深执政官。按照李维的说法，当时实际上只有西庇阿一个人谋求这个职务，其他人认为前往西班牙作战无异于送死。在西庇阿于公元前210年抵达西班牙时，整个埃布罗河以南的地区已经全被迦太基控制。迦太基在西班牙的将领是汉尼拔的两个弟弟哈斯德鲁巴尔·巴卡和马戈·巴卡，以及哈斯德鲁巴尔·吉斯科。这三人无法协调一致，从而使罗马人可能从中获利。

西庇阿在埃布罗河河口处登陆，并立即发动奇袭攻取了迦太基人在当地的一个基地新迦太基（今卡塔赫纳），获取了大批战略物资，包括城外的巨大银矿。由于约束军队、善待俘虏、释放被迦太基人囚禁在新迦太基城内的当地人质等措施，他成功地给当地人留下了“罗马人是解放者”的印象。

有这样一个故事：西庇阿手下的士兵抓到了一名美丽的女子，并把她献给他们的指挥官。但西庇阿得知这名女子已经与一个凯尔特人酋长订婚后，就立刻释放了她，没有伤害她的贞洁。显然，西庇阿希望通过这些手段使西班牙居民支持罗马，反对迦太基。因为罗马与迦太基的主战场在意大利（在那里汉尼拔仍处于绝对优势），西庇阿不可能指望从罗马获得足够增援；因此他与当地人民建立良好关系是十分明智的决策。例如，那名被释放的女子的未婚夫就率领他的部落来帮助罗马人。

公元前209年西庇阿进行了他的第一次大会战，成功地把哈斯德鲁巴尔·巴卡从他位于瓜达尔基维尔河上游的过冬地拜伦赶走。在战斗前西庇阿很担心马戈·巴卡和吉斯科会把他们的部队投入战场，那样的话迦太基人会很轻易地对数量上居于劣势的罗马人形成合围。

因此西庇阿的策略是迅速击溃三个敌人中的一个，以为他进行机动应付另两个敌人制造空间。双方的步兵几乎不分高下，但西庇阿隐藏了一支骑兵预备队。当这支骑兵被投入使用后，哈斯德鲁巴尔的防线崩溃了。

在以武力制服了一些不顺从的西班牙部落领袖后，西庇阿于公元前206年在伊利帕战役（发生于今塞维利亚附近）中取得了一次决定性的胜利。在这次战役之后，迦太基人终于被迫放弃他们经营了多年的西班牙。

在征服西班牙之后，两庇阿开始为进军非洲作准备。他先后遣使和亲自前往努米底亚，希望说服其统治者与罗马结盟。努米底亚对迦太基来说至关重要，该地区提供了迦太基的绝大部分雇佣兵。在坎尼战役中，努米底亚骑兵给罗马人留下了可怕的回忆。西庇阿成功地取得了东努米底亚王子马西尼萨的支持，而西努米底亚国王西法克斯则成为迦太基的同盟者。

在从非洲返回西班牙时，西庇阿的军队发生了一场小规模叛变，很快就被平息。在攻克迦太基人最后的据点加的斯、肃清西班牙西南部之后，西庇阿于公元前206年返回罗马。

西庇阿在西班牙时期部分改良了罗马的军事艺术。他赋予步兵军团下的大队以更高独立性和灵活性，并改进武器，提高了罗马军队的战斗力。

西庇阿返回罗马不久当选为公元前205年的执政官。此时西庇阿仅有31岁，还没有达到出任执政官者所需的法定年龄（对于贵族，这一下限是40岁）。西庇阿立刻开始鼓吹进军非洲攻击迦太基本部的计划。但是，元老院的许多成员（包括费边）拒绝他的计划。这些人有的是嫉妒他的成就，有的则是出于谨慎，因为当时汉尼拔仍在意大利境内，而马戈·巴卡看来正准备支援汉尼拔。最终元老院只允许西庇阿去西西里，在那里他可以自行选择时机渡海进攻北非。西庇阿于是出镇西西里；他没能从元老院得到一兵一卒，但他获得了在西西里招募志愿军的权力。不久他就组建并训练了一支有战斗力的志愿兵队伍。

由于实战经验，西庇阿认识到迦太基人的骑兵对罗马步兵具有致命的杀伤力。努米底亚骑兵给他留下了尤其深刻的印象，这些骑兵在战斗中对庞大的罗马军团产生了显著的牵制作用。而罗马人的骑兵相对薄弱，而且很多是来自不可靠的意大利盟邦，或者是一些仅仅为了显示经济地位而参加骑兵队伍的所谓骑士阶级。于是西庇阿着手建立一支自己的骑兵，这支骑兵主要由西西里人组成；西庇阿几乎是用强迫的方法让西西里居民服役，从而为非洲战役作好了准备。

罗马元老院派了一个调查委员会来西西里考察西庇阿的备战情况，发现他已拥有一支装备精良的军团和舰队。西庇阿向元老院施压要求渡海进攻非洲，但元老院中的保守派，以费边为代表，继续反对他的计划。费边对汉尼拔的威力仍然担忧不已，并视任何针对迦太基本部的军事行动为徒劳的冒险。也有一些守旧的元老由于西庇阿沉浸于希腊文化而憎恶他。在当时的罗马，西庇阿是个显著的新颖人物。他不喜欢罗马人严肃简朴的传统，而对希腊世界的艺术、哲学和奢华的生活方式非常着迷。西庇阿在公元前205年将对基伯勒女神的崇拜从亚洲的弗里吉亚引入罗马也在一定程度上加剧了公众对他的怀疑。最终元老院允许西庇阿为罗马的利益渡海入侵非洲，但不给他任何军事和财政支持。

公元前 204 年西庇阿终于率军渡海前往非洲。罗马军队大约有 25000 人，分乘 50 条船从西西里南端港口利吕贝乌姆出发，顺利地在迦太基西北部大城乌提卡附近登陆。

当时迦太基人已通过联姻的方式确保了与西努米底亚国王西法克斯的同盟关系，后者的进军迫使西庇阿放弃围攻乌提卡并后撤；罗马人撤退到海岸线附近，在一个小半岛上建立营地过冬。第二年西庇阿再次向敌人发起进攻，这次他采用了偷袭和火攻的方法。罗马人纵火焚烧迦太基与努米底亚联军的营地，营中的士兵四散奔逃，结果在混乱的情况下被罗马军队消灭。这次战斗给迦太基人带来了极惨重的损失。死于这次进攻的迦太基人和努米底亚人有四万人之多，而且还有更多人被俘。

经此一战，罗马取得了对努米底亚的实际控制权，汉尼拔手中的利器努米底亚骑兵也为西庇阿所用。

在西庇阿取得了辉煌胜利之后，迦太基统治集团意识到自己的危险处境，企图通过外交手段与罗马人媾和。但同时，汉尼拔和他的大军也被召回非洲。随着汉尼拔的抵达，迦太基的主战派占据了优势，他们中断了与罗马的谈判并重新开战。关于汉尼拔从意大利带回的是一支什么样的部队，存在许多争议。一些研究者认为，跟随汉尼拔返回非洲的军队大多由被迫服役的意大利人组成，而他最有战斗力的老兵已在与罗马的战斗中消耗殆尽；另一些人则认为此时汉尼拔仍拥有许多经验丰富的老兵。

无论如何，在扎马战役展开时，汉尼拔有 58000 名步兵、6000 名骑兵和 80 头战象。西庇阿只有 34000 名步兵，但他在骑兵兵力上占有优势（8700 人）。公元前 202 年 10 月 19 日，两位伟大的统帅在迦太基城与乌提卡之间的一片平原上相遇了，这就是军事史上著名的扎马战役。

扎马战役的结果标志着第二次布匿战争的结束。迦太基的大多数领袖意识到，他们的国家已无力再战，遂决定向罗马求和。据说当一名迦太基元老仍然在元老院中主张与罗马作战时，汉尼拔毫不客气地把他从讲台上拽了下来。另一方面，一些强硬的罗马人物，以老加图为代表，主张彻底毁灭迦太基，要求西庇阿把迦太基夷为平地。但是，西庇阿却对迦太基采取了比较温和的态度，只以一个苛刻的条约结束了战争。按此条约，迦太基几乎完全被解除武装，并支付巨额赔款。未得罗马同意不得向他国宣战。而且，按照西庇阿的意愿，汉尼拔实际成为迦太基的政治首脑。与他对敌人的仁慈相反，西庇阿对意大利人中的叛徒十分残酷：来自拉丁城市的人被斩首，若是罗马人，则会在十字架上钉死。

西庇阿返回罗马之后获得了一次盛大的凯旋式并被赠予“阿非利加的西庇阿”的称号。他拒绝其他更高的荣誉（曾有一些西庇阿的支持者甚至提出授予他“终身执政官”或“独裁官”职位）。公元前 199 年西庇阿当选为监察官。在从监察官职位卸任后，他在许多年里都没有参与政治活动，直到公元前 194 年第二次出任执政官。

西庇阿对希腊文化和东方文化的偏爱以及他个人性格上的某些缺点给他竖立了不少政敌。老加图是西庇阿的反对者中的代表人物，加图以严厉、简朴著称，他认为西庇阿追求浮华并对其十分厌恶。当西庇阿兄弟结束了与安条克三世的战争返回罗马后，西庇阿的敌人们找到了打击他的把柄。表面上，打击行动是针对大西庇阿的弟弟卢基乌斯·科尔内利乌斯·西庇阿的。公元前 187 年，保民官指控卢基乌斯挪用了安条克三世偿付罗马的赔款。西庇阿不得不出面为弟弟进行辩护，尽管他知道政敌们真正的目标是他本人。西庇阿在法庭上质问，为何保民官如此关注 3000 塔兰特黄金的去向，而不关注已经进入国库的 15000 塔兰特；他是在暗示，罗马能获得赔款一事本身就是卢基乌斯的功劳。这种高调的举动弄得法官们不知所措，于是这次审判不了了之。

但事情并没有这样了结，这问题接连纠缠了西庇阿兄弟好几年（实际上，大西庇阿去世后卢基乌斯终于被定罪，被处以罚款并险些坐牢）。公元前 185 年，西庇阿本人遭到指控，称他在战争期间接受了安条克三世的贿赂，这事一直被闹到公民大会。根据记载，西庇阿在公民大会上发表了一篇演说。他在演说中完全不提审判本身，而是向民众强调他对罗马的贡献，尤其提醒民众注意审判他的这天正是他在扎马战役中战胜汉尼拔的日子。结果他成功地在人民中引起了一场支持他的狂热，许多人，包括一些法官都簇拥到他身旁，一直跟着他到卡皮托里山上去了。他们在那里举行祭典并向神祈祷给予罗马更多像大西庇阿这样的杰出统帅。于是西庇阿利用自己的个人威望摆脱了审判。虽然后来又有好几次审判他的企图，但都被他未来的女婿提比略·塞姆普罗尼乌斯·格拉古巧妙地阻止了。

在经历了这些事情之后，西庇阿的精神受到很大打击，精力明显衰退。他决定隐居，于是离开罗马到利特尔卢姆（在坎帕尼亚）自家的庄园去居住，他在那里度过了生命中的最后一段时光。大西庇阿可能去世于公元前 184 年 9 月，确切日期不详。

西辟奥·阿弗里卡纳斯

西辟奥·阿弗里卡纳斯是古罗马的一位将军，他打败了著名的迦太基将军汉尼拔，为罗马赢得了第二次布匿战争（公元前 218 年～公元前 201 年）的胜利。

历史记载中没有关于西辟奥生活的可靠资料，对他的一些描述就只能靠臆测来辨真伪。从流传下来的一连串罗马的著名军事将领中，西辟奥第一次被记载出现在公元前 218 年，他担任突破意大利北部提契诺河敌军阵线的任务，成功地救出了在与汉尼拔的迦太基军队进行的一次惨烈的战役中作战受伤的父亲。

在后来几年的几场与迦太基的战争里，他失去了他的岳父、兄弟、叔伯，最后是他的父亲。失去这些亲人以及大量罗马军队被优势的迦太基军队消灭的事实，显然是西辟奥决定奉献自己的生命来为死者报仇的原因。为了完成这一目标，他研习军事，特别是他的敌人汉尼拔使用的战术。最后，他认为他必须把战火移到迦太基的土地，而不是等待他们的进攻。

公元前 209 年，因为个人能力和长子的身份，西辟奥获得了统帅的权力，他率领 28000 名步兵和 3000 名骑兵来到西班牙。他指挥的第一次进攻并没有对准迦太基的野战军，而是瞄准新迦太基这个主要的后勤港口。在切断敌人的供给和援军后，西辟奥停止了进攻，这样他就有时间来进一步训练他的士兵，教他的军官们如何在战场上独当一面。重复的军事训练和严厉的军纪把罗马军队培养成了一支难以对付的队伍。西辟奥还引入强化两翼的战斗队形，以支持行军和作战。为了回报士兵们的贡献，西辟奥关注他们的个人需要，为他们每人配备最好的西班牙优质钢剑。

从公元前 208 年到公元前 206 年，西辟奥越过西班牙指挥了一系列成功的战役，在公元前 206 年塞维利附近的伊利帕袭击了残存的迦太基军队的主力。尽管迦太基人与罗马人之间是五万比四万人数占优，西辟奥仍以清晨突袭、以两翼迂回敌军的战法压制了敌人的优势。这种复杂战术的成功运用是建立在经过高度训练、严格自律士兵基础之上的。

西班牙再次置于罗马的控制之下，西辟奥的士兵对他行国王之礼，罗马的将军第一次得到如此的荣誉。西辟奥回到罗马，他决定入侵北非，而不是对抗仍然占领着意大利北部的汉尼拔。公元前 204 年，西辟奥来到北非的迦太基本土，在当地努米底亚首领玛西尼萨的骑兵支持下，他继续采用突袭战术，一次还假借和平谈判在战场上夺得优势。

与西辟奥预期的一样，迦太基政府从意大利召回了汉尼拔来保卫国家。西辟奥没有给返回的迦太基士兵重新组织和休息的机会就发动了进攻。在几场小冲突后，公元前 202 年，这两位伟大的将军和他们的士兵在扎马战场上相遇了。运用步兵梯次编队和骑兵的侧翼运动，西辟奥打败了汉尼拔，杀死了 15000 名或者更多的迦太基士兵，而己方只损失了 6000 名罗马及盟军人员。

汉尼拔带领着他的少数残兵退回到迦太基求和。第二次布匿战争结束，罗马取得了地中海地区的控制权，成为当时最强大的帝国。

西辟奥凯旋回到罗马受到英雄般的尊敬，对他感激有加的元老院授予他“阿弗里卡纳斯”的称号，意为非洲的征服者。在短暂的引退以后，他于公元前190年参加了对叙利亚的战争，三年后回到故乡。他在公元前183年五十多岁时在里特努姆去世。

虽然不如他的对手汉尼拔那样有名，得到那么多的研究和敬畏，但西辟奥是唯一在一场大规模交战中战胜汉尼拔的人。西辟奥是个大胆、变化莫测的领导人，他需要他的士兵的尊重和自律，也赢得了他们的热爱和忠诚。在那个作战相对简单的年代，西辟奥提升了机动作战观念的地位，他组织和配置罗马骑兵进行侧翼进攻，袭击敌军的后方。他当然成为罗马最伟大的将军之一，是比朱丽叶斯·恺撒年代更早的统帅。

格拉古兄弟

提比留·格拉古（公元前162～公元前133年）和盖约·格拉古（公元前153～公元前121年）兄弟，古罗马共和时代的杰出政治家和勇敢的改革家。他二人志同道合而又生死与共，他们的生平和事业是紧密相连的。

格拉古兄弟出身于罗马贵族家庭，父亲历任高官，母亲端庄持重，颇有美名。格拉古兄弟自幼在这样的家庭里受到了良好的教育。同时，与希腊文化的接触又使他们很早就受到希腊学术和政治思想的熏陶。

格拉古兄弟遵循着罗马贵族的传统仕途道路，都是从神职、军职开始他们自己的政治生涯的。

公元前134年12月10日，提比留·格拉古在平民的支持下当选为保民官。一上任，他就制定了一个土地法案，其中规定：每户公民占

有国有土地不能超过1000犹格（约合250公顷），超过部分由国家偿付地价后收归国有，然后分成每份30犹格的小块土地分给无地平民。然而，这个法案遭到了拥有大量土地的贵族保守派的强烈反对，他们一方面千方百计转移地产，一方面寻机准备杀死提比留。

春去秋来，正当土地改革举步维艰、缓慢开展之时，提比留保民官的任期快要届满了。

为防止改革事业中途夭折，提比留决定再次竞选下一届的保民官。不料，在选举日当天，提比留却惨遭反对派杀害。提比留的被害，激起了广大平民和正直的贵族的极大愤慨。元老院慑于众怒，也没敢轻易废除土法案。提比留死后6年，先后有8万平民分到了土地。

公元前123年，提比留的弟弟盖约·格拉古当选为公元前123年度保民官。他公开谴责10年前贵族保守派的暴行，从而博得了平民们的拥护。贵族保守派惊呼："提比留又回来了。"盖约比提比留小9岁，他同哥哥一样，为人耿直，处世严正。但二人在性格和作风上颇有差异。提比留温文尔雅，严肃理智；盖约性情急躁、咄咄逼人，讲演时慷慨激昂，在台上走来走去，时而把长袍掀到肩上，时而高声怒骂。他对民众更具吸引力，对贵族保守派更具威胁。

盖约上任后的第一件事就是提出粮食法案和新的土地法案。粮食法案规定，由国家供应城市平民廉价粮食。新的土地法案规定，继续进行提比留的土地改革。盖约的计划一提出，贵族保守派为破坏改革，便指使另一个保民官李维·德鲁斯提出了反对意见。但德鲁斯的反对建议并没有获得太多的反响。贵族保守派于是便决定通过暴力来反对改革。在不久以后的一次讨论北非殖民地的公民大会上，保守派方面的一个执政官侍从故意称盖约的必革派为流氓并作出侮辱手势，这一招当即激怒了改革派，盖约的一位部下在暴怒之下当场刺死这个侍从。保守派于是以此为借口，第二天，他们一边举行大规模游行，一边命令武装暴徒对改革派展开大规模屠杀，盖约及其支持者最终经不住有组织的武装袭击，当场就有数百人遇害。盖约逃入丛林后，在绝望中自杀。

格拉古兄弟的改革最终失败了，但它提供了整个内战时代各种改革方案的蓝本，揭开了内战时代的序幕。格拉古兄弟是内战时代罗马奴隶主阶级改革派的先驱和殉道者。他们可歌可泣的事迹，在罗马历史上写下了重要的一页。

格拉古兄弟改革终遭失败，是因为当时阶级力量的对比不利于改革派。元老院的传统势力相当顽固。骑士阶级不能完全站在改革派一方，城乡平民之间、罗马公民与意大利公民之间尚处于分裂甚至对立状态。此外，实现改革的客观历史条件也不成熟，特别是以军事独裁的方式取代元老贵族统治的条件尚不具备。格拉古兄弟的品德是高尚的，改革也当然是利他的，结局却是悲剧性的。

盖约·马略

格拉古兄弟死后，元老院迫于平民的压力，并没有全部废除格拉古改革中颁布的法律，其中相关的粮食法、殖民法、军事法和行省法经修改后基本保存下来，不过他们通过了一项歪曲和颠覆改革的法律：允许占有土地的人出卖他们有争执的土地。这样一来格拉古兄弟取得的胜利成果很快化为乌有，土地委员会也被取消了，富人们马上开始收买贫民的份地，或者找借口以暴力夺取他们的份地。大约此时，保民官托里阿斯提议停止分配国有土地，土地归属现在占有的人，但占有者应向国家交付地租，然后由政府将地租金钱分配给人民。后来，他还制定了新的土地法：凡过去经三人委员会认为合法占有的土

盖约·马略

地、作为补偿的土地和分配的份地皆视同私产，可以互相转让和买卖，土地私有制最后在罗马以法律形式确定下来。

由于另一个保民官的建议，连收纳地租（以分配给平民）也被废除了，平民丧失了一切，普遍失业，公民和士兵的人数大大减少。罗马政府成为几个豪门权贵的私产，掌权者不过是这几个家族的人轮流当选，尤其是麦特鲁斯家族，在公元前123年～公元前109年间，该家族中有六人当选执政官，其中五人获得了凯旋的殊荣。这种族阀统治助长了国家机构的贪污腐败，而这种腐败危害的严重性直到朱古达战争才令罗马人察觉。

“朱古达战争”爆发于公元前111年，是罗马与其同盟者努米底亚国王朱古达之间的战争。努米底亚由于在布匿战争中大力支持罗马，因此一直保持着独立。公元前118年，国王米奇普撒遗嘱命两个儿子希耶姆普撒尔、阿德巴尔和一个过继的儿子朱古达在不分割王国的前提下共同治理国家。朱古达先派人刺杀了希耶姆普撒尔，又迫使阿德巴尔出逃。公元前113年，朱古达攻占了阿德巴尔的首都塞尔塔，处死了阿德巴尔以及所有在这里经商的罗马人和意大利人。

罗马派了四个军团对朱古达进行征讨，然而朱古达却用贿赂指挥官的方法，瓦解了罗马军队，双方签订和约，朱古达以少量赔款换取了和平。朱古达曾被召入罗马，在人民大会上一个保民官刚向他提出责问，另一个被朱古达收买了的保民官便使用否决权禁止国王回答，朱古达在罗马没有受到任何损失，还杀死了一个受罗马政府保护的努米底亚王位觊觎者。据说，朱古达离开罗马时曾轻蔑地说道：“如果能够找到买主，那么便可以把这座城市卖掉。”

公元前110年，罗马再次对朱古达宣战，由于政治腐败和军队变质，罗马在战争中屡次失利。到公元前109年，执政官昆图斯·西西利阿斯·麦特鲁斯被派赴非洲，大力整顿罗马军队，提拔了许多出身低微但富有智慧才能的人担任副将（马略便是其中之一），非洲的战局开始有了转机。公元前107年，马略以绝大多数选票被推选为执政官，在骑士和平民的支持下，他获得了朱古达战争的指挥权，并于此后几年连任执政官率军作战。就是在此期间，马略为了增强罗马的军事力量，实行了著名的马略军事改革。

盖约·马略（前157～前86）生于阿尔平努姆城附近采列阿特村一个普通的农民家庭，他的少年时代都是在乡村度过，并没受过什么教育。后来，马略投身行伍，曾随小西庇阿赴西班牙参与努曼提亚战争。在战争期间，他由于作战勇敢，得到了重视和提拔，战后历任参将和军队财务官。依靠多年的军功，马略转入政界，并于公元前119年当选为保民官，由于处事铁面无私，被称为反对元老贵族的斗士。

马略之仕途并非一帆风顺，曾屡遭失败。公元前115年，他勉强当选为最后一名行政长官，任满之后，出任西班牙行省总督。经历各种公职的锻炼，马略不仅才能大长，而且他的财富也逐渐积累起来并得以跻身骑士行列，他还与贵族世家联姻，娶了恺撒的姑母尤利娅，成为“新人”（在罗马，出身低微但依靠自己努力而发财致富和身居要职的人常被称为新人或暴发户）。

就任执政官之后，元老院同意马略立即着手招募新军，但是仅仅允许他招收5000～6000名新兵。马略一反旧制，放弃早已难于实行的兵役财产资格规定，改征兵制为募兵制，招募自由民中的志愿者入伍，由国家供养并提供武器，使军队得到大量补充。到北非之后，马略抓紧训练，使军队适应了当地酷热缺水的条件，提高了军队的战斗力，朱古达日益陷入困境。但是，最后活捉朱古达并于公元前105年结束战争的荣誉被马略的副将苏拉夺得，这件事伤害了马略的虚荣心，两人之间就此结下怨仇，为日后的罗马第一次内战（公民战争）埋下了伏笔。

从公元前2世纪末起，原先居住在波罗的海沿岸的森布里人和易北河下游沿海一带的条顿尼人由于遭到海上民族袭击，逐渐向西南迁移，公元前105年这些日耳曼部落推进到阿尔卑斯山附近，歼灭了8万余罗马军队。罗马全城震惊，人们破例在马略尚未回到罗马时，就选他为公元前104年执政官，任命他管理高卢行省，抗击日耳曼人入侵。此后三年，马略连续当选执政官，最终打败了日耳曼人，消除了北方的威

胁，保卫了意大利，马略因此成了罗马最有声望的人物，被誉为“罗马的救星”和“罗慕路斯第二”。马略带出的这支军队是罗马当时最强大的军队，罗马依靠这支军队才成功镇压了第二次西西里奴隶起义。

马略的军事成就和他在治军和指挥作战方面的才能是密不可分的，他不仅赏罚分明，而且特别重视整顿军纪，总是身体力行。虽然当了统帅，仍与士兵一样过艰难的生活，亲自挖掘壕沟，建造营寨。马略的作风使他深受士兵拥戴，士兵们都乐于服从他的命令。他天性粗鲁急躁，在战场上却表现得极有耐心，遭遇敌人从不仓促应战，必待士兵们具有充沛旺盛的斗志时，方才抓住有利时机进行决战。

对日耳曼人战争期间，马略全面完成了他著名的军事改革：（1）改征兵制为募兵制，放弃了自塞尔维乌斯改革以来罗马一直实行的等级征集公民兵的方法，不再强行征召公民兵，而是允许罗马公民和意大利人自愿加入军队，由国家提供武器给养，实行固定军饷制度，并规定服役年限一般为16年，而且服役期满后还可从国家分得一块份地；（2）由于等级公民兵制已经无法实施，以前按等级分不同兵种协同作战的战术和编制也随着实行募兵制而发生变革，马略扩大了战术单位，开始在军团里设立大队代替中队。每个军团一般由十个大队组成，按武器、年龄和服役年限分列三排（第一线四个队，第二三线各三个大队）交叉排开以便插上和退却；（3）马略统一了军队的武器装备，重装步兵一律配备投枪和短剑，还改进了投枪构造和运载工具。为了适应复杂环境，他增设了工兵和机械兵，并征集训练弩兵以代替原先的轻装步兵。为了加快行军速度，马略发明了一种被谑称为“马略之骡”的行军背架，内有挖掘工具和其他装备；（4）为了增强共同集体意识，马略还为每个军团建立了固定的标志——鹰徽，他将一盘散沙的由无产者和新公民为主体的罗马职业军队变成团结奋斗、英勇作战的整体。

马略军事改革在罗马军事史上具有划时代的意义，军队能得到长期正规训练，大大提高了作战效能。军事改革部分地解决了小农破产后谋求生路的问题，有利于加强罗马国家机器和维护社会的安定。这还部分缓和了公民与国家之间的矛盾，由于大量无产者加入军队，导致形成了与社会生活逐渐脱离的军人集团，他们有着自己的利益和要求，变成了一支政治力量。士兵们在战时拥护使他们获得胜利和财富的统帅，在战后则支持统帅争夺新战争的指挥权和为他们争取份地。从此，在罗马的政治斗争中，没有军队的参与便不可能取得胜利。

萨图尔尼努斯出身新贵，曾因元老院把他所希望的职位让给别人，而对元老院深恶痛绝，变成了平民的代言人。他首次担任保民官时，就在广场上公开抨击权贵的贪污腐化，从而得到了平民的拥护。公元前101年，马略和萨图尔尼努斯结成同盟，在马略士兵的支持下，马略第六次当选为执政官，萨图尔尼努斯第二次当选为保民官。萨图尔尼努斯提出土地法案，规定：分给从军7年的马略老兵以100犹格的份地，为此将在许多地区建立公民殖民地。因为马略军中大多是意大利人，这一法案实际上还包含有扩大公民权的内容。在法案中还规定，如果人民制定了这个法律，元老们必须于五天内宣誓遵守它，凡拒绝者将被逐出元老院，并处以20塔兰特的罚款。

把国有土地作为份地来分配，不仅影响骑士的利益，而且也触犯了依靠国有土地收入而获得廉价粮食的城市平民，同时平民也反对给予意大利人平等的权利。这样在举行人民大会时，反对派便挑起群众骚动，萨图尔尼努斯把他们从演说坛赶了下来。城市群众大声呼喊说在会议中听到雷声，依罗马人习惯，当天的事务是不许完成的。萨图尔尼努斯党人坚持继续，城市人民就拿起棍棒把乡村农民驱散了。萨图尔尼努斯再次把乡村农民集合起来进攻城市人民，法案最后获得通过。此事之后，马略以执政官的资格向元老院建议，要求他们考虑宣誓的问题。马略假意声称他是绝对不愿自动宣誓的，他的老上司麦特鲁斯当然也是坚决地反对宣誓，其余的元老们都赞成不宣誓，马略就宣布元老院散会。

在法律规定宣誓的最后一天，马略匆忙把元老们召集起来，说他害怕人民，因为他们非常热烈地支持这个法律。他提出一个逃避困难的办法，就是元老们可以宣誓说，当这个法律是一个法律的时候，他们愿意遵守这条法律。之后可以解释这个法律不是一个真正的法律，

因为它是以暴力制定的，而且是在听到雷声以后定的。元老们当此刻不容缓而又没有考虑的机会的时候，因为担心自己的安全，大都立即宣誓，只有麦特鲁斯一个人拒绝。

萨图尔尼努斯早就与麦特鲁斯有仇，麦特鲁斯任监察官时曾提议废黜格劳西亚和他的元老席位（理由是他们过着可耻的生活），但因同僚反对未获成功。萨图尔尼努斯煽动乡村农民提出并通过了驱逐麦特鲁斯的法令，而城市居民却经常护卫着麦特鲁斯，麦特鲁斯为了不使国家因他而陷入危机，便自动离开了罗马。

公元前 99 年，萨图尔尼努斯第三次当选为保民富，他为了支持盟友格劳西亚争夺执政官的职位，派了一群暴徒，当着全体人民的面，在选举大会正在进行的时候，把可能当选的候选人打死了。第二天，愤怒的城市人民一起跑去想杀死萨图尔尼努斯，但是他已经从乡村召来另一群暴徒，和他的党人夺去了卡皮托尔。元老院通过决议，宣布他们为公敌，并命执政官马略武装一切“善良的公民”保卫国家安全，马略经过犹豫之后同意执行元老院指派的任务。双方力量悬殊，萨图尔尼努斯党人被迫投降，马略把他们关在元老院议事厅，好像他有意用更合法的手续来处理，群众们认为这只是一个借口，他们掀开屋顶上的瓦片，用石头砸死了他们。在这次暴动中，死了许多人，民主和法律变成了空话，连神圣不可侵犯的保民官也被残杀。据说，当保民官福里阿斯固执地反对召回麦特鲁斯，人民不待他辩解便把他撕成了碎片。此后，麦特鲁斯终于被允许回国了。

萨图尔尼努斯运动之后，马略的威望一落千丈。他感觉到平民对他不满，丧失了竞选监察官的勇气和信心，托辞还愿，渡海至小亚细亚朝拜。此后返回罗马，也过着脱离政治的生活，直至公元前 90 年同盟者战争爆发，年过花甲的马略才又重新出现在罗马政治舞台。

苏拉

“没有一个朋友曾给我多大好处，也没有一个敌人曾给我多大危害，但我都加倍地回敬了他们。”这是古罗马独裁者苏拉在自己的墓志铭上留下的话，他用自己的一生为这句话做了最好的诠释，他的行为影响了整个罗马世界。

苏拉

汉尼拔死去几十年后，罗马和迦太基之间的第三次布匿战争爆发了。结果，迦太基彻底失败，成为罗马的殖民地，被罗马划为阿非利加行省。罗马和意大利商人都蜂聚到这里，并渗入到邻区努米底亚。他们的掠夺和搜刮激起了当地居民的仇恨。努米底亚国王朱古达利用这种情绪，在内战中占领塞尔塔以后，对居住在该城的罗马和意大利商人、高利贷者进行屠杀。罗马元老院在民主派的压力下，于公元前111年向朱古达宣战。就是在这次战争中，罗马两大政治家、军事家登上历史舞台，他们就是马略和苏拉。

科尔涅里乌斯·苏拉，公元前138年出生于一个破落的贵族家庭。他从小醉心于文学艺术，酷爱交际，终日混迹于优伶、小偷和娼妓之中，后来依靠一个富有的妓女的捐赠和继母的遗产，他得以重返贵族阶层。

马略和苏拉的第一次合作是在朱古达战争时期。公元前111年，朱

古达战争爆发。战争持续了数年，却毫无进展。公元前107年，马略当选为执政官，全权指挥这场战争。上任后，他立即进行军事改革。

马略通过军事改革，保证了军队兵员的补充。另一方面，通过对军队组织的改革和整顿，提高了军队战斗力，为结束朱古达战争奠定了基础。此时，作为马略的财务官，苏拉也参加了这场战争。一个偶然的机缘，苏拉与毛里塔尼亚国王波库斯成了好朋友。朱古达是波库斯的女婿，他对兵败避难于他的女婿向来不怎么友好，于是把他出卖给了苏拉，战争就这样戏剧性结束。朱古达被俘，死于狱中，而苏拉由此获得殊荣。马略与苏拉之间从此种下不和的种子。

作为执政官的马略接着在公元前102年击退日耳曼部落的进攻，仍重用苏拉，在第二次任执政官时提拔他为副将，在第三次任执政官时举荐他为保民官，显示了一个政治家应有的胸襟。苏拉权势欲很强，不甘久为人下，当他感觉到马略不再为他提供立功晋级的机会时，便离开马略，转投到另一个执政官卡图鲁斯门下。这件事极大地伤害了马略，二人从此分道扬镳。

公元前94年，苏拉任市政官，第二年出任大法官。

公元前88年，黑海沿岸的本都王国国王米特拉达梯发动战争，占领了小亚细亚，并进兵希腊行省。元老院授权苏拉领兵远征，公民大会却推选马略担任统帅。双方争执不下，民主派干脆动武，将许多苏拉的支持者杀死。苏拉见势不妙，逃出罗马，径直赶往自己的军营，煽动士兵哗变，然后打着“拯救祖国，使她不受暴君统治”的旗号，率军进攻罗马。

苏拉进兵罗马，遭到城里平民的强烈反对，没有武器的群众从屋顶上投下瓦块石头，阻挡他们向前推进，把他赶回到城墙边。正在这个时候，苏拉本人赶到了。看到这种情形，他喊叫着烧房子，并亲自拿着通明的火把走在士兵前面，命令弓箭手把带火的箭往房顶上射。马略闻讯，集合部队仓促应战。一时间，双方士兵手持刀枪，冲向对方，迅猛地绞杀在一起。激战结果，马略战败逃亡。苏拉进城后，立即召开元老院会议，规定今后不经元老院批准，公民大会不得通过任何法案。马略逃往非洲，他和他的支持者被宣布为“罗马人民的公敌”，财产全部充公。

苏拉大权在握，便于公元前87年，率军奔赴希腊和小亚细亚战场苏拉在东方前线辗转作战，罗马城内却风云突变。马略从非洲归来，在伊达拉里亚集结了6000人的军队，与他这一派的执政官秦那联合攻陷罗马城。“人人都带着恐惧的心情来接待他们。他们马上开始毫无阻碍地掠夺他们所认为是敌党的财产”（阿庇安语）。流血报复进行了五昼夜，大批苏拉党人被杀。苏拉被宣布为“公敌”，财产予以没收。在一片白色恐怖中，马略与秦那成为公元前86年执政官。但71岁的马略任第七任执政官后不久便染病身亡。

苏拉在希腊听说马略、秦那攻陷罗马的消息后，经过3年苦战，终于迫使米特拉达梯六世求和。公元前83年，苏拉率4万大军回师意大利，击败民主派的抵抗。公元前82年占领罗马城，秦那被哗变的士兵杀死，另一执政官卡波调集军队进行还击。惨烈的战争足足打了3年，意大利血流成河，最后，苏拉夺下罗马，控制了意大利。

苏拉以征服者的姿态进入罗马，元老院恢复了他的特权地位。公民大会选举他为无任期限制的独裁官，集立法、司法、军事大权于一身。他采取了一系列的措施加强贵族派的统治。最有名的是“公敌宣告”。他在召开公民大会上凶狠地宣称：“我将对我的敌人一个也不宽恕，将以最残忍的手段对付他们。”

在白色恐怖中，90名元老、15名高级长官和2600名骑士被杀或被放逐，不属于马略、秦那一派而遭受株连遇害的也不在少数。元老院里塞满了苏拉党人，重要官职均由苏拉亲信把持，保民官和公民大会已形同虚设。

除了清洗民主派政敌，他还将政敌的土地分为12万块，分配给老兵；恢复元老院的特权地位，削减公民大会的权力等。

苏拉的权势达到顶点。对苏拉本人的崇拜也达到极点，罗马广场上竖起苏拉的镀金像，上刻“永远幸福的科尔涅里乌斯·苏拉”。元老院则肉麻地称他为“维纳斯神钟爱的人”。

正当苏拉权倾罗马、横霸帝国的时候，公元前 79 年，他突然在公民大会上宣布放弃一切官职，退隐林泉，不再过问政治。

苏拉悄然离开了罗马，隐居到普泰奥利乡间。第二年，他丢下新婚的妻子，在居所里安静地死去，终年 60 岁。

苏拉在罗马历史上第一次建立了独裁统治，这也是取消罗马共和国的第一步。苏拉对罗马本已有限的民主和争取民主的运动给了重重的一击，使之再也不能完全恢复过来。

庞培

格奈乌斯·庞培（前 106 年一前 48 年）与恺撒同是古罗马时期伟大的统帅，他们对罗马历史的发展产生了巨大而深远的影响。庞培和恺撒都是功高名重的征服者：庞培征服了叙利亚和巴勒斯坦，恺撒则征服了今天的法国、比利时、意大利北部和德国西部的高卢地区。他们都想实现人民的要求，谋取人民的支持，但为了权力，两人成了敌人。他们二人皆因征服者的天性而被载入史册，被后人所仰慕追忆。

庞培

庞培公元前 106 年出生在罗马城一个贵族家庭。他的父亲斯特拉波·庞培不仅是罗马共和国的一名杰出的统帅，而且也是贵族派的代表人物之一。不过，罗马人从未对他们的任何一位将军表现出过像对庞培的父亲斯特拉波那样激烈的憎恨，事实是终其一生，人们都处在对他的敬畏中，因为他确实是一个令人恐怖的战士，但在他遭受雷击死后，人们立即采用一种极端的侮辱来对待他，当他的灵柩被运送到葬礼上时，人们将他的尸体从中拖了出来。

年轻的庞培在父亲手下接受了启蒙军事训练，在青少年时期庞培受到了良好的教育，具有很高的文化修养，对当时先进的希腊文化有着浓厚的兴趣。由于受到家庭的熏陶，他酷爱军事，17 岁时就随同父亲一起镇压意大利人的起义。在政治上，他完全继承父亲的衣钵。其父野心勃勃，在动荡的年代谋取了国家的最高权力，这在庞培的心目中留下了深刻的印象。

公元前 87 年，斯特拉波・庞培突遭雷击死去，庞培继承了他在皮凯努姆的地产，并在那里生活了六年。这期间，正值马略和苏拉为争夺罗马最高权力在进行内战。庞培看到一些豪门贵族纷纷投靠苏拉，意识到只有在苏拉的麾下才能飞黄腾达。于是他不辞艰辛，走遍邻城招兵买马。在很短的时间内，他利用父亲在皮凯努姆地区的势力和影响，招募了一个军团。在赴苏拉军营途中，他初露锋芒，屡次冲破马略部下的阻拦，顺利占领了许多城市，并缴获大批的武器和战马。苏拉对年仅 23 岁，军事上初露锋芒的庞培非常赏识，把他看成了自己得力的助手。苏拉最终击败马略夺得罗马政权，实行独裁；庞培为了密切与苏拉的关系，加强自己的地位，抛弃了自己的妻子，和苏拉的女儿结婚。

此后，庞培奉苏拉之命夺取了马略部将驻守的西西里岛。随即又被派往非洲同努米底亚人多米提乌斯作战，在一个暴风骤雨的日子，与庞培对峙的多米提乌斯向后撤退，庞培命令部队迅速出击。面对突然而来的罗马大军，努米底亚士兵惊慌失措，溃不成军。这一胜利震惊了努米底亚，一些城市不战而降，仅用了 40 天的时间，庞培就占领了努米底亚，征服非洲。

此战为庞培赢得了巨大的声望，同时也使苏拉感到紧张。为了遏制庞培的实力，他决定解散庞培的军队。但庞培立即拒绝了这一命令，并且率领大军出现在罗马大门口。尽管他没有担任公职，却要求苏拉为他举行凯旋式。苏拉警告庞培不要违背法律。因为当时罗马法规定

只给有巨大战功的执政官、行政长官举行凯旋式。然而，庞培毫不退让，他嘲讽苏拉说："崇拜初升太阳的人要多于崇拜落日的人。"苏拉迫不得已，破例为庞培举行了非洲之战的凯旋式，并授予他"伟大"称号。

公元前 78 年苏拉病死之后，庞培指挥了一系列战争。直到公元前 70 年，罗马政局发生了改变。此时的庞培开始了他的伟大征程。当年庞培被选为罗马执政官，颁布了一系列有利于平民的政策，深得人心。

当时，地中海的海盗活动猖獗，他们利用自己的船只、武装和罗马的贵族骑士串通一气，袭击来往商船，抢劫沿海城市，从事"贩卖人口"的勾当。公元前 67 年罗马出现粮荒，人们认为这是海盗活动所致，强烈要求采取紧急措施。公民大会任命庞培为剿匪司令官，授予其前所未有的权力，配备给他 25 名副将，120000 步兵，4000 骑兵，270 条战舰，限期三年内肃清。庞培以其出色的军事才能，仅用 3 个月时间就平定了海盗之乱。庞培再一次用行动证明了自己，同时博得更多罗马人的拥护。

公元前 63 年米特拉达梯六世服毒身亡，庞培胜利地结束了米特拉达梯战争。战后他把比提尼亚和本都合并为罗马行省，后又把叙利亚变为罗马行省。他在小亚细亚、巴勒斯坦到处活动，对当地政权进行干涉，在加拉太、卡帕多基亚和犹太扶植了新的国王，使东方一些国家处于罗马的奴役之下。庞培本人成为东方一些王国的"王中之王"。他的权力和威望达到顶峰，成为罗马最有权势的人。

公元前 62 年，庞培满载着东方的战利品返回罗马。由于元老院不满意他在东方私自将行省包税权给予骑士，更担心他利用自己的影响实行独裁，因此迟至公元前 61 年 8 月，元老院才为其举行凯旋式。庞培请求元老院批准他在东方实行的各项措施，并分给他的老兵土地，这一要求遭到了元老院的拒绝。庞培极为不满，开始同元老院对抗。公元前 60 年，他同恺撒和骑士派领袖克拉苏秘密结盟，即历史上的"前三头同盟"。经三头同盟活动，庞培在东方的措施得到批准。为了更好地勾结和利用恺撒，年近 50 岁的庞培娶了恺撒之女、年仅 14 岁的尤里娅。

此时，与庞培处在同一时代的恺撒，因在高卢的军事胜利，其声望不断提高，两人之间争夺独裁的内战势在必发。当时的罗马政局动荡不安，社会秩序空前混乱，对抗元老院的情绪日益增强。元老院为了平定骚乱，开始物色称职的官员，而当时只能在庞培与恺撒之间挑选一人。元老院意识到庞培绝非理想的人物，因为他不是真正贵族派人物，为实现个人野心，善于投机钻营，然而，恺撒在骑士、平民中的深厚基础，以及他军事力量的激增所给予脆弱共和政体的威胁，使元老贵族更具戒心。元老院不得不与庞培修补旧痕，言归于好。元老院授权庞培为唯一执政官任期两个月，其权力几乎和“狄克维多”相似。

庞培上任后，迅速从意大利调集军队镇压平民的暴动。为了维护贵族派利益，他于公元前 53 年颁布法令，反对暴力，反对官员受贿，改革诉讼程序，重新审查法官名单，并宣布任何人都可提出对 70 年至 52 年间官吏的指控。他利用职权，把锋芒指向恺撒，提出执政官和行政长官在罗马任职和任满后出任行省总督之间，应有五年间歇期的法律。他在第二年又阻止恺撒延长高卢总督的任期，限于公元前 49 年 3 月任满解职。于是，庞培和恺撒最后公开决裂。

公元前 49 年 1 月，新的内战帆幕终于拉开。元老院宣布全国处于紧急状态，宣布恺撒为公敌，命令庞培在意大利招募新的军团，庞培把恺撒的拥护者和两名保民官逐出城外。1 月 10 日，恺撒以“保卫人民夙有权力”为名，渡过卢比孔河，迅速迫近罗马，此时庞培征兵工作尚未完成，因此他和大部分元老封闭国库，仓皇逃往巴尔干。

庞培放弃意大利后，寄希望于他的海上部队和隶属于罗马的东方各国国王、部落显贵，企图从希腊组织反攻。他在那里集合了 11 个军团，7000 骑兵以及由 600 艘战舰组成的舰队。恺撒在占领意大利，巩固政权，肃清西班牙等地庞培的势力之后，在公元前 48 年发动与庞培争夺东方行省的战争。他率领 10 个军团，10000 名高卢骑兵出征庞培。一开始，庞培军队占据优势，在著名的季拉基乌姆战役中，庞培两次

大败恺撒，大大挫伤恺撒军队的士气。

公元前48年8月9日，著名的法萨卢斯战役是庞培和恺撒进行的最大的也是最后一次决战，结果庞培全军覆灭。庞培在失败之后，企图在埃及寻求藏身之所。公元前48年9月28日，就在他乘坐的小船靠岸之时，埃及国王托勒密十二世的侍从挥剑向他的脊背刺去，结果了他的性命。庞培终年58岁。

庞培作为一位统帅，在逆境中仍能保有的最后的权力和尊严。在与恺撒的二人对弈中，庞培步步紧逼，在情势最危险的关头，双方互有惨重伤亡，恺撒甚至屡次面临缺粮危机，也曾有被对方烧毁舰队，粉碎封锁线，重创败走的尴尬局面，到了决定性的法萨卢斯战役，庞培一直占据着主动，但命运之神最终让庞培走向末路。就在庞培快要死去的那段日子，也许在我们的印象中，他只是一个老人，徘徊在积满秋叶的墓园里，茕茕孑立，伸手缓慢地抚过碑石上苍冷的苔藓。度过了他雄姿英发，谈笑破敌的青年时代，度过了他25岁的第一次凯旋式，失去了他面对苏拉时的狂妄盛气和征服者的煊赫武功，他已经变成了一个孤独的老人，垂暮的英雄，被时光磨去了锐气和杀气。

“伟大的人”庞培被昔日的朋友和部将杀害，身首异处，倒在了异乡的沙土里，年仅58岁。4年后，恺撒在元老院被刺23刀，血污满身，倒在了庞培像座之下，年仅57岁。两位伟人如此见证了彼此的死亡。

西塞罗

西塞罗是古罗马著名的政治家和演说家，被人们推崇为最伟大的拉丁演说家和散文家。他一生都身处政治高位，他的诸多著作都是在政坛起起伏伏的过程中完成的。

西塞罗

他于公元前106年出生于阿尔皮努姆，根据普鲁塔克的记载，他早年非常聪颖，良好的学识曾经引起整个罗马的关注。他尤其喜欢诗歌。在公元前89～公元前88年，他曾经在执政官斯特拉波和苏拉的军队中服役，但他并不怎么喜欢战争。他对希腊情有独钟，甚至在遗嘱中表明自己希望被埋葬在希腊。他离开军队后，积极参加各种诉讼、集会和研究，充分发挥自己的雄辩才能，并在一些案件中崭露头角。公元前79年，他离开罗马前往希腊，在那里聆听了著名希腊哲学家以及雄辩术大师的课程，结识了一些著名的哲学家和雄辩家，使自己的演说风格更加完善。公元前76年，西塞罗当选为行政官，并在公元前75年被派到西西里的西部地区担任财政官。任职期满后他离开西西里回到罗马，进入了元老院，一方面重操律师旧业，一方面广泛结交上层社会名流，从此在政坛上平步青云。公元前66年，他当选为大法官，公元前63年当选为执政官。

他当选为执政官后，在政坛上发生了一件重大的事件。最初在竞选执政官时，有一位竞争者喀提林，因为最后竞选失败而心怀不满，便纠集一帮党羽试图通过武力夺取权力。西塞罗发现了这一阴谋便向元老院揭露，连续发表了四篇揭露喀提林阴谋的演讲，最终促成喀提林被驱逐出罗马，这些演说成为西塞罗演说辞的名篇。但是留在罗马的喀提林的死党继续活动，试图在罗马内部进行叛乱，以配合喀提林在外部的武力进攻。最终西塞罗派人伏击了叛乱者派往高卢部落的使团，让这些叛乱者在元老院坦白了自己的罪行。元老院商讨了对这些叛乱者的惩罚，但是由于元老院是行政机构而不是司法机构，所以这方面的权力有限。西塞罗害怕单纯的软禁或流放并不能排除对国家的威胁，最终促使元老院作出了对叛乱者施以极刑的决定，叛乱者被绞死。由于成功镇压了叛乱的阴谋，所以西塞罗获得了“祖国之父”的尊号。但是这种未经审判便将叛乱者处死的做法，也为西塞罗以后遭到厄运埋下了伏笔。

在“前三头”同盟缔结之后，由于西塞罗拒绝加入这一同盟而得罪了恺撒，恺撒便在公元前 58 年指使保民官克劳狄乌斯通过了一个法律，宣布将未经审判而处死罗马公民的人予以流放，矛头直指西塞罗。西塞罗寻求不到支持，被迫离开意大利，在被流放期间他着手将自己的演讲词整理成文。在给他的朋友阿提库斯的信件中，西塞罗始终认为元老院由于嫉妒他的成就而不愿从流放中解救他。几个月后西塞罗从流放中归来。他支持保民官米洛与克劳狄乌斯作对。后来，克劳狄乌斯被米洛的格斗士杀死。米洛因谋杀罪而受到审判，西塞罗为米洛作了强有力的辩护，但是最终失败，米洛被流放。随着庞培和恺撒之间的斗争日趋激烈，西塞罗站在了庞培一边，但却始终避免使恺撒成为永久的敌人。当恺撒在公元前 49 年攻入罗马后，西塞罗逃出罗马。公元前 48 年，西塞罗回到罗马，他开始在政治上保持沉默，将大部分精力用在著述上。

《读书的小西塞罗》，Foppa 作于 1464 年（壁画），现藏于伦敦

公元前 44 年，恺撒遇刺身亡。西塞罗又开始在政坛活跃，与恺撒

的下属安东尼一起成为罗马的主要领导人。西塞罗作为元老院的发言人，而安东尼担任执政官和恺撒遗嘱的执行人。但是两人的关系很快恶化，当恺撒的继承人屋大维于4月到达意大利后，西塞罗制订了反对安东尼的计划。在9月他发表了一系列的演讲攻击安东尼，这些演讲被称作《反腓力辞》，同样是他的演说名篇。西塞罗赞扬屋大维，联合元老院攻击安东尼。这时期西塞罗成为毫无争议的民众领袖。但是在与安东尼激烈的斗争中，西塞罗最后落败，在逃亡中被安东尼派去的刽子手抓获并杀害。

西塞罗是罗马历史上著名的政治家，也是多产的作家。一类著作是他大量的书信，其中包括给他的好朋友阿提库斯、他的弟弟昆图斯、同谋者布鲁图斯以及形形色色的人的书信。这些书信反映了罗马的生活和政治模式。他也写过许多关于哲学和伦理学的著作，其中包括《论责任》、《论老年》、《论友谊》、《论目的》、《论神的本性》等著作。在这些著作中，他对人生中一些重大的问题作了非常透彻和系统的分析，语言华丽清新，是罗马散文的典范之作。代表他的政治思想的著作是《论国家》、《论法律》等。在《论法律》中，他依据斯多噶派的观点，强调了理性和自然法，提出了在法律面前人人平等以及法律不受任何外力影响的观点，对后世的政治和法律思想有很大影响。西塞罗的修辞学著作包括《论演说家》、《布鲁图斯》等等。他最著名的作品是他的演说，如反对喀提林的演说，以及反对安东尼的《反腓力辞》等等。他的演说按照修辞程式组织材料，词汇丰富，句法考究，在句尾特别注意音调的抑扬顿挫，被称为西塞罗式的句法。

安东尼

公元前44年，罗马大帝恺撒遭暗杀身亡。恺撒死后，罗马陷入了

前所未有的混乱状态。在混乱中，恺撒的部将安东尼（公元前82～公元前30年）的势力迅速膨胀。公元前43年，他与另外两个恺撒派人物李必达和屋大维公开结盟，获得统治国家五年的合法权力，史称“后三头政治”。公元前42年，经菲利皮之战，安东尼与屋大维共同打败谋刺恺撒的共和派领袖布鲁图斯和卡西乌斯。公元前40年，三个巨头开始瓜分土地，李必达占领非洲，屋大维领有罗马西部，而安东尼则拥有罗马东部行省的统治权。

在拥有大片江山后，安东尼减免租税；赦免除谋杀恺撒的阴谋集团以外曾参与反对他的人；对于那些曾遭受布鲁图斯和卡西乌斯洗劫蹂躏的市民，免除他们的一切捐税；很多被卖做奴隶的人也都获得了自由；还解放了叙利亚。安东尼以行动证明自己生性善良、慷慨大方。但是正如时人所说的，安东尼只有恺撒一半的才能，即英勇善战的军事才能，却缺少恺撒的另一半才能，即洞晓局势的政治才能。当地中海沿岸的一切变得风平浪静时，安东尼在政治上便不思进取，整日陶醉在温柔乡中而不能自拔。

他借故有人控告埃及女王克里奥帕特拉帮助卡西乌斯筹集金钱和招兵买马，派人叫她到塔尔苏斯与他会面。克里奥帕特拉听命前往，但是她没有按照他指定的时间和方式到达。安东尼高坐在会堂的御座上等着她来叩头求饶，她则悠哉悠哉地乘着一只装配有紫色帆布和银色船桨的游艇，准备赴约。她的女仆盛装艳抹，充当水手，而她自己则乔扮女神维纳斯，躺在舱里，身上盖着金布。塔尔苏斯地方的居民听到这位艳后将要驾临时，纷纷聚集在岸边，想一睹她的庐山真面目。克里奥帕特拉邀请安东尼来船上与她共进晚餐，她盛宴以待，并以礼物和微笑送给他的将军们。在亚历山大港，她含苞待放时，安东尼就爱上了她了。当时她29岁，丰满成熟，更加娇艳欲滴。至于他要求什么，她都尽量使他满足，并邀请他到亚历山大港玩。于是安东尼就在那里度过了一个冬天，终日无忧无虑，与克里奥帕特拉形影不离，把统治帝国的大事都抛诸脑后。

克里奥帕特拉是一位非常理智的女子。她并没有随着安东尼的疯狂而陷入爱河。她深知埃及虽然富有，但是军事力量薄弱，随时都有可能遭受罗马统治者吞没的命运。为了要解救她的祖国和保全她的王位，唯一方法只有跟罗马人结婚。她曾看上恺撒，也正是在恺撒的全力支持下，她重新执政，成为埃及唯一的女王。遗憾的是，恺撒被刺身亡，使她失去了靠山。现在她的目标转向安东尼了。可是安东尼只会固守恺撒的政策，终日梦想使罗马与埃及联盟，把首都建立在迷人的东方，丝毫没有意识到背后所潜藏的种种危机。

具有恺撒另一半才能的屋大维在政治上的头脑远比安东尼清醒。公元前37年，安东尼离弃了自己的妻子、屋大维的姐姐，正式与克里奥帕特拉结婚，并宣称将罗马东部一些领土赠给女王和她的儿子，引起了罗马元老院的不满，也给屋大维反对安东尼提供了良机。公元前36年，羽翼日益丰满的屋大维剥夺了李必达的兵权，与安东尼形成争雄之势。同时，他还制造舆论，说安东尼与埃及女王结婚后，把最富庶的罗马军政区割给了女王和她的儿子，同时计划把罗马帝国的首都迁到亚历山大港，罗马和意大利都将变成其附属国了。最后屋大维从守护神维斯塔女神庙那里窃取了安东尼立好的遗嘱后，就当众在元老院宣读，遗嘱注明安东尼的继承人是克里奥帕特拉的儿子，并吩咐说死后他要葬在亚历山大港女王的旁边。遗嘱的后半句话给了元老院一记猛棍，克里奥帕特拉正在利用安东尼来腐蚀罗马帝国。公元前32年，元老院宣布安东尼为“祖国之敌”，并正式向克里奥帕特拉宣战。

公元前32年，安东尼和一心想“高踞政厅，号令天下”的克里奥帕特拉率领500只战舰浩浩荡荡地从伊奥尼亚海出发，其声势之浩大堪称空前，总兵力包括10万步兵和1.2万骑兵。这些军队大都是由东方诸王资助的，他们希望借此摆脱罗马的统治。屋大维则率领400只舰艇，8万步兵和1.2万骑兵渡过亚得里亚海。两军遥遥对峙达一年之久，最后战争终于在亚克兴海中爆发了。由于屋大维的小艇比安东尼的巨舰来得机动、敏捷，安东尼的许多舰艇都被屋大维的部下烧毁，安东尼大败而归。

为了保证埃及的安全，克里奥帕特拉没有征得安东尼的同意，就

送给屋大维一只金宝杖、一个王冠和一个宝座，以示臣服。屋大维回复说，只要她杀掉安东尼，他就会保证不入侵埃及。安东尼也写信给屋大维，竟然天真地让他不要忘记他们以前的友谊，并说如果屋大维同意保全克里奥帕特拉的性命，他愿意自杀。屋大维对他们的建议根本不予理睬。于是克里奥帕特拉就把埃及所有的财宝堆积在一个宝塔内，并通知屋大维说如果她得不到光荣的和平，就要与这些珠宝一同毁灭。安东尼则不得不犹作困兽之斗，起初还有所斩获，但是当他看到克里奥帕特拉的佣兵投降，又风闻克里奥帕特拉战败被杀时，安东尼就绝望地自杀了。克里奥帕特拉得知屋大维要将她押到罗马以作为胜利的象征时，就身穿皇袍，以毒蛇噬身而死。后来屋大维准许其二人相邻而葬。

安东尼爱江山，更爱美人。为了博得克里奥帕特拉的欢心，他不惜把罗马大片的土地拱手相让；当克里奥帕特拉所统治的埃及要受到屋大维的侵略时，他甘愿献出生命。这就是安东尼，一个跟随恺撒远征高卢、协助恺撒击败庞培的战将，一位出身高贵、英俊潇洒、但仍具有普通人特质的凡人，一个身材魁梧、浑身是劲、生性善良、勇敢果决、忠心耿耿的情人和丈夫，难怪克里奥帕特拉愿意倾身相随，这或许不仅仅是由于政治方面的原因吧！

喀提林

西塞罗作为一名辩论家，对从杀人事件到国家阴谋等各种事情进行告发或辩护，其中最广为人知的则是“喀提林阴谋”的弹劾事件。

在苏拉施行恐怖政治时期，西塞罗因为被部下告发不得不逃离罗马，前往希腊避难。苏拉死后，他回到罗马并继续担任法庭辩护官。因为在法庭上的精彩辩护受到一致好评，西塞罗于前 64 年当选为执政官。

当时他的竞选对手中有一位叫喀提林的人，他曾是苏拉的爪牙，据说还与杀害马略的弟弟有关。但在选举时，西塞罗并没有想到揭露喀提林的这个秘密。

西塞罗当选执政宫后，那个不久便会成为他一生夙敌的凯撒开始崭露头角。尤利乌斯·凯撒（公元前100—公元前44）是在马略和苏拉内战时期成长起来的。

自马略时期以来，罗马军队已经演变为雇佣军制度。将军们拥有各自的军队，互相争夺势力。在马略和苏拉之后，庞培、凯撒和大富豪克拉苏三人结盟，联合支配罗马，并不断给死守元老院的西塞罗施加压力，形成了以民会为中心的民众派和以元老院为中心的豪族派之间的对立。前者代表的是新贵族和商人的利益，后者代表的是旧贵族的利益。当凯撒和克拉苏结盟后，西塞罗也打算和庞培结盟。

而在这之间穿插的则是喀提林阴谋。公元前63年，执政官选举中败下阵来的喀提林在第二年的选举中再次败北。于是，他阴谋通过武装政变来掌握权力，为此他纠结了大批党徒。

喀提林虽然拥有古老贵族的身份，但他的家族似乎已经没落。他曾在庞培·斯特拉博（庞培的父亲）的军队里效力，之后又成为苏拉的部下，参与了公元前82年至公元前81年因苏拉没收市民财产并屠杀反对者而引发的骚动。公元前68年至公元前67年，他前往非洲殖民地上任，并因非法侵占他人财产而被控告。

因此，喀提林在执政官选举中无法成为候选人。公元前66年，他计划暗杀执政官和元老院中的反对势力，但因进展不顺，导致计划最终流产。有人说这是他的第一次阴谋。虽然我们并不清楚这次阴谋是否真正存在，但据传当时的幕后黑手就是克拉苏和凯撒。他们两人计划武装推翻元老院，于是就想到了利用喀提林。

公元前64年，喀提林在执政官选举中再次成为候选人并与盖乌斯·安托尼乌斯结盟。但安托尼乌斯被西塞罗收买，背叛了喀提林，于是西塞罗和盖乌斯两人当选为执政官。虽然喀提林于公元前63年第三次成为候选人，但他仍然失败了。据说正因如此，才让他一步步走向发动武装政变的道路。

而另一方的西塞罗则使用女间谍收集喀提林的情报。这名女间谍名叫富尔维娅，是喀提林的朋友克温图斯·库里乌斯的情人。她向西塞罗报告了喀提林的阴谋计划。

西塞罗将喀提林的计划在元老院公之于众，并要求弹劾喀提林。喀提林的朋友曼利乌斯在伊特鲁里亚聚集了一帮由流氓组成的军队，伺机待命，准备冲入罗马，发动武装政变。虽然他们还派出杀手企图暗杀西塞罗，但这些情报都被富尔维娅得知。西塞罗做了精密部署，使对方的计划最终失败。

由于西塞罗的告发缺乏证据，喀提林最终没能被定罪。后来，西塞罗终于得到了高卢地区阿洛布罗基人与喀提林共谋起事的信件。凭借这封信，元老院终于认定喀提林的阴谋。西塞罗请求判处那些阴谋者死刑，却遭到凯撒的反对。凯撒认为判处终身监禁最为妥当。而加图（小加图）则反对凯撒的观点，要求判处极刑。元老院遵从了加图的请求，喀提林的五名同伴被判绞首。由于西塞罗将国家从危机中拯救出来，他获得了“国父”的称号。

喀提林被迫投奔马略，继续和罗马军队对抗，最终战死。

查理·马特

查理·马特（约公元688～741年），法兰克王国墨洛温王朝末期宫相，法兰克王国宫相赫里斯塔尔·丕平的私生子。他平定内乱，抗击外敌，实行采邑改革，为后来加洛林王朝的建立奠定了基础。

公元8世纪上半期，随着大土地所有制的发展，大量自由农民破产，地方割据势力日益强大，法兰克王国的王权衰落。这样，以前只是王室财产总管的宫相，开始插手国家政务，成为实际上的政府首脑。在争夺宫相的过程中，奥斯特拉西亚、纽斯特里亚和勃艮第等3个地方的贵族都推出了自己的宫相候选人，最后，奥斯特拉西亚推选的赫里斯塔尔·丕平夺得宫相职位，而且是王国唯一的宫相。

查理·马特

赫里斯塔尔·丕平死后，争夺宫相职位的战争立即展开。查理·马特在奥斯特拉西亚贵族的支持下，打败了其他竞争者的军队，于715年继任为宫相。

当时的法兰克王国，除了内部贵族的叛乱之外，还有外族入侵的威胁：萨克森人攻入莱茵地区的法兰克尼亚；阿瓦尔人进入巴伐利亚；阿拉伯人征服北非之后渡海来到西班牙。为了打败外敌，查理·马特建立了一支强大的骑兵。732年，他依靠这支骑兵，相继大败敌人，收复了被占领土，捍卫了法兰克王国的独立。此役之后，查理声名大振，获得了“马特”（意为“铁锤”）的称号。最后，查理·马特还通过一系列战争把法兰克王国的版图扩展到东起塞尔河，西抵大西洋，南接比利牛斯山，北至北海，使法兰克王国成为一个相当强大的国家。

在国内方面，为了改变法兰克王国的面貌，查理·马特采取了大刀阔斧的改革措施。他废除了无条件分赠土地的制度，推行采邑制。他把从叛乱贵族那里没收来的土地和一些教会的土地分赠给贵族，但他们必须要为国王服兵役，要履行臣民的义务，宣誓效忠。同时，采邑的赐予者也有义务保护忠心效力的受领者，使其不受他人的侵害。他还规定采邑不得世袭，只限终身，而且如果受封者不履行义务或者死亡，赐予者有权收回采邑，终止封授关系，要是继续以前的关系，则必须重新分封。这次改革，对法兰克王国的发展和西欧历史的发展都有着极其重要的影响。它确立了以土地和服役为基本条件的臣属关系，削弱了贵族势力，加强了王权，有利于社会的稳定和统一。采邑制推行之后，中小封建主都要服兵役，他们自备马匹，装备精良，构建了新型的骑兵，奠定了西欧中世纪骑士制度的基础。法兰克王国日后正是依靠这支骑兵，建立起强大的查理曼帝国。更为重要的是，这次改革对欧洲中世纪社会关系的形成起着决定性的作用。欧洲中世纪那种国王、大封建主、中小封建主之间层层分封的模式，就是采邑制确定的。

随着改革的深入，法兰克王国的实力大增，查理·马特的权势也随之加强了。他的实际权力已经超越国王，成为法兰克王国的实际统治者。事实上，查理·马特也正在为正式接管法兰克王国作准备。737年，法兰克王国国王去世，查理·马特没有设立新的国王，自己直接以宫相的名义管理国家。在此期间，他加强了与罗马教会的联系，取得了教会的支持。740年，罗马教会授予他罗马贵族的头衔，还把尊贵的圣彼得坟墓的钥匙送给他。741年，查理·马特逝世，享年53岁。

查理·马特虽然至死也没有登上法兰克王国的王位，但他已经为他的家族统治法兰克王国奠定了基础：751年，查理·马特的儿子矮子丕平终于登上法兰克王国国王的宝座；8世纪后半期，矮子丕平的儿子查理统治法兰克王国时，把法兰克王国的势力推向顶峰，他通过近半个世纪的连年征战，到9世纪，最终建立了庞大的查理曼帝国。而所有这一切都是与查理·马特分不开的。

费尔南德兹·冈萨洛·德·哥杜巴

费尔南德兹·冈萨洛·德·哥杜巴，西班牙军事家，他所取得的赫赫功绩使他赢得了“伟大统帅”的称号，并且给16世纪的战争带来了一场革命。他为步兵配备了火绳钩枪（一种沉重的火绳枪），使西班牙军队的欧洲军事强国地位得以持续了一个多世纪。

哥杜巴的父母都是贵族，他 16 岁之前就参加了格拉纳达反对占领者的战争，后来在西班牙王室宫廷充当侍者。1482 年至 1492 年，哥杜巴作为下级军官参加反对摩尔人的战斗，并最终取得了战役的胜利。在这段时期里，哥杜巴磨炼了他的军事战术与技巧，并展示出了他个人的英勇善战。在蒙特弗里欧包围战中，哥杜巴率军发动攻击，亲自登上云梯攻破了摩尔人的防御墙。

1495 年 5 月，哥杜巴奉女王之命，率领 2100 名士兵进军由意大利支持的曾入侵半岛并被法国国王查理八世打败的那不勒斯王国。由于哥杜巴的军队训练不当，加上与意大利盟军的不和，哥杜巴不是法国军队的对手，在塞米纳拉战役中大败。

塞米纳拉战役失利后，哥杜巴撤军，并开始执行一套严格的军队训练计划，重新组织军队。由于对方军队人数多于自己，哥杜巴开始采用游击战，使敌军运输军需品的漫长的补给线经常被切断，他避免与法军进行大规模的武装冲突，除非作战形势非常有利。哥杜巴就这样在之后不到一年的时间里俘虏了法国将军，到了 1498 年，他收复了意大利所有的失地。

返回西班牙之后，哥杜巴吸取战争中的教训，重新改组军队。他为步兵团士兵配备了一种火绳钩枪，这种枪重量大，并可以抵在肩窝进行发射。哥杜巴还协调步兵、炮兵与骑兵协同作战，将他的军队分为各自独立的机动军事力量，取代了聚成一体的大宗兵力，这在当时是非常具有代表性的。

1503 年，法国再一次入侵意大利，哥杜巴遇到了得以检验他军队改革成果的机会，率军回意大利参战。4 月 28 日下午，哥杜巴率 600 人到达塞里格诺拉附近山坡的葡萄园，西班牙步兵刚刚在这里挖出一道防御沟，就遭到了法国一万兵力的进攻。一排又一排的法国士兵倒在了火绳钩枪的火力下，少数到达防御沟的法国人也在西班牙士兵的长矛下死于非命。哥杜巴军队在法军的第二次冲锋中同样坚守住了阵

地。这是历史上第一次利用火器取得胜利的战斗，没有一个战场上的战争能与此次相提并论。

哥杜巴率军占领了那不勒斯，并迫使法军撤退至格利亚诺河。战争陷入僵局，双方隔岸对峙，谁也没有什么优势。1503 年 12 月 29 日夜晚，哥杜巴趁夜色率领部分军队越过浮桥奇袭法国军队，步兵手中拿着火绳钩枪和长矛，在进攻中显示出了与先前防守时一样的致命杀伤力，加上哥杜巴训练有素的属下战将，并利用少量的交通工具，使这场本应艰难的战争变得平稳顺利起来。

1504 年 1 月，哥杜巴俘虏了吉埃塔，法国在格利亚诺大战中失败后，再没能建立起一个坚固的防御工事，不久便签订协定，放弃了对那不勒斯的统治。

此时的哥杜巴，已经完成了他最后的一次战斗；被人们尊称为“伟大的统帅”。这位军事指挥家军事生涯的结束并不是战争的结果，而是政治的产物。西班牙国王费迪南德惧怕这位伟大统帅的影响力，撤消了他将军的军衔，并将他召回西班牙。哥杜巴怀着对国王的忠诚服从命令回到了家乡，退役后定居在格拉纳达。1515 年 12 月 1 日，哥杜巴死于在意大利战争中感染的疟疾，享年 62 岁。

哥杜巴不只是在战争中首次有效地利用了火枪，更重要的是他革新性地将火枪融入了手拿长矛作战的传统步兵团当中。尽管后来的西班牙统帅将哥杜巴的军队组织形式与战术策略作出了调整，但哥杜巴的大部分观点还是对西班牙在 17 世纪取得欧洲战场的主导地位产生了直接的影响。哥杜巴给战争带来了大革命，并关键性地推动了中世纪战争中的武器变革，将钢刀和长矛转换成了火器与炸药。

赫尔南多·柯台斯

1485 年，柯台斯出生在西班牙西南部麦德林城的一个二流贵族家庭，学过法律，19 岁那年乘船离开家乡，开始了他追求新世界的寻宝之旅。在伊斯帕尼奥拉岛的加勒比海岸做了几年贵族乡绅之后，柯台斯于 1511 年参加了由贝拉斯克斯率领的征服古巴的军事行动。战争胜利之后，柯台斯成为圣地亚哥市市长。

1518 年，贝拉斯克斯委任柯台斯组成小支军队进攻墨西哥。但在渐渐觉察到柯台斯的野心之后，贝拉斯克斯开始后悔并试图撤回自己下达的这个委任。然而一切已为时过晚，1519 年 2 月，柯台斯已经率领着一支由 11 支船组成的海上舰队向西进发了。

在登陆塔巴斯哥之前，柯台斯军队沿着尤卡坦半岛海岸进行探险，他们没费什么力气就征服了这里的土著人。虽然这里并不怎么富有，可这些土著居民却告诉柯台斯，再靠近内陆一点的阿兹特克王国拥有数不尽的金银财宝。柯台斯率军北上，在塔巴斯哥附近（后来的韦拉克鲁斯港口）建立基地，准备向阿兹特克王国发起进攻。他在塔巴斯哥的土著居民的协助下扩充了军队。为了防止他不到 600 人的军队畏惧充满危险的内陆之战而临阵脱逃，柯台斯烧毁了船只，切断了所有逃跑的退路。

沿着进军阿兹特克王国首府特诺奇提特兰的行军路线，柯台斯打败了包括特拉克斯卡兰部落的几个土著部落。柯台斯在每次战役中都是先取得与之前敌对势力的联盟，以此扩充他的军队，来对付他们最主要的敌人——阿兹特克王国。在靠近特诺奇提特兰之后，柯台斯是阿兹特克神话中的人物羽蛇神（魁萨克）一位白皮肤、留着胡须的如神般的君主。据传说讲，羽蛇神向阿兹特克王国人民传授农业技术，帮助他们建立了政府，并且阿兹特克王国要隆重地举行仪式欢迎羽蛇神的归来。

阿兹特克国王蒙特祖玛曾力图阻止柯台斯军队的入侵，然而他的防御体系已经一盘散沙、不堪一击了，他们一是受传说的“指示”，欢迎这位“白皮肤君主”的归来；二是惧怕那些他们从来没有见过的西班牙军队的马匹和火枪。这些困境使阿兹特克王国几乎失去了抵抗能力，很快就被柯台斯的军队打败了。1519 年 11 月 18 日，柯台斯进驻阿兹特克首府，并俘虏了国王蒙特祖玛。

就在柯台斯开始收缴战利品聚敛财富的时候，由帕菲罗·德·纳瓦茨率领的西班牙军队抵达了韦拉克鲁斯港口，下达了贝拉斯克斯的命令，要将柯台斯按不服从军令逮捕处置。这位阿兹特克的征服者将部队的兵力分开，留下 200 人由佩德罗·德·阿尔瓦拉多带领留守特诺奇提特兰，自己则率部队穿越丛林回到韦拉克鲁斯港口对抗纳瓦茨。在一次黑夜袭击战中，柯台斯俘虏了纳瓦茨，余下军队全部归降。

柯台斯返回特诺奇提特兰之后，发现城里的阿兹特克人民已经对阿尔瓦拉多的苛待怨声载道，还未等柯台斯作出什么补偿，1520 年 6 月 20 日，阿兹特克人民举行起义。尽管柯台斯在这场战争中杀死了原国王蒙特祖玛，然而西班牙人这次不得不从特诺奇提特兰撤军。到了 1520 年 7 月 7 日，柯台斯一举歼灭了追击而来的大批阿兹特克敌军，可这位西班牙征服者还是用了一年多的时间组建了新的联盟军，力图再次夺回阿兹特克首府特诺奇提特兰。

柯台斯开始有步骤地向特诺奇提特兰进军，他沿线摧毁了阿兹特克相对较小的兵力和村庄。1521 年 8 月 13 日，历时 3 个月的围剿结束，柯台斯重新占领了这座城市。他将城市里的土著建筑有的夷为平地，有的重新修建，并命名为墨西哥城。柯台斯将收缴的财宝运回西班牙，并声明他所有的这些军事行动都是以西班牙王国的名义进行的，而非他个人的中饱私囊。西班牙国王无法拒绝这些金银财宝，接受了柯台斯的解释，并任命他为墨西哥城总督和新西班牙将军。柯台斯还为那些离开故土登陆这个新世界的西班牙殖民者献出了墨西哥城周围的土地，巩固了西班牙对这个地区的统治，并使统治延续了几个世纪。

1524年，柯台斯率兵远征洪都拉斯。然而由于西班牙宫廷大臣们仍然惧怕这位将军的野心，西班牙国王于1528年撤消了柯台斯总督的职务，并命令他返回西班牙。柯台斯两年之后回到墨西哥，也失去了他往日的权力。1536年，他率军发起了墨西哥一太平洋海岸的军事探险，发现了巴加——加利福尼亚。1539年，柯台斯申请率领陆军向北去寻找传说中西波拉七个黄金城的位置，然而西班牙国王拒绝了他的要求，选派法兰西斯科·瓦司格斯·德·科洛纳多率领这次探险。柯台斯于是返回了西班牙。

1541年，柯台斯参加了反对阿尔及尔的武装战争，但是他再没有获准进行过其他探险或冒险性的军事行动。柯台斯退休时住在西维尔附近的庄园，在墨西哥聚敛的财富得以使他在那里过着奢华的生活，直到1547年逝世，享年62岁。

在军事造诣上唯一能够与柯台斯相提并论的军事家就是打败秘鲁印加帝国的弗朗西斯哥·皮萨罗。他同样是凭借着微小的兵力取得了辉煌的战绩，并且为西班牙政府从当地统治者手中抢占了中美和南美的大片领土。柯台斯的功绩还要归因于他使用了火枪和大炮，不过事实上这些武器很初级，柯台斯的马匹吓坏了那些从没见过马的新世界的敌人们，他还充分利用了“白皮肤君主归来”的神话故事。

然而，单单这些因素是不能解释柯台斯所取得的成功的。他能够征服墨西哥，是因为他卓著的指挥作战才能和联合战败敌军的超凡才干。他对西班牙长期保持的军事优势以及欧洲殖民者能够打开新的殖民世界产生了深远的影响，这是征服南美的皮萨罗所不能企及的。

马基雅维利

马基雅维利是公认的西方政治学之父，也是公认的“邪恶的导师”。据著名思想史家伯林的统计，人类至少给他不下 20 种头衔：“恶魔”、“魔鬼的搭档”、“强权政治的维护者”、“失意的官场政客”、“共和主义的讽刺作家”、“唯科学主义者”等等。他的惊天之作《君主论》，哲学家罗素斥之为“恶棍的手册”。

马基雅维利

1559 年，《君主论》发行不到 30 年，就在欧洲被列为禁书。虽然马基雅维利受到天主教和新教的联合反对，被视为异教徒，然而《君主论》却依然是各国君主和统治者的案卷书。英王查尔斯五世对《君主论》“爱不释手”。英国资产阶级革命的领袖克伦威尔一直珍藏着一部《君主论》的手抄本。法国国王亨利三世和亨利四世在遭暗杀时，随身都带着一部《君主论》。普鲁士国王弗里德里希一直把《君主论》作为自己每天睡前的必读书。曾经在欧洲所向披靡的拿破仑最终在滑铁卢折戟沉沙，人们在打扫战场时，在他的战车中发现了一部写满批注的法文本《君主论》。

马基雅维利出生在佛罗伦萨一个没落贵族家庭，父亲曾是一名律师，但当他出生后，家中除了四壁图书外已经一无所有，所以他没有多少受教育的机会，完全依靠自学。15 世纪的意大利，经济上开始衰退，政治上四分五裂，各个城邦在罗马教皇的支持下长期处于敌对状态。罗马教会既无能力去统一意大利，又不让其他势力来完成统一大业，这使得意大利成为被邻国任意宰割的羔羊。

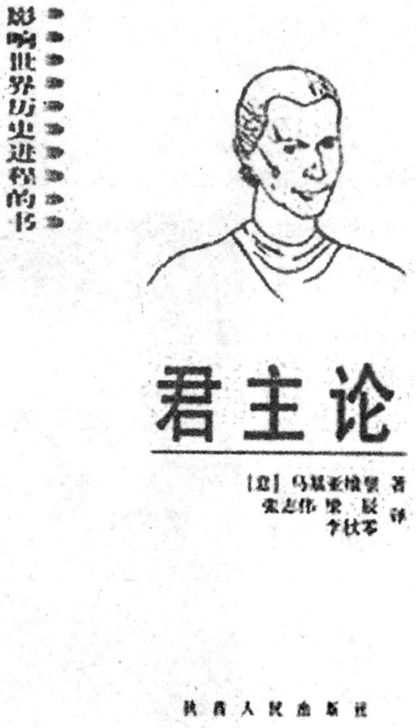

马基亚维利的惊世之作《君主论》

马基雅维利是统一的中央集权民族国家的坚决倡导者。他认为，由于教皇和教会的存在，各城邦的彼此嫉妒和相互蔑视，使意大利丧失了中世纪时期在商业和贸易方面的领先地位，而且因没有形成统一的民族国家而备受西班牙、法国和德国的蹂躏。面对意大利长期政治分裂造成的内忧外患，马基雅维利认为只有建立起一个统一的集权统治国家，才能抵御外侮、消除内乱。虽然他本人衷心地向往、崇尚共和制度，但同时也主张国王运用手中的权力，动用一切公开或隐蔽的手段将意大利从水深火热之中拯救出来。

1512 年，马基雅维利的《君主论》写成，《君主论》是一部惊世骇俗之作，对整个世界的政治思想和学术领域都产生了极为重要的影响。

它作为第一部政治禁书而为世人瞩目。在人类思想史上，还从来没有哪一部著作像《君主论》这样，一方面受着无情的诋毁和禁忌，另一方面却获得了空前的声誉。甚至有人说它像一本“恶棍的手册”，因为它触及了道德信念在政治思考中的位置，在很长时期内受到了猛烈的攻击。

作为一部著名的政治学经典，《君主论》是欧洲历代君主以及政治家的最高行动指南，书中阐述的政治理论，成为后世统治阶级所奉行的治国原则。《君主论》中主要阐述了三方面的思想：

第一，用君主专制制度来统一四分五裂的意大利。当时马基雅维利生活在混乱腐败的意大利，虽然他向往共和政体，但是意大利的现实，使他认为意大利只能实行君主制，只有依靠强有力的王权才能摆脱罗马教会的控制，打击封建贵族的势力，结束封建割据状态，实现民族和国家的统一。基于此，他赞成用王权统治来镇压劳动人民的反抗。

第二，强大的军队是国家统一兴盛的基础。当时的意大利主要有三种军队形式，分别是雇佣军、援军和少部分的意大利军队。马基雅维利认为“任何一个没有军队的君主国都是不稳定的”。

第三，君主统治的权术之道。马基雅维利在此提出了著名的狮子和狐狸的比喻，他主张君主要效法狮子和狐狸，“由于狮子不能防止自己落入陷阱，而狐狸则不能抵御豺狼，因此，君主必须是一只狐狸，以便认识陷阱；同时又必须是一头狮子，以便使豺狼惊骇”。也正是这种思想，使他常受到人们的攻击。

在书中，马基雅维利是一个绝对的君权拥护者，也是一个鼓吹暴力和权术的谋臣。有人把他称为历史上第一位无情的解剖师。他把欧洲历史上所有的阴谋诡计一一揭穿，毫不留情地告诉人们他周围这些道貌岸然的人内心的真实面目，并告诉人们应该如何做。因而，在反对者眼里，马基雅维利就是教人如何学坏，是狡猾奸诈的代名词。莎士比亚说“凶残的马基雅维利”，利奥·斯特劳斯则将其视为“邪恶的导师”；但在支持者眼里，他是历史的伟人，被称为“现代政治学之父”。

马基雅维利在《君主论》中提出“政治无道德”，挑战了“为政以德”、“以德服人”的思想，剖析了道德与政治的关系。他认为君主为达到目的不必顾及道德，为了良好的目的可以采取一切手段，即手段至上。他认为君王们可以超越正常的道德规范的约束。此观点历来所受非议颇多，也正是如此，马基雅维利被视为把政治与伦理分离的第一人，他使政治学作为一门独立的学科开始发展起来。

《君主论》影响了希特勒、墨索里尼等人，但《君主论》也让全世界人民了解了权力的真相。法国启蒙思想家卢梭说，“马基雅维利自称是在给君主讲课，其实他是在给人民讲大课。”在漫长的封建社会，只有君主才拥有一切权力，他们可以为所欲为，人民长期把自身的幸福寄托在君主身上，遇到昏庸无道的君主，人民就身处水深火热中，只有英明的君主才能够让一个国家繁荣昌盛。

《君主论》无疑是政治学领域中最有影响力的著作之一。《君主论》在人类思想史上一方面受着无情的诋毁，另一面却又备受称道，在问世的400多年来，一直是政治家、谋略家、野心家们关注的焦点。直到20世纪后期，人们才开始以科学的态度对待它，并认为它是人类有史以来对政治斗争技巧的最独到、最精辟、最诚实的“验尸报告”，而马基雅维利也被称为是第一位将政治学和伦理学分家的政治思想家。

1527年，马基雅维利在孤独中逝世。他的思想影响了后世几百年的历史。

华伦斯泰

阿尔伯莱希特·华伦斯泰于1583年9月24日出生在波希米亚（即今捷克）东北部的赫美尼斯村，其家族是捷克最古老的贵族家族之一。

华伦斯泰

祖父乔治·瓦尔德斯坦积极从事捷克争取民族独立的斗争，因参加1547年布拉格起义而被神圣罗马帝国皇帝斐迪南一世处死。父亲威廉·瓦尔德斯坦是个精明的土地经营者。13岁时，华伦斯泰的父母去世，他被送到母亲的亲戚亨利·斯拉瓦塔家去生活，斯拉瓦塔以捷克的新教派的教义教育他。1597年，14岁的华伦斯泰进了为贵族子弟设立的著名的古登堡路德学校。两年后，又转学到纽伦堡附近的阿道夫新教大学，这是“一座吸引了整个中欧的学生和学者的著名路德学校”。1600年，年轻的华伦斯泰与学校当局意见不合而中途辍学。辍学后，华伦斯泰游历德国、意大利和法国。他这时对意大利的军事理论、绘画、建筑、剑术等都产生了极大的兴趣。这对他以后的军事生涯有着深远的影响。

17世纪初，遭受奥地利哈布斯堡王朝残酷剥削和压迫的捷克、匈牙利等国家开始了争取民族独立的正义斗争，在这一斗争中华伦斯泰站到了哈布斯堡王朝一方。1604年，华伦斯泰随着神圣罗马帝国辖下的波希米亚分遣队、参与了哈布斯堡王朝镇压匈牙利波斯坎起义的行动，初次得到哈布斯堡王朝和耶稣会的赏识。1606年6月，他被哈布斯堡王朝任命为摩拉维亚军队上校，秋天，华伦斯泰成为未来的神圣罗马帝国皇帝马蒂亚斯的侍从。华伦斯泰这时的政治立场已很明确，他把自己的事业与神圣罗马帝国连在了一起，这就促使他抛弃了少年时代所接受的新教教育，从一个新教徒变成了旧教徒。

三十年战争前，华伦斯泰一直是马蒂亚斯的忠实侍从。1611年2月，他陪同马蒂亚斯去布拉格为继承捷克王位而举行加冕礼。同年鲁道夫二世皇帝逝世，马蒂亚斯于6月13日继任神圣罗马帝国皇帝，华伦斯泰随之进入马蒂亚斯皇帝的宫廷。由于对皇帝极尽忠心，华伦斯泰在 1615 年得到首席公爵侍从的头衔。这种荣誉使他更卖力地为皇帝服务。1617 年，他带领自己的 200 名骑兵去增援帝国对独立的威尼斯共和国的进攻，在那里，他与西班牙雇佣兵并肩战斗。但是，由于条件的限制，华伦斯泰这时还仅仅是帝国宫廷中的一个臣僚，他的事业也才刚刚开始。

1618 年捷克人民不堪忍受哈布斯堡王朝的民族压迫，在布拉格举行起义，三十年战争从此开始。摩拉维亚议会最初尚保持中立。1619 年 5 月，摩拉维亚议会决定参加起义。这时，华伦斯泰正担任摩拉维亚一支 3000 人的步兵联队的团长，得知此消息后，他准备带领部队逃跑，但因部队反对，只得携带财宝只身逃到维也纳。摩拉维亚议会随之宣布他为“卖国贼”，并没收其财产。

华伦斯泰逃到维也纳后，立即参加了神圣罗马帝国皇帝斐迪南二世（1619 年即位）对捷克起义的镇压。他最初在南波希米亚战斗，并在战斗中多次为帝国赢得胜利。1620 年蒂利伯爵率天主教同盟在布拉格附近的白山战役击败捷克议会的反抗，赶走了应邀来当国王的普法尔茨选侯腓特烈五世。这时华伦斯泰正在波希米亚西北部牵制新教阵营的军队，白山战役后的几个月里，他成功地镇压了大半个波希米亚的起义。1621 年下半年，斐迪南二世财源枯竭，急需援助以便支持军费开支，华伦斯泰在荷兰银行家杰·德·维特和犹太商人巴色维的帮助下，向皇帝提供了 20 万金币的援助，因此，在 1621 年底，华伦斯泰被任命为布拉格及整个捷克的军事统帅。

1625 年，丹麦国王克里斯蒂安四世在反哈布斯堡同盟的支持下，率领丹麦军队攻入德国，三十年战争第二阶段开始。这时，帝国军队由梯里将军指挥，梯里抵挡不住丹麦人的进攻，又因气候、饥饿和疾病，军队迅速降至 10000 人，只好告急求援。斐迪南二世决定把华伦斯泰从捷克召回，华伦斯泰立即向皇帝提供了一支 30000 人的军队，这支军队迅速扩大到了 100000 人，华伦斯泰依靠这支军队，成为帝国军队总指挥，并以卓越的军事才能，迅速扭转了战局。1625 年夏，华伦斯泰驻军马德堡，1626 年，转战到匈牙利。

1627 年春，华伦斯泰攻入西里西亚，迫使丹麦军队败退。同年 7 月，华伦斯泰又进驻下萨克森，在梯里的支援下把丹麦军队逐出了帝国，并一直追入日德兰半岛。这时，军事和政治优势都转到了帝国方面，整个北德都处在帝国的控制之下，华伦斯泰一时被誉为“皇冠上的第三颗宝石”。这时，华伦斯泰对军队事务有绝对权威，他不仅在 1627 年 9 月获得了西里西亚公国，以补偿他对军队的付出，而且在 1629 年获得梅克伦堡作为他世袭的封地，华伦斯泰晋为公爵，已达到了他事业的顶峰。但从这时起，他逐渐与皇帝产生了分歧。

1627 年后，华伦斯泰的政治思想倾向已很明确，他主张宗教自由、缓和国内矛盾、集中力量一致对外、加强神圣罗马帝国的中央集权、建立统一的君主国。华伦斯泰在以后的数年间，一直为实现其政治目标而奋斗。例如，他曾说服皇帝以宽大的条件与丹麦在吕贝克签订了和约，迫使丹麦保证不再干涉德国事务，并受德国的控制。但是斐迪南二世的想法却与华伦斯泰截然相反。1629 年 3 月 6 日，皇帝颁布了归还教产敕令，规定新教诸侯应将 1552 年后所侵占的教产全部归还原主，从而在北德挑起了新的教派纠纷。

当时，法、荷、英等反哈布斯堡同盟各国，面对哈布斯堡阵营的胜利，正在策划更大的入侵计划。华伦斯泰清楚地意识到了这一点，但他不得不违背自己的意愿去强力推行归还教产敕令。在华伦斯泰军队的镇压下，成千的新教徒被迫改信天主教，不然就被流放，只奥格斯堡一地就有 8000 人被放逐。归还教产敕令引起大多数德国诸侯的不满，旧教诸侯也不能容忍皇帝权力无限制地扩大，他们在天主教同盟领袖巴伐利亚公爵马克西米连一吐的带领下，一致把矛头指向了帮助皇帝扩大权威的华伦斯泰。1630 年 8 月 13 日，斐迪南二世迫于诸侯的压力，经过几周的争论，在帝国会议上解除了华伦斯泰的职务。华伦斯泰回到捷克他的领地上。

1630 年夏，在反哈布斯堡同盟的支持下，瑞典国王古斯塔夫二世率领精锐部队长驱直入德国。1631 年 9 月，帝国军队在布莱登菲尔德之战中失败，德国北部陷入瑞典国王之手，古斯塔夫二世随即进攻南德，并在很短的时间里接近了奥地利边境。面对这种严峻形势，斐迪南二世不得不重新起用华伦斯泰。

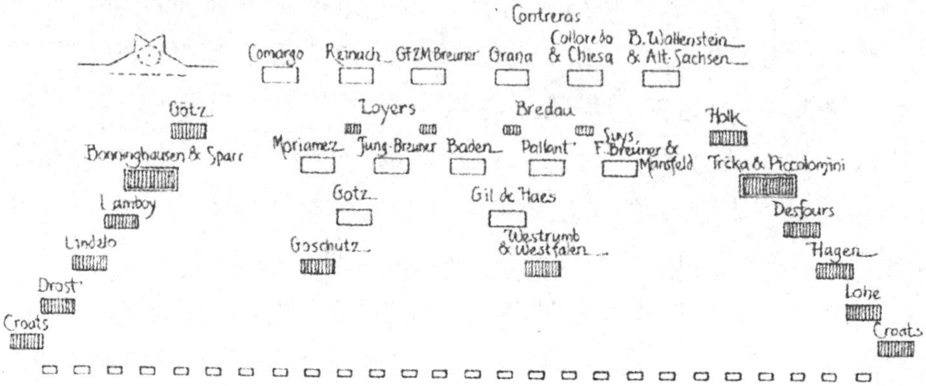

1632 年华伦斯泰的布阵图

1631 年底，华伦斯泰又被从捷克召回。他迅速集中起 70000 大军投入德意志战场。由于与皇帝的矛盾尚未解决，他在出征前向皇帝提出了苛刻的条件，其中包括提供军费、任意没收需要的土地、对军队事务有绝对权力、自由处理和平谈判等内容，皇帝被迫答应了这些条件。于是，华伦斯泰率军攻入上巴拉丁。1632 年夏，他与瑞典军在纽伦堡外对峙。9 月，华伦斯泰避实击虚，向图林根和萨克森进军。调动瑞典军队疲于奔命。11 月 16 日，在萨克森的吕岑会战中，华伦斯泰与古斯塔夫·阿多夫正面交锋，这一场鏖战，瑞典人虽然取得胜利，迫使华伦斯泰退却，但他们的国王却阵亡了。

古斯塔夫·阿多夫死后，华伦斯泰认为和平谈判的机会到了，于是向皇帝提出和平谈判建议，但这一计划又遭到天主教诸侯们的反对。这时，他对于扶植皇帝权力感到失望，转而想依靠个人的力量来实现和平。1633 年 1 月，华伦斯泰重新开始了与捷克和萨克森的秘密会谈，同时派心腹特使去与瑞典人、法国人会谈。1633 年 9 月，反哈布斯堡同盟已准备好与华伦斯泰谈判。不久他又同勃兰登堡和萨克森的代理人在西里西亚进行和谈。他的这些活动没有得到皇帝的允许，因而被认为有通敌嫌疑。10 月，华伦斯泰在斯坦欧俘获了一部分瑞典军。他

们大多数是捷克起义时被流放的捷克新教徒，其中有起义的领导人之一土伦，华伦斯泰把他们全都释放了，这一行动引起了维也纳宫廷的很大震动。1633 年 11 月，瑞典军队迫近奥地利边境，巴伐利亚公爵马克西米连急呼增援，在皇帝的调遣下华伦斯泰进军上巴拉丁，从那里进入波希米亚安全区，并在比尔森建立了他的冬天指挥部。在这里，尽管皇帝一再要求，他一直按兵不动，或许他想表现他的不可缺少，或许他想利用他在比尔森的战略位置继续与瑞典、萨克森和法国会谈，以保存自己的实力，不管真实的原因究竟怎样，他在皇帝的眼里已成了帝国的叛徒。

华伦斯泰与瑞典和法国进行和谈，不仅招致维也纳宫廷对他的愤怒，而且使仍忠于皇帝的军官们纷纷离去。他的敌人在军中散布谣言说华伦斯泰想要剥夺帝国选侯们的封邑，还想从意大利逐出西班牙人。面对这种形势，华伦斯泰在 1634 年 1 月 11 日在比尔森召开了一个老军官会议。会上，他要求他们宣誓誓死忠于他。这次会议的内容很快传到维也纳，皇帝据此认为华伦斯泰已公开叛变。于是在 1 月 24 日，帝国颁布命令，解除华伦斯泰的职务，大赦全体军官，唯有华伦斯泰的几个亲信军官除外。这时，皇帝还没有决定处死华伦斯泰，只有西班牙大使坚决要求这样做。2 月初，华伦斯泰军中亲奥军官建议，“如果可能”就使阴谋者活着，不然就“作为证明有罪的罪犯处决他们”。2 月 18 日，皇帝公布了一个“公开的人权剥夺令”。2 月 20 日，华伦斯泰带领 1500 人从比尔森逃到爱格城堡附近，2 月 15 日，华伦斯泰在卧室被几个苏格兰、英格兰、爱尔兰士兵刺死。华伦斯泰没有躲避，没有自卫，一柄长剑刺入了他的心脏，元帅的遗产被自己的部队瓜分了。

华伦斯泰的一生曲折复杂，300 多年来不仅引起史学家的兴趣，而且成了文学家的题材，伟大的德国戏剧家席勒曾以他的事迹创作了不朽名剧《华伦斯泰》。华伦斯泰并不是德意志人，他生在波希米亚，作为一个最终德意志化的人物，他守护了德国。

黎塞留

他是一位红衣主教，也是一位纵横捭阖的首相，他将国家的利益看得比个人的生命还重，他用自己的行动实践着自己的名言："人或不朽，救赎可待来日；国无永生，救赎唯有当下。"

黎塞留

1610年5月14日，备受法国人民拥戴的国王亨利四世死于刺客的刀下。人们怀着无比悲痛的心情，迎来了年岁尚幼的新国王路易十三（公元1610～1643年在位）。由于路易十三年仅9岁，所以只能由其母亲美第奇家族的玛丽王后代为摄政。

玛丽没有什么政治抱负，而且目光短浅，面对那些在亨利四世死后希望重新获得更多权力并不断挑起事端的王公贵族．她只能采取金钱收买的策略，笼络一些能够为她所用的人。其中最受玛丽宠信的是意大利人孔奇尼，但是，这种笼络手段对于贵族阶层并不能起到充分的作用，他们力图恢复昔日的封建特权，于是有些贵族起兵作乱．他们还要求召开三级会议来商讨权力的分配问题。

虽然这次召开三级会议王公贵族们的初衷是与王室作对，但是结果却出乎意料。三级会议的多数代表站在了王室一边，他们要求加强王权，并要求取消能够使王公贵族牟取暴利的俸禄制度。三级会议的召开使贵族们自食恶果，也使王权趋于稳定。也正是在这次三级会议上，一直被后人称作"法国历史上最伟大、最具谋略，也最无情的政治家"的黎塞留（公元1585～1042年）出场了。

作为教士阶层的代表，时任吕松主教的黎塞留在这次会议上语出惊人，积极支持王室，在会议中发挥了不小的作用，这吸引了孔奇尼的注意。并得到了孔奇尼的赏识。孔奇尼很快就将黎塞留推荐给摄政玛丽，并委以国防和外交国务秘书的要职。黎塞留政治生涯的动人画卷由此展开。

1617 年，路易十三开始亲政，在吕伊纳的帮助下，路易十三迅速剪除了孔奇尼任命的一些大臣。与此同时，路易十三又将孔奇尼的妻子同时也是玛丽的同胞姐妹当做女巫治罪。玛丽害怕遭到毒手，仓皇逃往布卢瓦。在这种纷乱的情况下，曾经深得玛丽和孔奇尼器重的黎塞留也被迫来到教皇的领地阿维尼翁避难。黎塞留才华出众，在避难期间还写了《保卫天主教信仰的主要原理》一书，并把它献给了教皇。教皇看后非常满意，没过多久就将黎塞留擢升为红衣主教。

已经在政治漩涡里浸染过几年的黎塞留不甘心只是作为一个红衣主教了此一生，他开始积极活动，努力促成路易十三与其母亲玛丽的和解。在黎塞留的积极努力下，1619 年路易十三与母亲实现了和解，黎塞留也因为在此过程中表现出色得到了路易十三的初步赏识.

1621 年，大权在握 4 年的吕伊纳去世了。吕伊纳去世后，路易十三更加倚重黎塞留，黎塞留逐渐进入权力中心。1624 年 8 月，黎塞留在排挤掉几位竞争对手之后，终于成为了首相，由此开始了他长达 18 年的纵横捭阖的政治生涯。

黎塞留身体虚弱，但是性格刚烈、意志坚定，而且有着很宏伟的治国抱负。而路易十三则相对软弱，从最初的母后摄政，到倚重吕贝纳，再到倚重黎塞留，他个人积极决策的影子几乎看不到。黎塞留尽管大权在握，却没有对路易十三有丝毫的不敬，他在任首相的 18 年里，对路易十三始终忠心耿耿，他曾经明确宣称，自己的毕生目标只有两个，第一个是使国王崇高，第二个是使国王荣耀。而路易十三对这位铁腕人物的自始至终的信任也为黎塞留施展才华提供了广阔的空间，使其能够为法国的发展作出巨大的贡献。

为了使国王受人尊敬，就要先整治国内的问题。黎塞留担任首相之初，面对的是王公贵族与王室之间的尖锐矛盾，如何巩固和发展法国的专制君主制成为了他要办的头等人事。黎塞留与那些飞扬跋扈、不服从国王领导的王公贵族们展开了长期不懈的斗争。斗争伊始，黎塞留认为要想打倒王公贵族们，首先要做的是从经济上限制他们。他认为应该取消或者削弱王公贵族们的俸禄，用节省下来的钱建立现代化的行政机构，建立强大的舰队和商船，直至建成一支实力雄厚的军队，这样才是对国家有利的。同时，王公贵族的收入减少，也将使他们难以组建起属于自己的军队来和王权抗衡，可谓一举两得。为了实践自己的想法，1626 年，黎塞留召集王公贵族们召开大型会议，倡导进行国务改革。但是王公贵族们知道自己的特权和利益将要受到侵犯时是不甘心默默接受的，一场政治阴谋开始酝酿。

1626 年，朝廷中的众多王公贵族在一起密谋对付黎塞留的办法，这其中有王后安娜、孔代亲王、埃帕尔农公爵等人。他们为了永绝后患，计划用谋杀的方式将黎塞留除去，这样路易十三也将受制于他们，他们的特权不仅能够继续维持甚至还会扩大。他们的如意算盘打得不错，可是，正当他们准备采取行动的时候，他们的阴谋败露了。黎塞留无法容忍这些王公贵族们如此藐视自己和国王的权威，为了给这些用心险恶的人一点颜色看看，黎塞留毅然将多名公爵送进了监狱，并将一位公爵斩首示众，以表示自己改革的决心和勇气。

可是，这次失败并没有改变贵族们要除掉黎塞留的想法。1630 年，新一轮的阴谋上演。这一次太后玛丽是主谋，参与者有王后安娜、国王的亲弟弟加斯东、掌玺大臣马里亚克等人。他们判断此时路易十三对黎塞留的信任度已经降低，因此可以离间路易十三与黎塞留之间的关系，先削弱黎塞留的权势，以后就可以轻松地对付他了。

11 月 11 日，太后玛丽来到了美第奇宫，向国王路易十三哭诉黎塞留的无情无义，要路易十三将黎塞留革职。面对母亲的哭诉，路易十三只好表示顺从。太后玛丽等人心花怒放，以为这次胜利的天平一定会倾向于自己这一边。

黎塞留三面肖像

这一次，所有人都明确地看出了首相黎塞留在劫难逃。就连黎塞留本人也分明感到了一丝绝望的气息。毕竟，所有权力的基础都来自于国王本人，正因为路易十三本人长期和王公贵族们斗争，也正因为路易十三的信任，他才能够大权在握，毫无顾忌地显示自己的权威。可是，现在路易十三的意志如果发生了动摇，那将意味着他多年来的努力将毁于一旦，自己的命运也将发生重大的变故。阴霾袭上了黎塞留的心头。

但是，这些人都错误地估计了形势。路易十三虽然算不上一位强大的君主，却能够看清究竟谁站在自己这一边。就在所有人都认定路易十三将会把黎塞留革职的时候，路易十三召见了黎塞留。见面之后，路易十三带给黎塞留的不是斥责，而是一颗定心丸。路易十三对黎塞留说："我需要对我的国家负责，而不是对我的母亲负责。"这带给黎塞留莫大的惊喜和感动，他知道自己所做的一切国王是理解和支持的。

消除了顾虑的黎塞留自然不会让太后玛丽等人安安稳稳地去策划他们的下一步计划，黎塞留开始反戈一击，他果断地采取了行动。很快，太后玛丽被流放到距离巴黎 80 千米的贡比涅；路易十三的弟弟加斯东被处以大不敬的罪名，责令他以后要谨言慎行；掌玺大臣马里亚克则被直接投入了监狱。此后，又出现了几次针对黎塞留的阴谋甚至叛乱，但是都被黎塞留一次次轻松地化解了。在粉碎王公贵族阴谋的同时，黎塞留也在有条不紊地进行着强化中央集权的改革，从制度上限制王公贵族的权力。

要使国王受到敬畏，就要使王室具有权力，这是黎塞留执政过程中的一个重要思想。为了强化中央集权，黎塞留在中央设立了各部大臣，这些大臣直接受首相领导，他们个人的利益也与国王、首相对他们的政绩如何评定休戚相关。这样，原来由贵族们控制的“国务会议”基本上就被架空了。

在地方上，虽然各地的行政长官总督还是由一些贵族们担任，但是黎塞留又将以往设置的临时官职主计官变成常设官职，这一官职负责监督地方上的行政、司法、税收等诸多方面。一旦主计官认为地方上有某些问题处理不当，就可以直接向国王和首相禀报，国王和首相将及时就反映的情况做出处理。这就使得主计官的地位实际上比总督还要高，地方的权力被中央所控制。同时，主计官这一官职还不得转让或世袭，主计官都直接由中央任免，这样使中央的权力更容易长久维持。

要加强中央集权，除了政治上的举措，还要有经济上的根基。为了使中央政府能够掌控尽可能多的资金，黎塞留大力扶植工商业的发展并积极拓展海外贸易和殖民地。在黎塞留任首相期间，法国拓展了在加拿大的殖民地，也拓展了在土耳其、伊朗、俄国等国的市场。此外，黎塞留的敛财之道就是靠对百姓的横征暴敛。黎塞留曾经说过这样的话：“如果人民太舒适了就不大可能安分守己，应该把他们当做骡子，让他们疲于奔命，否则安逸会把他们宠坏的。”据说在黎塞留去世的时候，税收已经征到了他死后的3年。

为了提高法国在欧洲各国中的地位，身为红衣主教的黎塞留并未被欧洲那种宗教热情及思想狂热仍重于一切的观念所束缚，而是秉持国家至上的原则，斡旋于欧洲各个国家之间，向哈布斯堡王朝在欧洲

的霸权掀起了不屈的挑战。曾有人问黎塞留为什么要这样做，黎塞留说出了他那句掷地有声的名言："人或不朽，救赎可待来日；国无永生，救赎唯有当下。"

1618年在欧洲爆发的"三十年战争"是人类历史上最惨烈的战争之一。黎塞留上任之后发现，当时的法国实际上已经处在哈布斯堡王朝通过"联姻外交"对法国形成的包围圈当中。法国面临的局势相当紧迫，一旦战争按照预期的形势发展下去，法国将彻底无力对抗哈布斯堡王朝的霸权。黎塞留审时度势制定了新的目标和策略。

黎塞留上任之初，因为忙于平定内部的乱局，无力直接参与大战，因此他通过外交手段极力促使英国、丹麦、荷兰等国结成反哈布斯堡同盟。1625年，在黎塞留的不断斡旋之下，英国、丹麦、荷兰结成了同盟。就在这一年，丹麦出兵援助德意志的新教诸侯，使三十年战争由最初的德意志内部战争演变成了一场国际大战。当1629年丹麦战败的时候，黎塞留又怂恿并资助瑞典到德意志境内作战，此时的瑞典国王正是古斯塔夫二世。为了使德意志继续保持分裂割据状态，黎塞留还促使巴伐利亚选侯脱离德皇，保持中立。到了1635年，随着国内局势的平定，黎塞留终于得以公开地加入三十年战争的争夺战中。法国的参战，迅速改变了战场上的对峙状况，也严重挫败了哈布斯堡王朝的锐气。

1642年，当三十年战争的双方已经显示出胜败迹象的时候，黎塞留走完了他的人生旅途。在去世之前，神父问黎塞留要不要宽恕他的敌人，黎塞留坦然答道："除了公敌之外，我没有敌人。"这样一个铁腕人物，在一生中实现了自己的诺言，他已经使国王崇高和荣耀，他也使自己成为法国历史上的传奇。

克伦威尔

奥列弗·克伦威尔，17世纪英国资产阶级新贵族代表人物，独立派的领袖。克伦威尔1599年4月出生在英国亨丁顿郡的一个绅士家庭。关于克伦威尔的童年，能够看到的资料寥寥无几。批判他的人说他从小就任性乖张，脾气暴躁。而称赞他的近代历史学家则说他小的时候就很聪明，善于决断，很早就表现出了领袖的气质。

克伦威尔

1617年，由于父亲的突然去世，克伦威尔辍学回家。此后他又到伦敦学了两年的法律，并成功地凭借他的家族在亨丁顿郡的影响，于1628年当选为亨丁顿自治镇代表，出席了查理一世的第三届国会，登上了英国的政治舞台。

17世纪上半叶，统治英国的斯图亚特王朝已经危机深重了。资产阶级和新贵族已经结成联盟，共同反对查理一世的专制统治。克伦威尔审时度势，也积极加入到了反对者的行列当中。1630年，亨丁顿市议会得到查理一世的许可，改建市政府。消息一经传出，舆论大哗，因为其中有关规定赋予了市议会随意剥夺农民在公田上放牧的权利，并可以对不服从者课以重罚。克伦威尔率先发难，责问市长和书记官，要求他们保护农民的利益。克伦威尔此举惹恼了市政府的官员，他们向枢密院告了克伦威尔一状，说他带头滋事。克伦威尔虽然遭到了枢密院的拘留审查，但在农民暴动的压力下，市政府还是改变了原来的

计划，使农民的利益完好无损。克伦威尔就此成为当地农民心目中的英雄。

1637 年，查理一世不仅要在英国实行封建专制统治，还想把专制制度推行到苏格兰。他强制苏格兰接受英国国教仪式和主教制，从而激起苏格兰人民的愤怒。1638 年，苏格兰的贵族与资产阶级发动了全面的反英战争。1639 年，苏格兰军占领了英吉利北部。为了平息苏格兰人的起义，查理一世于 1640 年 4 月召集议会，要求增加新税筹措军饷。新议会开幕之后，以皮姆等为首的下院激进派议员坚决要求国王停止没有经过议会同意所实施的一切非法税收，还要求惩处其宠臣斯特拉福与威廉·劳德，查理一世拒不接受，并于 5 月 5 日解散了议会。这届议会由于时间短被称为“短期议会”。可是，伦敦市民及其他城乡劳苦大众经常举行暴动，苏格兰军又不断进攻，查理一世处境窘困，被迫于 1640 年 11 月再度召集议会。这届议会存在 13 年之久，史称“长期议会”。

“长期议会”开幕后，资产阶级与新贵族便以议会为阵地同封建王权展开了激烈的斗争。他们通过了几项重要决议：废除国王在无议会统治时期颁布的一切法律；取消星室法院与高等法院；审判斯特拉福与威廉·劳德。国王虽然百般阻挠，但在群众的压力下，只得处死斯特拉福。

1641 年 1 月，爱尔兰人民举行了民族起义，英国的革命形势更加高涨。12 月，“长期议会”通过了《大抗议书》。其主要内容是，要求工商业自由发展，组织长老派教会和建立对议会负责的政府等等。《大抗议书》是革命开始时期资产阶级与新贵族的政治纲领，它要求建立君主立宪政体，以便保障资本主义经济的发展。

“长期议会”在讨论《大抗议书》草案时，领导革命的新贵族与资产阶级议员争论非常激烈。在讨论中形成两派：一派是大资产阶级与新贵族上层分子的代表。他们主张建立长老派教会，使教会从属于议会，故称“长老会派”；另一派是中小新贵族与资产阶级的代表，他们反对教会从属于议会，主张信仰自由和教区或圣会的完全独立，故称

"独立派"。当时在"长期议会"中占统治地位的是长老会派。在革命初期，两派虽有矛盾，但在反对封建专制统治的总目标上，还能团结在一起，共同对敌。但在革命胜利后便逐渐分裂了。

查理一世拒绝批准《大抗议书》，并亲自率军队进入下院，企图逮捕反对派领袖皮姆等人。当时，下院已将皮姆等5名激进派议员领袖隐藏起来，国王未能得逞。这时，伦敦市民纷纷武装，声言要用武力捍卫议会。郊区农民也积极支援，革命声势不断扩大。国王见势不妙，便于1月10日暗自离开伦敦。国王到北方以约克郡为基地组建反革命武装，准备讨伐议会。同时议会也开始积极地做军事准备。1642年8月22日，国王在诺丁汉誓师讨伐议会，内战开始。

内战开始后，国内立即分裂为两个敌对阵营，即国王阵营与议会阵营。拥护国王的多半是封建贵族、国教僧侣及与王权有关的财政家和商业家。他们身佩长剑，头戴披肩假发，称为"骑士党"；拥护议会的多半是新贵族、工商业资产阶级、城市平民、自耕农、工人、小生产者等。他们称为"圆颅党"。议会阵营内部阶级关系异常复杂，所以革命进程十分曲折。

1642年10月23日，议会军与王军首战于埃吉山。结果，议会军失利，王军乘胜占领牛津，并准备向伦敦进军。伦敦市民与城郊农民闻讯奋起保卫首都，王军才未能如愿。1643年夏，王军向北部进军，占领了林肯、约克和德比诸郡；在西部占领了布里斯托，还包围了格洛斯特城。同年年底，王军几乎占领了英格兰土地的3/5，议会处境极其困难。

英国议会在军事上节节失利之后，便同苏格兰长老会派取得联系。1643年9月，双方缔结《庄严同盟和圣约》，该约规定英国议会与苏格兰采取共同军事行动，一致对国王作战。此后，苏格兰便从北部进攻，英国议会军从南向北夹击，战局始有转机。

克伦威尔在内战开始时就认识到要想战胜国王，必须组织和武装民众。内战初期，克伦威尔在亨丁顿、剑桥等郡招募了一支主要由自耕农组成的骑兵队，其士兵是自耕农和手工业者。这支军队的军官多半来自下层，军队纪律严明，骁勇善战，被誉为“铁骑军”。

1644 年 7 月 2 日，克伦威尔率领军队在马斯顿草原大会战中，击溃王军，获得辉煌胜利。

克伦威尔的军队虽然在北部战场打了胜仗，但是南部战场的议会军仍然败退。因此，克伦威尔在议会中提出改革军队的建议。1645 年 1 月，“长期议会”通过了改革军队的议案，建立了“新模范军”，任命费尔法克斯为总司令，克伦威尔为副总司令，实权掌握在克伦威尔之手。与此同时，议会通过了《自抑法》，规定两院议员不得担任军队指挥官，唯克伦威尔例外。根据此法，许多贵族被解除军职。在新模范军中，除了最高统帅部还有少数贵族外，中下级军官几乎都是从下层群众中选拔的。新模范军的社会成分、宗教信仰和军纪均同克伦威尔的铁骑军一样，自耕农是其中的骨干。此外，许多手工业者、徒工和工匠都纷纷参加了新军，增强了新军的力量。

1645 年 6 月 14 日，新模范军在著名的纳斯比战役中，痛歼王军主力，接着势如破竹地攻克了王军控制的其他的一些地区。1646 年 5 月，新模范军占领国王的大本营——牛津，国王逃到苏格兰，议会终于取得决定性的胜利。1647 年 2 月，苏格兰议会以 40 万英镑的代价将查理一世交给英国议会。英国议会将他监禁在霍姆比堡。至此，第一次内战结束。

长老会派的政治主张是在英国建立君主立宪政体，保留国王。因此，在内战结束后，他们唯恐革命深入，立即宣布结束内战，准备同国王谈判。与此同时，长老会派控制的“长期议会”宣布长老会为英国国教，实施征收日用品消费税，把军事和其他一切负担都转嫁给人民；实行借款和没收保王党的财产，并将没收的土地高价拍卖。“长期议会”宣布取消骑士捐，取消领主对国王的封建义务，但仍保留了农民对领主的封建义务。此外，还废除了土地继承税和土地购买税，保留了对教会交纳什一税和担负的其他封建义务。

“长期议会”的上述政策只是维护新贵族和大资产阶级的利益，因此激起了民众的无比愤慨，于是便出现了代表城乡小资产阶级利益的平等派，其领袖是约翰·利尔本。利尔本在政治上主张实行普选权和建立资产阶级民主共和国；在经济上，提出工商业自由，改革税制和取消圈地，但他不反对私有财产。他提出的普选权并不彻底，既没有提出妇女的选举权，还反对工人、雇农、仆役和乞丐有选举权。但利尔本的思想在士兵中特别受欢迎，也得到军队以外的广大小生产者的拥护。

“长期议会”面对人民不满和士兵革命情绪的高涨非常不安，于1647年3月宣布解散军队。这一决定遭到了士兵的强烈反抗，也遭到了独立派的反对。为推翻长老会派的统治，克伦威尔加紧笼络士兵，控制军队。6月，成立了由高级军官和士兵代表组成的全军会议。克伦威尔首先派军队把查理一世从议会的保护下夺过来，押解到由军队监视下的纽马凯特堡。同年8月6日，军队再进伦敦，用武力从议会中驱逐了11名长老会派议员，许多长老会派分子仓皇逃跑。从此，独立派控制了议会。

独立派控制议会之后，军队内部的独立派高级军官同多属于平等派的下级军官和士兵围绕政权形式和普选权的问题，展开了激烈斗争。独立派企图建立以独立派占优势的君主立宪政体。同年6月，独立派提出一个“建议要点”，主张保留君主和上院，要求根据财产资格选举新议会；而平等派则主张建立民主共和国，取消君主和上院。同年10月间，平等派提出《人民公约》要求废除国王，取消上院，对于年满21岁的男子实行普选权，并在普选的基础上建立一院制的议会，作为全国最高的权力机关。同年10月底至11月初，在伦敦附近的普特尼教堂举行全军会议。在这次会议上，两派展开了激烈辩论。11月中旬，有几个团队的平等派士兵举行武装示威，要求实行《人民公约》。克伦威尔用武力镇压了这次示威，并逮捕和处死某些首要人物。平等派的斗争失败了。

长老会派乘独立派同平等派正在斗争之机，加紧了同保王党的勾结。1647年底，长老会派右翼分子帮助查理一世从囚禁中逃出，到了怀特岛，但不久即被扣留。同年12月，查理一世暗中与苏格兰议会长老会派右翼分子签订密约，准备消灭英国革命。1648 年 3 月初，英国各地到处发生保王党暴动。4 月间，伦敦还出现过王党与士兵的冲突。与此同时苏格兰的勤王军已向英格兰推进并即将越境。所有这些，说明内战已经开始。

为了对付反革命进攻，克伦威尔被迫接受了平等派的《人民公约》，团结了军队。1648 年 8 月，在普雷斯顿战役中，克伦威尔粉碎了苏格兰的勤王军。9 月间，英军占领苏格兰首府爱丁堡，改组了苏格兰议会。苏格兰长老会派的左派议员取代右派掌握了政权，第二次内战胜利结束。

克伦威尔凯旋回师首都之后，立即派普莱德上校用武力从“长期议会”中清洗出 150 名长老会派分子，并且宣布取消上院，没收王室、保王党、教会和长老会派分子的土地，加以拍卖。普莱德清洗以后的“长期议会”史称“残阙议会”。此后，政权便落到独立派手中。

1649 年 1 月 27 日，议会与军队共同组织特别法庭，审判查理一世。1 月 30 日，将查理一世判处死刑。1649 年 3 月，议会宣布废除君主制，取消上院，成立国务会议。5 月 19 日，议会宣布建立英吉利共和国，行政权属于国务会议。此后，英国确立了一院制的议会制度。这时期的英国没有国王和贵族院。以克伦威尔为首的独立派在共和国中掌握了实权。

克伦威尔安葬指示牌

1. 共和国的对内对外政策

英国虽然建立了共和国，可是，国内外形势仍然十分严峻。查理一世被处死后，保王党分子极端愤怒，许多贵族和伦敦的长老会派分子都投向了王党。他们同法国勾结，在爱尔兰与苏格兰宣布查理一世之子为英国国王，史称查理二世，积极进行复辟活动。1649 年，英国国内经济状况异常恶劣，连年战争和农业歉收，引起物价高涨，工商凋敝，工人失业。共和国不仅没有改善人民处境的任何措施，反而加重捐税，增加人民的负担。在这种形势下，平等派又开始活跃起来。

1649 年 3 月，利尔本发表了《粉碎英国的新枷锁》小册子，极力抨击独立派共和国政府领导人，痛斥其背信弃义，要求实现《人民公约》，实现普选权，建立每年改选一次的一院制议会。1649 年五六月间，平等派士兵到处掀起暴动。10 月，牛津的驻军也举行起义。然而，这些革命行动均被克伦威尔无情地镇压下去。平等派失败的主要原因是它没有坚强的组织和得力的领导，没有具体的经济纲领，因而不能团结广大民众。

除了平等派运动外，英国农村又出现了比平等派更为激进的一个派别“掘地派”。它主张垦殖荒地或公地，认为英国人民不仅应有选举权，更应取得土地，所以又称为：“真正平等派”。“掘地派”的思想家是杰拉尔德·温斯坦莱。他在其所著的《自由法典》一书中，把私有制财产说成是社会不平等的主要祸害。他主张人人都应享有土地及其劳动果实，并认为人类将来会团结在共同财产所有的社会中。可见，温斯坦莱是一位“乌托邦”式的共产主义者。他不理解社会发展的客观规律，也不懂得社会发展的阶段性。他幻想大地主能够自动地放弃自己的田产，实行公有制。温斯坦莱的思想反映了当时最穷苦农民的理想式的愿望。1649 年 4 月，“掘地派”在塞利郡的圣乔治山实行集体开荒种地，此外，在北安普顿郡和肯特郡也有同样的事情发生。但议会与克伦威尔派兵驱散了他们。

早在 1641 年 10 月，爱尔兰举行了民族起义并宣布了独立。英国内战结束后，克伦威尔于 1649 年 8 月率军 12000 人和由 130 艘军舰组成的庞大舰队在都柏林登陆，占领了爱尔兰许多重要城市和沿海一带大片土地。英军并残酷地洗劫了杜洛赫达和威尔斯福德两个沿海的大城市。爱尔兰人民被英军残杀了约有 50 万人，被英国没收的耕地和牧场约有 500 万英亩。英国政府发行了“爱尔兰份地债券”，用掠夺的爱尔兰土地抵偿军队的军饷和军火商人、工业家的债务。但是，许多士兵需要现款，多半将这种债券廉价卖给军官和投机商。因此，许多军官、投机商和军队的供应者，大发横财，变成了爱尔兰的大地主，克伦威尔也成了爱尔兰最大的土地占有者。

克伦威尔在远征爱尔兰的同时，还开始出兵镇压苏格兰的暴动。早在查理一世被处死后，苏格兰的封建贵族与长老会派便拥戴查理二世为国王起来反对共和国。1650 年 9 月 3 日，克伦威尔的军队在邓巴尔战役中，击溃苏格兰的主力军。次年，查理二世与苏格兰军恢复元气后又攻入英格兰境内，并向南推进。但是，在 1651 年 9 月，在伍斯特战役中，英格兰军队再次击溃苏格兰军，查理二世逃往法国。苏格兰被克伦威尔征服。

征服苏格兰后，共和国政府没收了苏格兰贵族、王党和氏族首领的土地，并将其高价拍卖。结果，这些土地多半落入英格兰和苏格兰的新贵族和大资产阶级之手。由于土地易主，新地主圈占土地，改变经营方式，从而破坏了英格兰和苏格兰人的传统封建土地关系。一部分农民被剥夺了土地，变成了佃农，或充当手工工场的工人。还有许多失去土地的农民，远涉重洋到美洲去寻找生路。1654 年，英国共和国政府将苏格兰并入英国，取消了英格兰和苏格兰交界的关卡，准许 31 名苏格兰议员参加英国议会。

为了对付荷兰的海上竞争，1651 年 10 月 9 日，英国议会颁布了《航海条例》。该条例规定：“凡外国商品输入英国，或英国商品输出到国外，只许用英船装载或用输入国或输出国的船只装运。否则一律禁止输入英国”。荷兰要求英国废除《航海条例》，遭到英国拒绝，于是引起三次英荷战争（1652～1654 年、1664～1667 年、1672～1674 年）。荷兰战败后，被迫承认《航海条例》，并把它在北美的新尼德兰割让给英国。

与此同时，英国在1650～1654年还发动过对葡萄牙的战争，迫使葡萄牙与它缔结了通商条约，使英国获得葡属殖民地的贸易特权和关税优惠权。同时，英国又与丹麦缔结条约，使英国船只获得通过松德海峡进入波罗的海的航行权。总之，在克伦威尔统治时代，英国在外交上频频得手。打败荷兰之后，英国便进一步控制了海外贸易。

2. 护国主政治

查理二世继位后，将克伦威尔的尸体挖掘出来，进行象征性上吊，并将其头部绑在柱子上向公众展示

在共和国时期，英国的独立派议员在政治上满足现状，革命精神早已荡然无存。英国劳苦大众的要求并没有在共和国得到满足，贫困饥饿仍未解决，战争使他们的处境更加恶化。民众对共和国的政策极为不满。1653年，英国各郡时有暴动发生，使得新贵族与资产阶级坐立不安。他们为了巩固其政权和经济利益，便紧紧地依靠克伦威尔的军事力量，并想拥戴他建立军事独裁，甚而有人还希望他称国王。克伦威尔也有这种野心。1653年4月，克伦威尔强制解散了“残阙议会”。7月初，他召集了“小议会”，出席的代表均由克伦威尔亲自圈

定。但是，“小议会”并不驯服，于是克伦威尔于同年 12 月又解散了它。后来，由将军们领导的委员会把全部政权交给了克伦威尔，并拥戴他为英格兰、苏格兰和爱尔兰的护国主兼陆海军总司令。

护国主为终身制，他有权指定自己的继承人，并且集立法、行政和军事大权于一身。因此，护国主政体在本质上是半君主独裁的一种形式，共和国名存实亡了。

克伦威尔的护国主政体被资产阶级和新贵族视为财产和秩序的保卫者，但是高级军官操纵政治又为他们所不满。1657 年，国会呈递了《恭顺的请愿谏议书》，请克伦威尔当国王，企图以传统的王政限制军人的影响。对于国会的请愿，克伦威尔自然心知肚明，但由于害怕失去军队的支持，他婉言谢绝了国会的请求。但是，各地的平等派、共和主义者和激进派共同发动了反对政府的暴动，农民起义也接连发生，王党叛乱也在新的策划中。克伦威尔想召集第三届护国会议以缓和局势，但此时他已病入膏肓，无法实施，1658 年 9 月 3 日，克伦威尔病逝于白金汉宫。两年以后，斯图亚特王朝重新复辟了。

克伦威尔在回忆录中这样评价自己：“我生来就是一个绅士，地位既非显赫，也非默默无闻。”作为绅士的克伦威尔是这样的，但后来的克伦威尔，靠军事起家，靠军事发家，地位不能不说是显赫一时。但也正是在军事上的节节胜利，使得克伦威尔的私欲不断地膨胀，最终遮住了原本深邃的眼光，逐渐地由一个革命家变成一个独裁者。

约翰·洛克

约翰·洛克（1632～1704），英国哲学家和政治学家，他建立了古典的英国经验主义，他的政治著作奠定了现代民主的基础。

“我刚刚在这个世界能够觉察到自己存在的时候，我就已经置身在暴风骤雨中。”这是约翰·洛克对自己出生时的社会环境的描述。1632的英国，正处在内战的前夕，国王查理一世的横征暴敛以及他与议会的僵化关系，使很多人都觉察到山雨欲来风满楼的政治空气了。

约翰·洛克

洛克的父亲是一位崇尚自由的乡村律师，当1642年内战爆发的时候，他毫不犹豫地加入了议会军，与王党军队作战。在经过了长期的战争后，1649年，不可一世的国王查理一世终于被推上了断头台，接着开始了另一位独裁者克伦威尔的统治时期。这是一个惊心动魄的动乱时代，洛克就在这样的时代里成长起来。

洛克在十几岁时进入了伦敦著名的威斯敏斯特中学学习，但是学校里那种压抑的气氛是洛克不喜欢的，他的自由思想受到了极大的遏制。20岁时，洛克进入了牛津大学的基督学院学习，大学里的生活同样不愉快。学校的老师们讲着枯燥无聊的课程，很少出现能够振奋人心的讨论，后来洛克在谈论大学生活时说：“我认为大学里我一无所获，甚至很少有能增进我理解力的启迪。”

尽管讨厌大学生活，但是洛克的成绩还是相当优异，毕业后被留在了基督学院担任希腊语教师。在教学之余他对医学、物理学、化学都开始涉猎，并在每一个方面都取得了些成绩，尤其是在医学方面。

担任教师没多久，洛克遭受了一次重大打击，他接连失去了两位至亲。洛克的母亲在他童年时就已经去世，现在他的父亲和唯一的哥哥也相继病逝，洛克无法排解心中的苦闷，于是将更多的时间投入到各项学术研究中，并广泛结交知识界的朋友。

这些朋友之中有当时英国最知名的科学家波义耳。1654 年波义耳来到牛津大学，洛克和他很快就成了好朋友，洛克经常向波义耳请教物理和化学方面的问题，而波义耳则称得上是现代物理和化学两门学科的重要的奠基人之一。除了波义耳之外，洛克和牛顿也是非常要好的朋友，两人经常在书信中互相阐发自己的观点。1668 年，36 岁的洛克成为了英国皇家学会的会员，在气象学方面做出了很多成绩。但是，洛克在自然科学方面成就最大的还要数医学。在医学上洛克曾拿到过学位，并得到过专项资金资助，伦敦第一流的医生希顿汉姆博士在给朋友的信中这样写道：“洛克在医学上不仅有相当好的判断力，还有最熟练的技巧，与我本人相比，洛克也是当之无愧的专家。你知道吗，最令我高兴的是我治疗热病的全部方法都得到了洛克的赞同。”由此可见洛克诊疗技术的高明，只是洛克并没有开设诊所，因此得到他高明诊治的人很少，阿什利勋爵就是其中的一位。

阿什利勋爵是当时英国政坛上的领袖人物之一，洛克成为了阿什利勋爵的顾问，他曾为阿什利做了一个难度相当大的手术，从他的胸腔里取出了一个巨大的肿瘤。洛克医术的高明和知识的广博使阿什利十分欣赏，两人成了无话不谈的朋友，洛克还经常在政治问题上给阿什利提供参考意见。

1660 年，查理一世的儿子查理二世回到伦敦，复辟了斯图亚特王朝。掌握了权力的查理二世尽管考虑着要重新建立至高无上的王权，但是也不得不顾及当时已经十分强大的议会力量。1672 年，阿什利勋爵受封为第一代沙夫茨伯里伯爵，他作为议会力量的代表，被查理二世提拔为王国中至关重要的大法官。大权在握的阿什利勋爵组建起了辉格党，与当时拥护王权的托利党展开了争斗。深受阿什利赏识的洛克很快也在政府中谋到了一个美差。

但是没过多久，查理二世开始怀疑阿什利，解除了他的职务并把他关进了伦敦塔。此时洛克也只好避居到了法国南部，在那里他一方面可以躲开政治的漩涡，一方面可以去思考、写作他那部经典著作《人类理智论》。

SOME
THOUGHTS
CONCERNING
Education.

LONDON,
Printed for A. and J. Churchill, at the Black Swan in Pater-noster-row, 1693.

约翰·洛克著作《教育漫话》

等到洛克重新返回英国时，阿什利又重新得到了国王的信任，并当上了英国议会上院的院长。但是不到两年时间，阿什利再度被指控犯有重大叛国罪，再一次被囚禁在伦敦塔中。对政治丧失了信心的阿什利最后蒙屈而死。因为洛克是阿什利的挚友，阿什利的政敌们就想

把洛克也送入监狱，只是他们抓不到洛克的把柄。

查理二世为以防万一，还是不顾当时牛津大学的传统，强行迫使牛津大学解除洛克的教职，牛津大学迫于无奈只好按国王的命令办了。被解除教职的洛克最初还居住在伦敦，但他越来越发现，伦敦的空气中弥漫的都是专制，他只好来到了空气比较自由的荷兰，在那里专心从事写作。

荷兰当时因为经济的强大，政治上也相对宽容，像笛卡尔和斯宾诺莎等人都曾隐居于此。在荷兰的 6 年时间里，洛克终于写完了他最为重要的一部著作《人类理智论》。洛克对笛卡尔的天赋知识论进行了批判，认为人的心灵原本就像一块白板，知识与观念都是在后天获得的。从感觉与反省中获得知识与观念是经验论的最高原则。除此之外，在《人类理智论》中洛克还表达了一个重要的观点，那就是人的理性是有限度的，“我们的心灵没有真理那样伟大，也不能容纳全部存在的事物。”这是洛克思想的精髓。

正当洛克在荷兰潜心沉思的时候，英国国内局势又发生了重大转折。1688 年，查理二世的继任者詹姆斯二世被迫逃离伦敦，他的女儿玛丽和女婿荷兰执政威廉和入主英国，登上了王位，这就是著名的光荣革命。发动革命的主力就是阿希利组建的辉格党，现在王权开始受到议会的限制，逃离的辉格党成员们纷纷返回英国，洛克也受到了盛情邀请。

1689 年，再度返回英国的洛克已经 57 岁了，被国王任命为上诉法院的法官。当时因为王权受限，一些保守的势力关于王权是否应该受限挑起了争论，洛克加入了这场论战，发表了大量政论性的文章进行回击。

1689 年，洛克的《人类理智论》出版，英国各地争相热捧，《人类理智论》迅速被翻译成多种文字，在整个欧洲流传。同样是在这一年，洛克将自己的政治思想系统梳理后写出了《政府论》一书，在这本书里洛克提出了社会契约论的思想，指出在人们组建社会之前存在一个自然状态，在这个自然状态中人们因为无法很好地保护个人的生命与财产安全，因此每人都让渡自己的部分权利，组建起社会和政府。政府就是要为确保人民的生命和财产安全而存在，国王只是政府的首脑，拥有的是统治政府的权力，但是一旦政府违背了人民组建政府的初衷，政府或者国王就理应被推翻。为了使政府更好地为人民服务，洛克还提出了立法权、执行权和对外权三权分立的原则

虽然洛克的名气越来越大，但是他的身体却越来越差。1704 年的夏天是洛克人生中的最后一个夏天，虽然天气炎热，他仍在为国家的事务奔忙；他致力于大众教育的改进；他为出版自由法案振臂高呼；希望任何人都能自由表达他想说的一切；他写小册子为劳动法辩护，他还关心英国的工业发展。10 月，秋季来临了，洛克的人生也即将谢幕。他请来了朋友们，告诉他们自己的一生没有虚度，寻求真理的生活让他的一生都感到富足，现在他已经没有任何遗憾。28 日，洛克与世长辞。

罗伯斯比尔

罗伯斯比尔（公元 1758～1794 年）。法国杰出的资产阶级革命家，法国大革命时期雅各宾政权的领袖。

1758 年 5 月 6 日，罗伯斯比尔出生于法国北部，父亲、祖父和曾祖父都是当地律师。罗伯斯比尔 6 岁时，母亲去世，父亲随后离家出走，童年时代的罗伯斯比尔由外祖母抚养和教育。

1770 年由阿拉斯当地神父给予奖学金名额，罗伯斯比尔来到巴黎路易大王学院学习。罗伯斯比尔学习勤奋，拉丁文和希腊文成绩优秀，并得到“罗马人”的外号。1775 年，国王路易十六和王后玛丽·安东尼特在登基典礼后经过学院，罗伯斯比尔代表全校向国王背诵教师写好的拉丁文献辞。1778 年罗伯斯比尔进入巴黎大学学法律，在这里他

孜孜不倦地阅读启蒙思想家的著作，尤爱读卢梭的著作，曾专程到爱尔曼诺尔拜访卢梭，十分信仰卢梭的学说。在巴黎，参加了雅各宾俱乐部，并成为俱乐部的领袖之一，从此，罗伯斯比尔便走上了革命道路。1781 年他大学毕业后回到故乡。

罗伯斯比尔

1788 年，法国面临经济政治危机，要求召开三级会议的呼声不断。罗伯斯比尔发表了《致阿图瓦人民书——论改革阿图瓦三级会议的必要性》，叙述中世纪以来当地三级会议历史，强烈抨击阿图瓦贵族强占了理应属于人民的权力，剥削压迫普通民众，呼吁进行制度改革。这为他在全国迅速赢得了极高声望，从而当选为阿图瓦省出席三级会议的代表。

1791 年 9 月 3 日，奥地利和普鲁士组成了第一次反法联盟，战争的阴云笼罩着法国。立法议会中吉伦特派的领袖之一布里索呼吁惩罚逃亡贵族并直接向列强发起主动进攻。国王和王后希望依靠外国势力恢复昔日的王权，也同样积极支持法国表现出强硬态度。罗伯斯比尔反对对外战争，他指出法国并未做好战争准备，人民手中缺乏武器，而军队掌握在贵族手中，同时宫廷阴谋推翻革命，真正的敌人其实在法国内部。他强调战争会大大限制自由民主，很容易将法国引向军事独裁。

1792年4月20日法国最终向奥地利宣战。此时，罗伯斯比尔改变了以前的看法，主张把反对外国武装干涉与反对本国封建势力，建立共和国斗争紧密结合在一起。罗伯斯比尔在“雅各宾俱乐部”公开指出，要求废除王政，取消立宪议会，实行普选权、制定新宪法等主张，他的主张成为巴黎人民发动第二次民主共和运动的纲领。同年9月21日，法国成立新的国民公会，次日宣布成立共和国。罗伯斯比尔作为巴黎代表中得票最多的候选人进入国民公会。12月，审讯国王，他发言11次，强烈要求处死国王路易十六。

政变中，罗伯斯比尔被一支手枪击中

1793年1月21日，在广大人民的欢呼声中。路易十六被送上了断头台。反对处决国王的吉伦特派威望扫地。雅各宾派赢得了决定性胜

利。罗伯斯比尔在人民心目中的威望越来越高，他在向法国最高权力之巅的道路上迈出了决定性的一步。

随着革命的继续深入，以罗伯斯比尔为首的雅各宾派与吉伦特派的斗争越来越激烈。最终雅各宾派战胜吉伦特派，从而迎来了法国大革命的新阶段——雅各宾专政时期。

以罗伯斯比尔为领袖的雅各宾派取得政权后，颁布了 1793 年宪法，没收逃亡贵族和僧侣的土地，镇压了保王党人的反抗，抵御了外来的武装干涉，从而捍卫了共和国的独立。罗伯斯比尔也由此登上了个人荣誉的顶峰，成为广大人民热烈崇拜的偶像。

罗伯斯比尔等人遭到处决

但是，在战胜了国内外敌人的疯狂进攻，解除了共和国的危险以后，罗伯斯比尔将救国委员会改组，由清一色的雅各宾党人组成，并拥有无限权力。一切派别上的斗争和分歧，都被提到革命和反革命的高度上予以解决。对于当时国内外激进的左派与反对恐怖政策的右翼丹东派，罗伯斯比尔都给予残酷镇压，这使雅各宾专政的社会基础大大削弱。1974 年 7 月 24 日的中午，圣鞠斯特在法国最高政权机关——国民公会刚开始发言，马上就被叫器声打断，在一片嘈杂声中，有人提议逮捕罗伯斯比尔！这一提议居然在混乱中被通过，罗伯斯比尔及其集团成员被当场被捕。第二天，罗伯斯比尔等 21 人未经审判就被送上断头台。这一事件就是所谓的“热月政变”，它的直接后果就是颠覆了雅各宾派专政，同时也结束了罗伯斯比尔的政治生涯。这一年，罗伯斯比尔 36 岁。

罗伯斯比尔廉洁正直、目光敏锐，以国家和革命为重，从而为他取得了权力。但在热月期间却表现失常，引起国民公会的恐慌，造成自己的失败。但不管如何，罗伯斯比尔在法国和世界历史上影响深远，是欧洲近代史上的一位巨人。

杜伦尼

1611 年 9 月 11 日，杜伦尼出生在法国色当的一个军人世家。1625 年加入他舅舅荷兰莫里斯将军的军队并做了一名士兵。杜伦尼除了完成基本的军事任务外还阅读了恺撒与亚历山大的军事传记。他参加的第一次战役是 1626 年的布瓦斯勒一迪克包围战，当时年仅 14 岁的杜伦尼因他个人的作战勇敢而声名卓著。1627 年，杜伦尼被升任为上尉。

杜伦尼

1630 年，19 岁的杜伦尼转入法国军队供职，担任步兵团团长。“三十年战争”为这个职业军人提供了广阔的用武之地。在对抗西班牙的四年战争中，他发动的进攻大大赢得了赞扬，之后他还率军攻克了要塞城市拉莫特。随后杜伦尼沿莱茵河河畔展开战斗并进驻了意大利。在10年的戎马生涯中，杜伦尼作为一名将军，他谋定而后动，谨小慎微从不莽撞的作战风格使他名声鹊起。除非了解了足够的有关敌军和地形的信息，否则杜伦尼不会发动进攻，他还一贯擅长以少胜多，以微弱兵力战胜敌人在数量上占绝对优势的军队。

1642年，因哥哥被卷入了一场反对皇室的阴谋，杜伦尼在政治上受挫，被没收了土地。他迅速重整旗鼓，并在其后一生不计其数的政治动荡中履险如夷。1643年，年仅32岁的杜伦尼成为法国元帅，并担任法国魏玛军团的总司令。

杜伦尼率军到达布雷沙赫并建立了新的司令部之后，他发现自己的部队由于在图特林根新败于冯·莫西的巴伐利亚军队以后，他的一万大军士气低落。杜伦尼重整了军队并进行军事训练，孔代亲王（波旁王朝路易二世）带领7000人增援部队也加入了作战。从起初的并肩战斗到后来的互相对立，这两位将军都使自己成为了法国最伟大的将军。虽然孔代亲王带来的军队人数不多，但他拥有较高的皇室“血统”，因此担任了全部军队的指挥官。杜伦尼并没有对这个安排表示什么不满，事实上，杜伦尼的巨大声望就是来自于他能够与不同军官协同作战的能力。

在接下来的进攻中，杜伦尼率领军队穿过山间的狭窄小路，从后方袭击了巴伐利亚的防御工事，取得了1644年弗赖堡战役的胜利。1645年，杜伦尼与孔代亲王再次联手果断出击，打败了巴伐利亚军队，并在战斗中杀死了巴伐利亚指挥官冯·莫西。杜伦尼怀着对这位同为职业军人的敬佩之情，在莫西倒下的地方为他竖起了一座纪念碑，凸显了杜伦尼的个人品格。

“三十年战争”的结束并没有给人们带来片刻的安宁，包括杜伦尼。几个世纪以来王室的滥施暴政与苛捐杂税，以及地方与家族的矛盾争斗，导致法国发生了一连串的起义和叛乱。在这一系列的战斗中，杜伦尼坚持特赦和重新制定效忠责任，使他起初只是与当权者的争吵辩论变成了后来的不得不逃出法国。不过1651年，杜伦尼又重新返回了国王的军队并指挥作战。

1652 年，在经过了诸多叛乱动荡之后，杜伦尼发现自己支持的年轻国王路易十四反对的是由孔代亲王领导的叛乱。1652 年至 1653 年，这两位老盟友在一连串的战斗中各为其主，兵戎相见。每次战斗都是以杜伦尼的保皇军打败孔代亲王而告终，杜伦尼阻止了形形色色叛乱派别的联合，使路易十四巩固了王位，稳定了统治。

然而胜利仍然没有给杜伦尼带来宁静，西班牙再次向法国发动了进攻。1658 年，杜伦尼在敦刻尔克与英国军队联合，利用海水退潮的有利时机，调遣部队沿海滩行进，抵达了西班牙军队的侧翼。在 4 个小时的激战中，杜伦尼剿灭和俘虏了西班牙军队 6500 人，而自己则只损失了 400 人。这次战役的胜利为杜伦尼夺取叶普斯镇开辟了道路，并对布鲁塞尔和根茨造成了威胁，这为法国在 1659 年的《比利牛斯和平协定？中占尽优势起到了推动作用。

1660 年，杜伦尼成为法国国王的陆军大元帅。1672 年，三国同盟战争爆发，杜伦尼率领法国军队沿莱茵河左岸作战，两年中展开了一系列的战役，并战胜了荷兰与德国的军队。1674 年末至 1675 年初的冬天，杜伦尼领导了一场冬季奇袭战，赶走了占领阿尔萨斯的敌军。然而就在战争快要取得全面胜利的时候，杜伦尼于 1675 年 7 月 27 日在萨斯巴赫附近例行侦察时被一颗炮弹击中阵亡，享年 63 岁。

在杜伦尼将近半个世纪的军事生涯中，他所取得的一系列胜利给人们留下了深刻的印象。在政治权力通常能够毁灭一个职业军人的年代，杜伦尼成功地使两者分离开来，效忠服役于每一位掌权者。他作战机动、善于利用地形、行军神速并且擅长奇袭，这些都是他胜过敌军将领的因素，另外，他体恤官兵生命的做法让他赢得了自己军队的长期爱戴。

杜伦尼将自己的军队从法国内部矛盾冲突中隔离开来，从而增强了法军的专业作战能力，他还善于聚集军队的忠诚感，使属下军官和士兵们保持战斗士气。杜伦尼在战场上运用的战术调遣异常精确，完美的战略部署如同在下国际象棋。马尔伯勒公爵曾在荷兰战争中服役

于杜伦尼军队，他经常对杜伦尼的领导表示赞赏，并把杜伦尼当作自己的导师。在拿破仑一世排列的历史上最伟大的七位将军的名单中，杜伦尼是得到其认可的唯一的一位法国人。

约翰·丘吉尔

1650 年 5 月 26 日，约翰·丘吉尔出生于英国德文郡一个没落的保皇党人家庭，丘吉尔在 17 岁时从给约克公爵詹姆士做侍从开始了他的职业生涯。在接下来的几年里，丘吉尔与统治阶层几位女士发展了自己的人际关系，并与英格兰未来的领导者建立了职业上的关系。

约翰·丘吉尔

通过宫廷里的朋友，丘吉尔 1667 年在近卫步兵队中谋得一个职务，并在接下来两年以下级军官的身份参加了打击在丹吉尔和北非沿岸摩尔人的战斗。从 1672 年到 1674 年，丘吉尔在英军服役同法国结盟反对荷兰。在这期间，丘吉尔与很多法国军官一同战斗，后来这些人却成为他要面对的敌人。

1677 年丘吉尔回到英格兰后娶了安妮公主的侍女莎拉·詹宁斯。安妮公主是未来的国王詹姆士的女儿，其后自己也成为女王。丘吉尔在宫廷外交部服务后被提升到准将。丘吉尔还通过领导镇压一场在詹姆士继承王位时的叛乱来提升自己的位置。

尽管最开始是支持詹姆士，丘吉尔在1688年奥兰治王室的威廉抵达英格兰向王位挑战时抛弃了他的国王。不过，他的决定被证明是明智的，威廉提升丘吉尔为中将，并在他成为国王后册封他为马尔伯勒伯爵。

在接下来四年里，丘吉尔在弗兰德斯和爱尔兰的小冲突中展现了自己的个人勇气和军事策略方面的才能，但是却无法成为更大的军队的统帅，因为并不是宫廷中的每个人都信任他。1692年，他与玛丽皇后产生冲突，还被发现与流放的詹姆士通信，结果导致被囚禁在伦敦塔。当1694年玛丽去世后，威廉释放了他，而且恢复了他的爵位和特权。

第一代马尔伯勒公爵——约翰·丘吉尔

丘吉尔一直恢复担任不很重要的外交和军事职务，直到1702年发生的两个事件使丘吉尔提升到很高的地位。第一件事是，威廉去世，丘吉尔终生的挚友、詹姆士的女儿安妮继位。第二件事是，西班牙的查理二世也去世，没有留下子嗣继承王位。一个欧洲范围内的冲突、西班牙王位继承战争爆发了，这将决定谁会成为西班牙的国王。英格兰担心法国国王的孙子继承王位，两国会联合起来结成一个实力强大有威胁的盟国，于是与奥地利、荷兰结盟加入战争。

马尔伯勒伯爵得到宫廷的宠爱，现在终于有机会在这个盛大的舞台展示自己的军事能力了。虽然在整场战争中他们的荷兰盟友不是很积极，马尔伯勒还是和奥地利的萨伏伊·欧根一起组成了战争史上最强大的、最通力合作的拍档。在后来的9年里，他们在结束法国在欧洲大陆的统治地位过程中没有输掉过一场战役。

欧根和马尔伯勒伯爵遇到的第一个障碍是陈述战争本身的状态。自从法国人彻底改革了战斗中的防御准备后，多数的欧洲军队都依赖有力的防御，使他们不愿冒险从防御工事中出来主动操控战场。马尔伯勒伯爵知道没有人可以仅仅依靠防守就赢得一场战争，他设计了一个计划，第一个原则就是“进攻!”他修整了这一原则，仍然以他同样重要的座右铭“计划”使万事没有漏洞。

马尔伯勒公爵在布伦海姆

将进攻的基本原理和战略计划相结合，重点是快速地接近目标，丘吉尔施展让人吃惊的攻势，从重兵佯攻敌军的侧翼开始。一旦敌军投入了预备队，马尔伯勒伯爵通常就会亲自率兵进攻敌军的核心部队或是另一侧翼。在整个军事生涯中，马尔伯勒伯爵拥有不可思议的能力能够在选择适当的时间和地点投入自己的预备队。

灵活性和士气是马尔伯勒伯爵通向成功的关键，他是掌握两者的大师。他设计了大车来运送供给以减轻每个士兵的负载，在远征时会先派供给车在前边为后到的军队搭建营地。他的这些行动一般都在夜间或是晨曦中进行，这样可以避免敌人的侦查。

为了保持士兵高昂的士气，马尔伯勒伯爵保证按时发放士兵的军饷，甚至在主要战事前，想尽办法给他的士兵发放新的靴子。马尔伯勒伯爵的士兵公认他卓越的计划和不会在毫无把握的情况下胡乱碰运气减少了人员伤亡。因此，马尔伯勒伯爵赢得了他的士兵的尊敬和充满爱意的昵称“下士约翰”。

拥有出色的战略战术和士气高昂的士兵，马尔伯勒伯爵在 1702 年轻易打败了西班牙属荷兰（今比利时），被封为公爵。两年后，与欧根合作的马尔伯勒公爵，在行军穿越德国 250 英里到达巴伐利亚的布伦海姆奔袭法国的要塞时，赢得了他最伟大的战役。8 月 13 日，马尔伯勒公爵在一天内的进攻造成敌人 34000 的人员伤亡，而自己的伤亡只有 13000 人。巴伐利亚退出了战争，法国军队不可战胜的神话也中止了。英国视马尔伯勒公爵为英雄，给予他金钱，还为他修筑了宫殿，命名为布伦海姆宫。

布伦海姆宫——为纪念约翰·丘吉尔而建

在布伦海姆的胜利以后，马尔伯勒公爵回到了弗兰德斯，并于 1706 年

5 月 23 日弗兰德斯的拉米雷斯再次决定性地打败了法国军队。两年后，马尔伯勒公爵向世人证明了即使他惯用的战术失灵了他还是可以取得胜利。1708 年 7 月 11 日在欧登纳德，一支兵力占优的法国军队奇袭了马尔伯勒公爵，但是他成功地调动他的部队，并抓住有利时机，迅速从防守变为进攻。

1709 年 9 月 11 日，马尔伯勒公爵在莫斯赢得了他的最后一场胜利。激烈的战斗一直处于相持阶段，战局难分难舍，直到马尔伯勒公爵再次在适当的时机投入预备队。尽管获胜，马尔伯勒公爵损失了 21000 名士兵。

在莫斯的伤亡人数被英格兰刚刚取得权力的托利党人利用。鼓吹海上势力重于陆军力量，托利党人利用莫斯一战作为借口，终止了马尔伯勒公爵的军事生涯，解除了他的统帅权。他们还指控他为了修建布伦海姆宫盗用公款。1714 年乔治一世继承王位恢复了马尔伯勒公爵的职位和特权，但是因为不断恶化的健康，马尔伯勒公爵再也没有复职。在一次次中风后，马尔伯勒公爵于 1722 年 6 月 16 日去世，享年 72 岁。

马尔伯勒公爵不平凡的职业生涯留下了 4 次大规模战役的胜利和 26 次成功的围攻。没有敌人战胜过他领导的军队，10 年来他主导着欧洲战场为英国赢得了世界强国的地位。

罗伯特·沃尔波尔

罗伯特·沃尔波尔（公元 1676～1745 年），英国著名政治家，英国第一个首相，辉格党领袖。1676 年 8 月 26 口，沃尔波尔出生于诺福克郡贵族地主家庭，他的父亲自英国资产阶级革命至 1700 年，一直是下议院议员，也是一个忠实的辉格党党人。

殷实的家庭背景使得青少年时代的沃尔波尔衣食无忧，一帆风顺。1690 年，沃尔波尔以优异的成绩进入著名的伊顿公学。1696 年从伊顿公学毕业后，他又求学于剑桥大学国王学院。1698 年，由于长兄爱德华早逝，沃尔波尔成为家族的继承人。为了经营家族的庄园和地产，他从国王学院辍学，返回故乡。在他的细心经营下，房地产每年总收入倍增，沃尔波尔的经营才能由此可见一斑。

1701 年，沃尔波尔在其家族控制的赖辛堡选区竞选成功，以辉格党议员的身份进入议会下议院，从此便开始了他的政治生涯。由于沃尔波尔能言善辩，下院很快就成了他施展口才的讲坛，不久即闻名遐迩，引人注目，特别是受到马尔伯勒公爵夫妇的青睐。在马尔伯勒公爵的提携下，沃尔波尔开始了他最初的辉煌，1708 年任国防秘书，1710 年又任海军财务总监。

罗伯特·沃尔波尔

1711 年冬天，风云突变，党派之争将马尔伯勒公爵推上了被告席，下院指控他滥用军费。受此牵连，沃尔波尔也以贪污罪被关进了伦敦塔。由于证据不足，1713 年沃尔波尔又重返议会。此后凭借出色的表现，他一路平步青云，1715 年被任命为财政大臣。1720 年因挽救南海公司，他又获得商业与金融资产阶级的拥护。从 1721 年 4 月起沃尔波尔与唐森德共同领导政府，任首席财政大臣。1714 年以后，由于新君乔治一世的英语表达能力极其有限，同时对英国的国情又了解甚少，常常难以作出正确的判断，所以除重大场合外，乔治一世总是托辞逃避会议，不问政务，这使沃尔波尔逐渐控制了议会和内阁。1734 年沃尔波尔出任首相，他也被称为英国历史上第一位首相。一般认为英国内阁制始于沃尔波尔任内。

沃尔波尔执政期间，对内放弃重商主义政策，实行自由贸易。他提倡降低地税，提高谷物和农产品出口奖金，取消或降低各种原料入口税，禁止同英货竞争的外货进口等等。这些政策有助于消灭封建残余，促进资本主义的进一步发展。在外交政策方面，沃尔波尔本质上是个孤立主义者，坚决反对英国卷入欧洲大陆的军事战争，因为在他看来，战争在导致流血杀戮之余，还会严重阻碍经济发展的步伐，但沃尔波尔的这种外交理念却受到了反对派的抨击。1739 年，沃尔波尔被迫向西班牙宣战，但最终以失败而告终，并因此失去了议会的信任。1742 年 2 月，沃尔波尔主动辞职。为了安慰这位失意的老臣，沃尔波尔去职后，国王册封他为奥福德伯爵，此外还有 4000 镑的年金。1745 年 3 月 18 日，辞职 3 年有余的沃尔波尔平静地走完了自己的人生旅程。

有人曾这样评价沃尔波尔的内政外交活动："沃尔波尔的目标较低，他只想维持和平，保住职务，玩弄权术，稳固统治。"此话不无道理。然而，另一方面我们也必须看到，就是这个似乎胸无大志的首相，却给英国带来了不少实实在在的利益。沃尔波尔在其执政的大部分时间里，不仅使英国避开了战争，而且还为经济的进一步腾飞奠定了基础。因此，沃尔波尔也称得上是英国历史上一位较有作为的首相。

萨伏伊·欧根

1663 年 10 月 18 日，欧根出生在巴黎，父母受反对路易十四事件的牵连被流放出了法国。欧根在家乡由祖母带大，祖母把这个身体单薄、相貌丑陋的孩子安排在了教会工作。可欧根拒绝了这个安排，并寻求应征入伍法国军队。在被路易十四拒之门外以后，欧根离开了巴黎，抵达奥地利，在那里，他把一生都投入到了对抗自己祖国的战斗之中。

欧根最初的胜利是在两场战争中取得的，一场是奥地利协助匈牙利摆脱土耳其统治的战争（1680～1688年），另一场就是伟大的同盟战争（1688～1697年）。接下来的每场战役都使欧根节节高升，30岁时就荣任陆军元帅。

在1697年的赞塔战役中，典型的欧根军事作战行动使他赢得了辉煌的胜利。他的军队闪电般地行军10小时后，穿过赞塔河进入了特兰西瓦尼亚，使土耳其军队大为吃惊。欧根军队以群山做掩护向前行进，以钳形攻击将土耳其军队围困在赞塔河边。在傍晚时分的一场战斗中，欧根军队歼灭了敌军超过20000人的兵力，而自己的军队则只损失了不到500人。

萨伏伊·欧根

18世纪早期是充满着争斗与结盟的复杂的战争时期，在与当时多数主要的军事领导人联合或敌对的过程当中，欧根遇到的是来自四面八方形形色色的敌人。1701年，在西班牙王位继承战争中，欧根在卡尔皮打败了法国军队；1704年，联合马尔伯勒公爵在布伦海姆大战中战胜了法巴（法国—巴伐利亚）联军；1706年，欧根率领奥地利军队进入意大利，解放了这个被法国占领的国家。1708年，包围并炮轰了法国当时最坚固的要塞城市里尔（要塞工事由法国伟大的军事工程师塞马斯提·勒·普瑞斯崔·德·沃邦设计和建造），并最终拿下了这座堡垒。

1708年后期，欧根又重新联合了马尔伯勒公爵在弗兰德斯击败了法军。欧根的最后一次主要战役是在1716年，他的50000人20万人的土耳其大军围困，欧根没有惊慌更没有退却，他发动了令人意想不到的夜间突袭战，手拿刺刀带领军队打垮了土耳其炮兵团，取得了战役的胜利，占领了贝尔格格莱德。

随后的日子里，欧根一直在奥地利宫廷担任查理六世所信赖的宫廷军事顾问。然而欧根在宫廷里也不是一个只顾埋头做事的军官，在波兰王位继承中，70 岁的欧根再一次披甲上阵，随奥地利军队在莱茵河河谷作战。他从没有真正地退休，直到 1736 年 4 月 21 日，在维也纳逝世。

从前线率军归来和在多次战役中受伤构成了欧根的戎马生涯。他是一个利用地形来布置防御的高手，善于利用闪电的行军速度进行奇袭。欧根备受士兵的喜爱，每次与他结盟的军队也都推崇他是一个忠诚无私的陆军元帅，这些特征在当时的领导者中是很少见的。事实上，除了他一直都憎恨的法国同胞以外，欧根看起来能够和任何一个可以增加他军事力量的人融洽相处，以此来击败当时他面对的所有对手。尽管欧根一直在作战，可他表现出的对文化的亲和与欣赏在当时的将军里也是不常见的，甚至在后来出现的将军中也不多见。

英雄广场上的欧根亲王雕像

欧根不仅具备出众的领导能力，他在军队中的改革创新也给当时乃至未来的战争带来了深刻的影响。欧根废除了指定委任制度，他任命军官看重的是个人品质，而不是他们的出生和门第。他还建立了军需品运输基地，保证了士兵们能够有充足的军粮和弹药以及其他的必备品。另外，欧根还创新性地将马上骑兵与马上行进马下作战的“龙骑兵”协调共同作战，利用二者在马上侦察报告敌军所在的位置和勘测有利的作战地形，这种方式成为欧根离开奥地利军队之后很长时间内一直保持的作战特色。

赫尔曼·莫里斯·萨克斯伯爵与腓特烈大帝都对欧根的组织与作战方式进行了研究。拿破仑也同样非常敬佩欧根，认为欧根永远都是最具影响力的军事指挥家之一。

塔列朗

1754 年 2 月 13 日，巴黎的加朗西埃街四号，塔列朗来到人世。他的家族世居高位，徽章上的题铭“只信上帝”甚至对王权不屑一顾。他的父亲荣任法国王太子的青年侍从。出生在这样一个名门望族，是塔列朗的幸运，也是他的不幸。那个时代，上层社会的人们普遍对子女漫不经心，一个丈夫若让妻子用自己的乳汁哺育孩子，就会被视为是企图摆脱妻子，成为众矢之的。

塔列朗

出生不久，塔列朗便被寄养在巴黎近郊的一个小镇上。四岁时，他从桌上摔下，右脚受伤。保姆对

此视而不见，结果延误了治疗，造成终生残疾。对此，塔列朗一直满不在乎，早晨起床和当众沐浴时，他毫无顾忌地亮出那只可怕的残脚。并且，他还轻松地调侃自己。

塔列朗的叔父去看望他时，他正跛着脚和保姆喂养的另一个孩子在白雪皑皑的野地里追逐云雀，两人身上全是破衣烂衫。叔父见状十分不忍，立刻带他回家。

塔列朗的母亲正在华丽的客厅里与客人优雅地谈笑。叔父指着可怜巴巴的小塔列朗大声道："嫂子，看看自己的孩子吧！来，乖侄儿，亲吻这位太太，她便是你母亲。"

结果，塔列朗被送往佩里戈尔的夏莱古堡，与曾祖母同住。佩里戈尔的古老城堡神秘而高贵，光线不够充足，却很温柔。曾祖母和蔼可亲，对塔列朗照顾得无微不至，使他体会到世间最美好的情感。

八岁时，塔列朗来到巴黎的一所著名的贵族学校学习。这里由神父执教，古板而严厉。每星期学生只可回家与父母团聚一次。父母总是对塔列朗说："孩子，要听话，要让神父先生高兴。"一次，塔列朗惨遭鞭打，他的父亲对此毫不同情，并告诉他说，就连最杰出的人物屁股上也挨过鞭子。

长期缺少父母的关怀，使塔列朗养成了独立思考的习惯。他清楚地认识到：父母为了他们所谓的家族利益，决心把他培养成合乎他们理想的人，完全不顾他的天赋和愿望。

哥哥早逝后，塔列朗成为长子，父母将他送入教会的神学院学习。

神学院的日子刻板而漫长，情窦初开的塔列朗却偷偷找到了自己的快乐……

餐桌上，朋友们问他："你的情事何时才是尽头？""与生命相始终。"塔列朗答道。他巧妙地与一切情人——包括那些浮光掠影的，全都保持着密友关系。因为，他深刻地认识到：这将有利于他在权力道路上的进取。1778 年 2 月，伏尔泰出现在巴黎。

塔列朗跪在他面前，老人将枯瘦的手轻轻放在他头顶，为他祝福。

这个怀疑宗教的人，给塔列朗带来了广泛的知名度，却丝毫未影响他在教会内的晋升。

塔列朗在公众场合总是一副冷漠而矜持的面孔，但是当他为教会集钱款、分年薪和征什一税时，却热心勤恳。为表彰他，议会给他特别嘉奖。他还同英国财政大臣皮特建立了友谊，与“欧洲驮手”瓦舍尔公爵拉上了关系，大力开拓着交往面。

布尔热主教去世，塔列朗跃跃欲试，四处活动，却竹篮打水一场空。

天无绝人之路。不久，奥坦主教之位悬空。塔列朗孤注一掷，请父亲相助。任摄政的父亲巡视归来，重病在床，他恳请路易十六将奥坦主教之位授予儿子，作为最后的赏赐。

路易十六对老臣托孤大为感动，准备签署任命状。母亲却站出来坚决反对，指出儿子，放荡不羁，不宜担任高级圣职。“夫人，职责会改变您的儿子。”路易十六不改初衷。

1789 年 1 月 16 日，塔列朗就任奥坦主教。僧侣会议上，他发表演讲，指出：当务之急是制订一部保证全体人民权利的宪章，应当宣布自今以后，国家的任何文件，只有得到全民族的正式认可，才能成为法律。这个大胆而时髦的观点，令人耳目一新。很快，塔列朗当选为奥坦的僧侣议员。

1789 年 5 月 4 日，法国三级会议开幕。薄暮中的凡尔赛钟声悠扬，彩旗飘飘，和风拂面。教堂前的广场，人头攒动，议员们手执蜡烛，寻找各自的位置。前边是身着黑色毛料的第三等级；帽子插白色羽毛的贵族随后；以乐队为先导的教会代表压阵。

塔列朗就在 32 名教会代表之中，他头发上扑着白粉，挂着十字架，紫色长袍熠熠生辉，一手拿着蜡烛，一手拄着拐杖。

他敏感地觉察到法国正面临着革命风暴。在会议上，他明智待人，冷静理事，保持着稳健的作风。

不久，第三等级宣布成立国民议会。六月下旬，三个等级重新聚在一起开会，塔列朗成为国民议会议员。然而，为获得最大利益，他暗中向国王献策道：“拖延、谨慎与恩典，都无法消除陛下和法兰西所

面临的危险；明智而巧妙地强化王权，才是上策。”

7月14日，革命群众攻陷巴士底狱。午夜，塔列朗偷偷拜见国王之弟阿图瓦伯爵，建议采取断然行动，诉诸武力。然而，懦弱的路易十六已决定让步。

失望之极的塔列朗对伯爵说：“既然这样，殿下，大家各自相保吧。”“是啊！这正是我对你的忠告，不论形势如何发展，我都不怪罪你。你永远可以相信我们的友谊。”未来的查理十世答道。事已至此，塔列朗决定跻身革命。他很快谋得国民议会秘书一职。在讨论震撼世界的《人权宣言》时，提议并起草第六条。

10月6日，民众迫使国王回到土伊勒里宫。“今天我们的革命，是时代发展之必然，它最终会成为有益于法兰西和全人类的事件！”塔列朗热情洋溢地讴歌革命，并预言：“第三等级必获胜利！”

财政状况在恶化，人们的目光渐渐盯住了教会拥有的巨额财富。塔列朗不失时机地说：“谁是这笔教会财产的真正主人？回答只会有一个：国家！”很快，国民议会决定没收教会财产。塔列朗宣称：“在我处的阶层中，几乎只有我一人支持这种侵犯本阶层利益的做法。”并且，他还惺惺作态道：“身为教士，我非常理解僧侣们的痛楚和不满；然而，作为一个公民，我将正视现实……”在拍卖教会财产过程中，塔列朗捞到了5万利弗尔。

1790年2月26日，他当选议会主席。不久，路易十六指定他主持弥撒。在40万听众簇拥的祭坛上，塔列朗与众人一起举行了忠于国家、法律和国王的宣誓仪式。路易十六许诺维护宪法。这时，太阳冲破云层，射出万丈光芒，群情振奋，山呼万岁声响彻云霄。

11月23日，议会要求僧侣宣誓效忠宪法。对此，塔列朗半推半就。两天后，塔列朗敦促索纳·罗亚尔省的官员教士宣誓，遭到强烈反对。震怒的教皇，撤销了他的一切教职，并限期悔过。“我被逐出教门了。人人都拒绝给我火和水，今晚只有冻肉和冷酒了，来安慰我吧！”他耸耸肩道。接着，他又严肃地讲：“革命使法兰西获得新生，我誓与民族共进退。为了法兰西，什么样的牺牲我都无所谓。”

王室逃跑未遂，国王遭囚。但是王室势力还非同小可，塔列朗暗地里对王室频送秋波，“惟有尽快制定宪法，才能使陛下重获自由。”并且，他还让人捎话给国王，愿为国王效忠。然而，国王对塔列朗并不放心。他便改换手段，支使弗拉奥夫人公开鼓吹共和，在国王面前显露进步书刊。“他定不胜惊讶，你则可若无其事地说，这是为了迎合我，我已对王室失去了兴趣。然后，作出一副泄露了天机并后悔不已的样子。”他教她道。

同时，塔列朗又与罗伯斯庇尔·罗兰和布里索等共和派交往频繁，赢得了他们的信任。就这样，他巧妙地在王室和共和派间玩着走钢丝的游戏。他声称自己的政治座右铭是：“不论法国形势怎样，我都将为之效劳。”而本质上，他所关注的只有自己的利益。

革命引发战争。

然而，革命者也不能树敌太多，必须争取英国保持善意中立。

塔列朗受命赴英，展开外交斡旋。

英国朝野反应冷淡。

塔列朗并不在意，此时法国局势的发展引起了他的关注。路易十六入狱。应丹东之请，塔列朗为废黜国王一事辩护，但他指出：“路易十六以难以觉察的方式破坏宪法，罪不可赦。”

这时，在土伊勒里宫法王暗藏文件的铁柜子里，发现了一封国王年俸总监德拉波特的信。信里明确指出，他曾将塔列朗的一封信转呈路易十六，并说：“他对我说，陛下可赐给他一个合适的职务，藉以考验他的热忱和诚实。”

塔列朗的两面派面目再也掩藏不住了。革命党人发出通缉令。塔列朗拒不承认，在《箴言报》上撰文，声称自己“从未与国王和拉波特先生有过任何直接或间接联系。”可是，他也只能流亡国外了。路易十六被送上断头台后，塔列朗身穿孝服，头戴白帽，表示哀悼。

1794 年 1 月底，一位英国官员向塔列朗宣布说，依据国家有关外国人的法令——艾林法，旨在保护英国不受“革命感染”——限他五天内离开英国。

“最大可能是，奥地利皇帝和普鲁士国王请英王驱逐我出境。看来，他们惧怕我这颗活跃的头脑，整个欧洲都因我的存在而发抖。”他向斯达尔夫人炫耀道。

他来到美国。在这里，他四处游历，对美国生活方式批评道：“豪华却粗野，没有人不想随时把他们的狗卖给我。”

同时，他还认识到，“美国将日益强盛，举世无敌。未来的新发现一旦使它接近欧洲，它将会积极干涉欧洲事务，古老的欧洲各国皆必须审慎对待之。”

法国政局几经周折，恐怖时期已告结束。塔列朗给国民公会寄去一份回国申请，声称拥护共和制。

他辗转请人在国民公会中发言道：“他（指塔列朗）高尚的心灵和执着的信念无愧为一名共和卫士。他现在置身在一个共和国，那是本杰明·富兰克林的国度。他注视着一个自由民族所从事的伟大事业，等待法国出现建设者而不是杀人狂，等待法国成为共和天堂而不是徒有宪法的无政府状态。我请求诸位允许塔列朗回来，为共和国尽一份力。”

同时，塔列朗在美国报纸上发表《对法国最新局势之感想》，极力赞美了新成立的督政府，确信在它领导下，法国将重新变成“人们最向往的国度”。国民公会一致同意塔列朗归国，1796 年 9 月 21 日，他回到巴黎，结束了 4 年的流亡生活。

1796 年的巴黎，舞会、演出和焰火取代了监牢和血腥，沉浸在一片灯红酒绿之中。

塔列朗与好友前往卢森堡宫，门卫要他交出手杖，他诙谐地说：“亲爱的，我看您的政府像是怕人给它当头一棒哟。”此语一出，人们纷纷议论他蔑视督政府。他急于挽回影响，在报上发表一封公开信，声称“始终希望法兰西共和国日益强盛。”

督政府三巨头之一的巴拉斯，被他视为重登仕途的突破口。这个重担落在他的情人斯达尔夫人肩上。

“塔列朗需要一个职位，为国效力。”斯达尔夫人对巴拉斯妩媚地说。她安排了一次约会，陪同塔列朗来到卢森堡宫。“此人极像罗伯斯庇尔。”巴拉斯皱着眉说。“他要好得多，没有什么朋友能比他更好、更可靠。他为人诚恳，定会忠实于您，为您赴汤蹈火、万死不辞的。”“您的仆人……您虔诚的仆人……对您感恩戴德的仆人，唯有对您的崇拜方能同对您的尊敬和感激相提并论。”塔列朗满脸恭顺道。

翌日，斯达尔夫人再次向巴拉斯发起了攻势道：“塔列朗对您崇拜得五体投地，没有比他对您更忠诚的人了。应当任命他为大臣，您已见到他的文雅和才气，至少让他当外交大臣。”她紧握巴拉斯的双手，强使他靠自己坐下，半乞求半胁迫道：“巴拉斯，巴拉斯，我的朋友，我只有靠您了，没有您，我们就完啦。您知道吗？他说您若不让他当外交大臣，他就跳塞纳河一死了之！”她的胸脯强烈地一起一伏，纠缠同妩媚一样有强大的力量。巴拉斯让步了，答应与同事商量此事。

但由于塔列朗的出言不逊和他以往的表现，舆论对他很不利。有人甚至写诗讽刺他道：

“机智的塔列朗，
步履优雅。
无情前额心冷酷，
骑墙望风为其本。
一只可疑的脚，
悄悄伸进付钱者阵营。
另一只留在反对派一边，
原来是那只瘸的。”

“您向我推荐的人，政府内几乎无人对他有好感。”无人响应的巴拉斯灰心丧气地对斯达尔夫人说。

“妙极了，巴拉斯，正因为他最受其他人憎恨，您赏识他，他才会对您感激涕零，当您的耳目。这是您能找到的最忠诚的下属！”斯达尔夫人巧舌如簧道。

1797 年 7 月，政府改组。巴拉斯力排众议，使塔列朗得到外交大臣一职。

这时，法国政坛一颗新星正在崛起，这便是拿破仑，他刚刚在意大利取得史诗般的伟大胜利。

就任外交大臣不几天，塔列朗便致信拿破仑：“我对自己职务带来的风险深感不安，然而，您的威名可以给外交事务提供方便和帮助，这慰藉了我不安的心灵。要知道，拿破仑这一大名足以平息一切危机。”令人惊异的先知先觉，已使他认识到：未来属于拿破仑。

在扫荡保王分子的活动中，拿破仑出了大力。塔列朗立即致信他，“将军公民，贺喜您，您天才地指挥了这一革命举动，挽救了共和国，功不可没！”

随后，他致函准备同奥地利谈判的拿破仑，劝他尽量强硬：“若我们得到莱茵河为界，威尼斯又不落入奥皇之手，那样，才无愧将军您的威名。”

结果，莱茵河左岸划入法国，作为交换，奥地利得到威尼斯。变化多端的塔列朗又写信给拿破仑：“或许，意大利人会大发牢骚，却无碍大局。祝贺您，缔造和平的勇士！”拿破仑回信道：“政府选您任外交大臣，足以证明它远见卓识。您才具不凡，不会有辱于共和国的尊严。能与您通信，使我感到无上光荣，借此机会向您表达我对阁下的敬重之情。”

1797 年 12 月 5 日，拿破仑一身布尔乔亚（资产者）打扮，回到巴黎，旋即拜会塔列朗，会见气氛热烈而和谐。

在督政府举行的盛大欢迎仪式上，拿破仑进场，全场起立，合唱《自由之歌》。接着，塔列朗致词：“诸位督政官公民，十分荣幸地向你们介绍拿破仑公民。他带来了和平，令我们忆起无数美好的往事。为了满足他的心愿，我要说，荣耀归于我们的革命。”

不久，拿破仑夫人约瑟芬从意大利归来。塔列朗为之接风，社会名流汇集一堂。斯达尔夫人向拿破仑递去一枝月桂。“应该把它留给缪斯。”拿破仑冷冷地说。斯达尔夫人没有注意到拿破仑的厌烦，又冒失地问：“将军，谁是您最爱的女人？”“我妻子。”“您最敬重的女人呢？”“最善于操持家务的那一个。”“那么，最杰出的女人呢？”“生孩子最多的。”说完，拿破仑便转身离开。“斯达尔夫人是怎样的女人?”他见到塔列朗时问道。“一个阴谋家。”塔列朗道。“可以做好朋友吗?”“朋友? 她能先将朋友扔进河里，再用鱼竿钓起来。”拿破仑开怀大笑。舞会结束时，站在约瑟芬背后的塔列朗举杯道：“为享有最光荣姓氏的女公民干杯!”

1798 年 1 月 21 日，督政府决定庆祝路易十六断头日，特派塔列朗请拿破仑出席。“什么?”拿破仑惊呼道，“您是想让我参加一个纪念屠杀的仪式吗? 不，我对这样残酷的活动毫无兴趣。”“您明白，将军公民，从某种意义说，您我观点一致。但是，这一庄严活动有其政治目的；再说，世界上无论哪个国家，暴君死了总值得庆贺。“那么，现在也是一样，关于庆祝的事是对还是错，暂且不要去考虑。只要 1 月 21 日能成为一个节日，您就应该去参加庆祝活动，因为您需要法兰西的支持。”拿破仑点头称是。

为打击英国势力，拿破仑向督政府请命远征英属埃及。塔列朗主张与英和好，但他也不愿开罪拿破仑，还是表示了赞同。

拿破仑走后，法军在欧陆各战场节节败退，形势危急。人们将这归罪于外交大臣塔列朗。《世界自由人报》和《共和党人报》指责他：“无耻地迎合拿破仑因年轻和卓越而生发的勃勃野心，让他远离，造成国内空虚。”

这时，酝酿了一年多的若利事件给了塔列朗以致命一击。将军助理若利从塔列朗那里领到 1400 法郎，去意大利执行公务。但他却滞留巴黎，挥霍公款，寻欢作乐。督政府依据塔列朗的报告逮捕了他，旋又释放。

出狱后，他反诬塔列朗不曾给他指示，并上诉法庭。法庭作出了有利于若利的判决。两天后，塔列朗辞职。

经历了革命动乱的法国疲倦之至，它认清了一个腐败的政体，对督政府的失望与憎恨在与日俱增，山雨欲来风满楼。

1799 年 8 月，拿破仑抛开军队，潜回法国。不满现实者蜂拥而至，而拿破仑最早接见了塔列朗。塔列朗强调：应迅速夺权。“这可能吗?”

拿破仑问。“四分之三已经到位。”塔列朗指出应以西哀耶斯为内应，推翻督政府。“您要的是政权，”塔列朗说，“西哀耶斯要的是一部新宪法，你们可以携起手来，废除现在的宪法，它是你们二人共同的障碍。”

1799年11月9日（法国共和历雾月18日），秋风扫落叶，拿破仑上台，与西哀耶斯、罗歇·迪科组成三人执政府。塔列朗再次出任外交大臣。他致信拿破仑：“执政公民，承蒙您委任我为外交大臣，我决不辜负您的信任。我将为阁下效绵薄之力，阁下应出任第一执政，掌握一切方针大政，直接领导内务、警务及外交，其他两位执政可分管司法和财政。唯有这样，您才可以振兴法兰西。”“你知道，塔列朗很会出主意，很有头脑。”拿破仑对秘书说。

一次，拿破仑问塔列朗：“你如何聚敛财富？”“噢，这很简单，雾月17日买一份年金，三天后倒手卖掉。”塔列朗的直言不讳大获拿破仑的信任。

塔列朗偶尔也将外交事务告知另两位执政官，然而，他更经常的却是在土伊勒里宫，与拿破仑一连好几个小时讨论国事。他清楚拿破仑希望从他身上得到的东西——赋予新制度它所缺乏的典雅，清除政府依然存在的革命习惯，向外界表明：一切已走上正轨。用拿破仑的话说，便是：“我需要一个王子般玩世不恭的贵族。”善解人意的塔列朗是最佳人选。

在别人看来，塔列朗权倾一时。实际上，拿破仑主宰一切。外交部给塔列朗带来了丰厚的利益，对于这种地位，他倒也处之泰然。

在对上应付自如的同时，塔列朗对合作者和下属也自有一套巧妙的领导策略和方法。对手下人，他认为应该让那些能干的人去干活。

一天，一个部属走进塔列朗的办公室。他半睁眼睛，示意部属讲话。“这是封信，是选帝侯来的，先生。”“那又怎么样？”“要立即回复，先生。”“若让你回信的话，你是否知道怎样写才算是得体的？”“当然，先生。”“那么，你就以我的名义回这封信吧！”塔列朗微笑道。

对于下属递上的材料，塔列朗总是迅速阅读，不满便还给写材料者，绝不做太多的评价。而下属必须揣摸他的心思，修改到他满意。塔列朗常说：“今天不易做好的事，最好明天再说。对重要的事拖拉一些，才会显得尊贵，给人以审慎的印象。”

1802年，他对受命出使伦敦的安德西说：“为了在政治交易中获得一个缓作答复的时间，可以拿没有接到指示作借口，这样，对方定无法拒绝。即使你有了明确立场，但由于害怕于己不利，或担心出差错，也可以这样做。在政治交易中，少有不容人缓冲的。在当今欧洲，任何拖延都不会导致恶果。”

塔列朗很少做长篇大论，他的话不是字优句雅，就是言辞刻薄，无人可以模仿。拿破仑就曾说：“塔列朗与众不同，他不让人察觉他的真实思想，但他能够从对方言谈中看出其之所思。”

一天，塔列朗对一些企盼从事外交事务的年轻人说：“首先我问你们：你们有没有财产？”“没有。”“我不是指大笔财产。可你们至少有6000利弗尔年金吧？”“也没有。”“既然这样，你们根本别想进入外交界。假如你们不愿损害自己的独立人格，就必须时刻做好被革职和主动辞职的准备。为此，必须有足够的钱财维持良好的生活，我认为做到这一点6000利弗尔是可以的。既然你们没有，我就以长辈身份劝告你们，干别的去吧！”

恰恰在说这番话前不久，塔列朗雇用了一位青年外交官。这个青年欣喜若狂，在向塔列朗致谢时说，他这是头一次交好运。塔列朗于是大声道：“你始终也没有交过好运！我决定解除对你的任命。”

对合作者，塔列朗善于表现出宽容大度。但有时他也会用几乎是顺便提一句的口气对他们说：“我看贝松先生需要跟您谈一谈。”贝松是外交部司库，掌管奖金分配。听别人说话时，塔列朗往往精神集中，并常将客人礼送出门。有时他也会打断对方谈话，表示不耐烦。

一天，有人对他说：“宪法要短。”塔列朗接过他的话说：“要短，并且措辞含糊。”

塔列朗充满智慧的话语常被人在沙龙里引用，并广为流传。“诸如生活中人们总说：‘以后再说吧’，随后又总对自己说‘已太晚了’。”

“要控制自己的原始反应，它几乎总是发自内心的。”“人的智慧受阻于官能。”“我原谅别人不同意我的观点，但不原谅他们自行其事。”“在这个世界上立身行事，要的是头脑，绝非诚实，人能说话往往是为了掩饰思想。”“要想发财，需要的是头脑，最不需要的是诚实。”

1802 年 8 月 19 日，拿破仑签发命令，“依据教皇庇护七世 6 月 9 日敕书，外交大臣塔列朗完全恢复非教会的世俗生活。”很快，约瑟芬和另两个执政，签署了塔列朗和卡特琳娜的婚约。

卡特琳娜身材颀长，腰肢纤细，蓝色的双眸炯炯有神，一头金发柔滑飘逸。她喜好追逐时髦。人们评价她：愚蠢且虚荣。在婚礼上，拿破仑对她说：“我希望塔列朗女公民永远如此端庄贤淑。”卡特琳娜回答说：“在这方面，阁下的夫人是我最好的榜样。”塔列朗很欣赏自己的妻子，他说：“她像玫瑰般鲜嫩，我不敢奢望找到一个更好的妻子了。”

这时期，塔列朗与波旁王室秘密接触，对使者说：“请转告亲王殿下，尽管我现在不能为他效力，我对他本人仍万分忠诚，没有比他更和蔼可亲、更受敬爱的人了。”他似乎记起了巴士底狱陷落后第二天与阿图瓦伯爵的一席话，略带遗憾地说：“要不是这条腿，我很可能过戎马生涯了。也许，像您一样作王室使者了。”

波旁家族的当甘公爵在巴登的艾丁汉聚集党羽，图谋复辟。拿破仑派军队抓住了他，在巴黎将其处决。深受过王室恩泽的塔列朗后来辩白道：“拿破仑处决当甘公爵，是巩固他的地位之必须，任何人劝也没用。”这件事引起的国际纠葛，还是由塔列朗来一手处理的。瑞典索要当甘公爵的遗嘱。塔列朗致信瑞典政府，指出：“我们不干涉瑞典内政，也决不允许他人干涉我国内政。”

奥地利提出了强烈的抗议。富有远见的塔列朗急忙致信法国驻奥大使尚皮尼，说：“对他们可能提出的抗议一定要加以驳斥，甚至可以用揶揄的方法。”

奥地利的抗议无疾而终。俄国却不依不饶，亚历山大及其宫廷为当甘公爵服丧，并要求对公爵的死作出解释。在回信中，塔列朗巧妙地提起保罗一世被其军官暗杀一事。保罗一世被杀后，因为他的儿子亚历山大赞成这一阴谋，故凶手一直未受到惩罚。自那以后，这一直是亚历山大心虚之处。塔列朗故意说：“如果英国人在密谋杀害保罗一世时，有人来告知亚历山大陛下，说谋杀分子就在距俄国边界一法里远的地方，他难道不认为自己有权利派人将他们逮捕归案吗?”沙皇恼羞成怒，却只能无可奈何地将驻法大使申斥一番了事。

外交上取得胜利的同时，法军愈战愈勇。拿破仑踌躇满志，建立帝国如箭在弦。

1804 年 12 月 2 日，拿破仑加冕称帝，塔列朗兼宫廷侍卫长一职。

奥斯特里茨一役，奥地利溃败。塔列朗与奥签《普列斯堡和约》，奥地利割地赔款，损失惨重。就是这样，塔列朗还索取了奥地利大笔的酬金，以免掉某些苛刻的条件。

次年，拿破仑迫使奥皇放弃神圣罗马皇帝称号。他指令塔列朗调整德意志的部分领土，组建莱茵同盟。

这样，外交大臣的办公室成了欧洲的转盘。各国大使、特使、谈判代表、被废黜的亲王和即将荣升亲王的人，争相贿赂塔列朗。

一位亲王不愿降为附庸，送给塔列朗 50 万法郎。可是，他的王国不降格，另一位亲王就在劫难逃。塔列朗收到后者的 80 万法郎，便施惠于之。“我们的 50 万法郎呢?”使者赶来质问。“你们？白扔了。”塔列朗冷面以对。这一次，他总共捞了上千万法郎。

1806 年，拿破仑封塔列朗为贝内旺亲王，领地是那不勒斯北部一块由教皇手里抢来的土地。这一时期，拿破仑与塔列朗合作密切。谈论国事时，塔列朗认真倾听，很少阐述自己的观点，只简明扼要地回答询问。拿破仑很欣赏他的谈话艺术，说：“他是我唯一的交谈对手。”塔列朗也很喜欢同拿破仑谈话，他说：“我要与之谈判的主要对象不是欧洲，而是拿破仑。”

一天，拿破仑问他：“您在欧洲堪称谈话艺术之王，诀窍是什么呢?”“陛下，您作战时，要选择适当的战场；而我也要选择谈话内容。我只就自己熟悉的话题与人交谈。他人的问题，我一般不作答，当然，

您除外；我总是启发对方问我想回答的问题。”

法军势如破竹，向东挺进，占领华沙。1806 年，塔列朗来到这里，协助拿破仑处理波兰问题。在这里，他结识了玛丽·泰莉丝，她对他一见钟情，疯狂地迷恋他。无奈塔列朗身后总有一群美艳的女人。玛丽·泰莉丝柔肠寸断、潸然泪下。

华沙的大贵族通过玛丽，给塔列朗送去大批金钱，求他帮助恢复波兰。可是，拿破仑与沙皇撇开塔列朗，决定在涅瓦河和易北河之间，建立一个疆土有限的波兰国家——华沙大公国，作为法俄之间的缓冲带。

塔列朗只得悻悻地将钱归还原主。他上书拿破仑，指出：“在法兰西，恢复宗教、道德和秩序；遏制英国，同时欢迎她的文明；以莱茵联邦为帝国藩篱；从奥地利手中解放意大利；以波兰抵制沙俄，这应是帝国的永久性目标。”然而，此时法军横扫欧陆，所向无敌。被胜利冲昏头脑的拿破仑对塔列朗的精心策划置若罔闻，他野心勃勃地企图征服海峡对面的英国。

英、法特拉法加海战，法国海军一蹶不振，武力征服英国已不可能。拿破仑认为：英国是工业国，若切断英国商品进入欧陆的途径，必能置之死地。1807 年 11 月，拿破仑颁布米兰敕令，规定：无论什么货物，若来自英国或其领地，或运往这些地区，一概没收，开始对英实施大陆封锁。

为防英国商品自伊比利亚半岛渗入欧陆，法军越过比利牛斯山脉，先后入侵葡萄牙、西班牙。这大大违逆了塔列朗的总体规划，同时，卷入难缠的西班牙事务，也是塔列朗所不赞同的。

道不同，则不相为谋，塔列朗开始对拿破仑持保留态度。对此，拿破仑非常气恼，甚至责骂塔列朗道：“听着，你是装在丝袜子里的一堆狗屎”，塔列朗以沉默对之。被任命为副大选帝侯时，他辞去了外长之职。对此，他说：“我效力拿破仑，是因为他忠于法兰西。当他开始给法兰西来带来深重灾难时，我便立刻辞职。”

同时，他也悄悄开始寻找后路。拿破仑与沙皇会晤，塔列朗作陪。

借观剧之机，他同沙皇谈起了真诚的友谊，并对沙皇说："要想拯救欧洲，必与拿破仑抗衡。在法兰西人民眼中，拿破仑帝国并不等同于法兰西。法兰西人民是文明的，拿破仑是不文明的。陛下应联合法兰西人民。"

回到巴黎，在与奥地利大使密谈中，他指出："唯俄奥之携手，方能拯救欧洲于水火。"

1809 年，拿破仑与约瑟芬离婚。拿破仑召见塔列朗，咨询应娶怎样一位新娘。"当然是奥地利公主"，塔列朗说，"哈布斯堡家族乃欧洲最古老的高贵家族，以多子多孙著称。陛下若与这一家族联姻，真乃今昔荣耀之结合，且能早得贵子。"其实，他想通过促使拿破仑与旧王朝的联姻，来将他引回自己设计的轨道。"您简直是个魔鬼，有时候，不得不听从您的。"拿破仑道。不久，拿破仑迎娶奥地利公主玛丽·路易丝。但是，他的野心却并未因此而稍稍有所收敛。

1812 年，拿破仑远征俄国惨败，元气大伤。他请塔列朗复出，收拾残局。"我不了解您的事务。"塔列朗冷冷地回绝道。其实，他早已见风使舵，图谋复辟波旁王朝。

1813 年，俄、英、奥、普等国再次结成反法同盟。莱比锡一役，法军溃败。

1814 年 3 月 6 日，一辆四轮马车从通往里昂的路上驶离巴黎。车上坐着一个心事重重的人，他 40 岁左右，是一个下级官员，名叫维特罗尔。他带着一封由塔列朗口述，用密写墨水写的信。信中指出：盟军可趁虚直下巴黎。沙皇亚历山大得信大喜，挥师直指巴黎。1814 年 3 月 31 日，反法盟军轻取巴黎。

沙皇下榻塔列朗府邸。"只能有一个原则：路易十八是法国的合法国王。"塔列朗向沙皇陈辞道。"我尊重合法权力，"沙皇声明道，"并且很高兴听到你这样的见解。但是，据我的见闻，你们的人民似乎并不欢迎波旁家族。"流亡的路易十八曾到过俄国，沙皇对他印象欠佳。

沙皇提议将贝尔纳多特、奥尔良公爵等人作为王位候选人考虑。塔列朗强烈反对，他说："陛下，不论是您、各大盟国，还是您认为有几分影响的我，我们谁也不能给法国一位国王。法国被征服了，是被您的武力所征服的。但今天您却不能强加给人民一个国王。要想建立一个持久的东西，并让所有的人都接受，必须依据一个原则行事。说到底，还是那句话，原则只能有一个：路易十八是法国唯一的合法国王。”“我怎么能知道法国民众也同意这个原则呢?”沙皇问道。“陛下，我负责让参议院讨论，您很快就会看到结果的。”“您能肯定?”“当然，陛下。”“好吧！我拭目以待。”沙皇点头道。

不几天，在塔列朗一手操纵下，参议院作出决议，欢迎路易十八回国任法国国王。同时，反法盟军发布《告巴黎民众书》，宣布：“不再与拿破仑·波拿巴及其家族的任何人对话；尊重旧时法国合法君主统治时期的领土完整；承认并保证法兰西民族制定的宪法。”文告的末尾还说：“保持法国的强大是保证欧洲幸福的一个原则。”

塔列朗向尚在负隅顽抗的拿破仑士兵们发出公开信，说：“士兵们，你们是祖国最高贵的儿子，不要再跟随拿破仑，他让祖国陷入了灾难之中，破坏了我们民族的名声。参议院已代表全体法国人民解除了你们对他的誓言。”

穷途末路的拿破仑渐渐不支，4 月 6 日，他宣布投降，被押往厄尔巴岛。百合花王旗又在巴黎上空飘扬，路易十八登上王位，波旁王朝在外国刺刀保护下复辟。外交大臣之职非塔列朗莫属。

1814 年 9 月，塔列朗代表法国出席维也纳和会。这次会议实际上是俄、奥、普、英操纵的一次分赃的聚会，赃物便是庞大的拿破仑帝国。作为战败国的代表，塔列朗的处境非常艰难。会议伊始，四大国处处孤立法国。塔列朗审时度势，与四国外长接触中，闭口不言政事；同时，却极力拉拢同样被冷落一旁的二流国家，影响力日增。

四大国逐渐感到不能等闲视之，邀塔列朗参加预备性会议。抓住文件中“盟国列强”一词，塔列朗大发异议。“盟国?”他故作惊诧道，“结盟对付什么人? 不再是拿破仑：他如今在厄尔巴岛。法国国王? 他是和平的保障。先生们，我们开诚布公吧！若还存在盟国列强，我在这里就是个多余的人了。”“用‘盟国’一词，仅仅只是为了使词句简练嘛。”“先生们，你们怎么能因简练而破坏准确呢？现在欧洲的第一需要是永远消除能够凭借征服而获得权力的观念，恢复正统王位继承权这一神圣原则是秩序与稳定的保障，也是此次会议目的之所在。我作为路易十八的一位大臣，太阳王（法王路易十四的美称）后代的一位大臣出现在这里，正是对此强有力的实证。今天，你们的举动似乎是在说，正统的法国是此次会议的障碍，这完全背离了此次会议的宗旨，是多么的荒唐可笑。”一席话掷地有声，各国代表肃然起敬。

会议斗争异常激烈，萨克森问题渐渐成为各方关注的焦点。俄国企图独占华沙大公国，一心把萨克森划给普鲁士，以补偿其在波兰的损失。

萨克森国王是奥地利皇帝的近亲，奥地利当然替萨克森说话。同时，奥地利也想分华沙大公国一杯羹，反对沙俄独占之，而且普鲁士的强大也是奥地利所不愿看到的。

英国希望欧洲大陆势力均衡，反对沙俄的扩张和普鲁士的崛起，与奥地利站在一起反对沙俄、普鲁士。

诚然，将萨克森划归普鲁士，使东邻坐大，有损于法国的根本利益。塔列朗洞悉一切，巧妙地在各国间斡旋。

沙皇接见他，说：“问题要在此解决！”“这取决于陛下。”“应该让各国各得其所。”“每个国家也应享有其权利。”“我决不会放弃我占领的地区。”沙皇指俄军当时仍驻扎在波兰。

“陛下只是想占有属于您的合法的那些东西吧？”“我赞同的是各大国的共识。”“不知陛下所谓的大国之中是否包括有法国？”“当然。”沙皇勉强答道，接着又问：“如果您不想让各国各得其所，您的主张又是什么呢？”“第一是权利，第二才是各得其所。”

再次接见塔列朗时，沙皇改头换面地问道：“在巴黎时，您曾支持重建一个波兰，为何改变主意？”“陛下，我从未改变过观点。”塔列朗平静地解释说，“在巴黎，问题是重建整个波兰，并让该国独立，现在我仍赞成这一主张。现在事情有了变化，这个问题牵扯到边界的确定，这一边界必须保证奥地利和普鲁士的安全。”

“这两国不应感到不安，”沙皇高声道，“我将萨克森给了普鲁士，奥地利毫无异议。”塔列朗冷冷地说，“我很难想象它会赞同，况且，这件事并非一两个国家说了就算的。”

又一次，沙皇对塔列朗道：“告诉我，法国是否真的还在制造武器？”“是的，陛下。”“法王有多少军队？”“和平时期所需要的数量。”“那么，让我们做一笔交易吧！”沙皇提议道，“你在萨克森问题上帮我一把，我将说服各国改善法国处境。”“陛下很清楚，这两个问题没有关联，这种交易是做不成的。”塔列朗不为所动地说道。

塔列朗拜会奥地利外交大臣梅特涅，指出：“匈牙利和波西米亚是你们的重要领地，怎么能听任它们陷入俄国的包围之中呢？”他又说：“贵国的公主嫁到一个昔日的好表兄（指萨克森王）家中，你们怎能眼睁睁地看着将他的遗产送给你们的天然敌人呢？我们尚出于义愤从中反对，你们若袖手旁观的话，必遭世人耻笑！”

沙皇与奥皇会晤。“现今时代，”沙皇说，“我们这些君主不得不顺乎民意呀，萨克森民众不愿受分割之苦，要求全部归于普鲁士。”“您的理论有些古怪，我认为：一个国君，如果他愿意，可以让出他的一部分领土，但不能将整个国家和全体百姓让给他人。假如他逊位，他的权力将转到其合法继承人手里。他无权剥夺继承人的权力，整个欧洲也没有这样的权力。”奥皇冷冷答道。

“这不符合时代精神！”沙皇嚷道。“这是我的观点，”奥皇平静地说，“也应当是所有国君的观点，因此也应当是您的观点。我永远不会改变！”

沙皇气急败坏，他找来塔列朗，对他说：“先生，就请您去说服普鲁士人吧，我无法收回自己的承诺。”“我与普鲁士人打交道很少，一定无法说服他们。”“那你说怎么办呢？”“陛下倒是拥有说服他们的一切手段，定可以让普鲁士人百依百顺。”“您的意思是……”“波兰的地盘给他们一点。”“好奇怪的办法！”沙皇怒气冲冲地喊道，“你要我把自己的地盘让给他们？休想！”不出所料，沙皇的狂暴和贪得无厌很快传遍了维也纳全城，威望扫地。

不久，塔列朗拜见英国代表卡斯尔雷，指出若沙皇得逞，维也纳便朝不保夕，欧洲大陆必将出现势力倾斜，势必危及英国的利益。他还表白说，当法国在武装起来的欧洲面前瑟瑟发抖时，不能想象法国还敢有什么荒唐的野心。“就算是这样吧！”卡斯尔雷说，“但如果一支法国军队为某种原因穿过德意志，那将会引起强烈的反响，唤起过多的往事。”塔列朗安抚他说：“没有必要进行战争。只要欧洲团结一致，共同对付俄国即可。”接着，又建议说：“应当承认萨克森王的权力。在这个问题上，您、梅特涅先生和我，我们可以达成一个小小的协议嘛。”“协议？”卡斯尔雷颇为惊诧，“您是建议我们结盟了？”“达成协议完全可以不缔结同盟。”塔列朗说，“但假如您愿意，也可以说是一个同盟。”“可同盟就意味着战争，而我们是要尽力避免战争的。”“我和您的想法相同，应当尽力避免战争，但不能以牺牲荣誉、正义和欧洲的未来为代价！”“战争在我国会不受欢迎的。”“假如您赋予战争一个伟大的、真正为欧洲利益考虑的宗旨，它就会赢得民众的支持。”“这个宗旨是什么？”“重建波兰。”

其实同波兰人的命运相比，塔列朗更关心的是萨克森人的命运，他走这步棋只是想摸清卡斯尔雷的意向，看他可以接受哪些东西。他接着对卡斯尔雷说：“关于重建波兰的问题先放在一边。关键是在承认萨克森王的权力的问题上，用协议或记要的形式，您、我和梅特涅先生签署一个意向书。其实形式对我们并不重要，重要的是事情本身。”“奥地利已正式承认萨克森的权力，贵国也正式承认了它的权力，我也明确承认。您所建议的行动似乎是多此一举。”卡斯尔雷有所保留地说。

然而，普鲁士的态度却帮助英、法、奥走上了结盟之路。普鲁士代表狂热地叫嚷说：“我的国王将不惜余力地占有萨克森，整个王国的军队都在枕戈待旦。”

1815 年 1 月 3 日，英、奥、法签订秘密同盟条约，维也纳和会上出现对峙局面。经过一番艰难的讨价还价，萨克森保住了 3/5 的领土，普鲁士受挫。法国得以保持 1790 年的所谓“正统疆界”，地位也大大改善。塔列朗向路易十八报捷道：“陛下，法兰西不再孤立，您已可以同两个最强大的国家和那些二流大国站在一起，所有不信仰革命原则和信条的国家不久也会加入进来。您将是这一联盟的真正首脑，它的诞生是为了捍卫您率先提出的原则。”

接着，维也纳和会对如何处置拿破仑展开讨论。路易十八坚持不愿解开钱袋，给拿破仑200万法郎的年金。“陛下，饥饿会引狼出林的，小不忍则乱大谋，还是破费一点吧！”塔列朗在信中劝说道。“若让这个恶棍呆在遥远的亚速尔群岛的话，我可以不考虑钱财。”路易十八亮出底牌道。

塔列朗立即将这个建议提交大会讨论。出席和会的代表们认为亚速尔群岛还是离欧洲太近，应将拿破仑送到僻远的圣赫勒拿岛去为妥。有人甚至明确说：“绝对应当这样做。这个魔头离欧洲大陆每近一点，我们的恐惧就会增加一分。”

2月10日，维也纳和会一致通过决议，将拿破仑流放到圣赫勒拿岛去。代表们拍手称快。可是这种愉悦并未持续多久，3月初，拿破仑重返法国。塔列朗闻讯后强作镇静，求见梅特涅。他问道：“您是否有关于拿破仑的确切消息?”“目前尚无。”梅特涅答道。“不论怎样，他都是一只出笼的恶狼，必须集中全力对付他。”各大国授权塔列朗起草声明，指出：“拿破仑撕毁将其安置在厄尔巴岛的协定，从而自己剥夺了他一生唯一合法的地位。他怀着制造动乱的企图重新出现在法国，从而剥夺了自己受法律保护的权利，并且向全世界表明：有了他，世界就永无宁日。各大国郑重宣布：他们不惜一切手段，团结一致，以保证和平不再遭到破坏，使各国人民不被任何罪恶行径重新推入动乱和痛苦的深渊。团结在其合法君主周围的全体法国人民，一定能将这个疯狂的罪犯的最后挣扎一步步彻底击溃。尽管如此，我们仍要郑重声明，只要法国国王、法兰西人民，或任何一个遭受攻击的国家的政府提出请求，我们都将毫无保留地同他们站在一起，共同对付这个破坏稳定的罪犯。”

不久，拿破仑便在万众拥护下进入巴黎，路易十八仓惶出逃。维也纳会议就是否出兵进行讨论时，气氛十分压抑。“拿破仑有的不是尊严，”塔列朗站出来说，“而是放肆和粗鲁。”“不错，”有人附和道，“观看演出时，他常常让人等好几个小时。”“他是所有君主中最粗暴最卑鄙的一个，”塔列朗接着说，“埃尔富特会晤期间，一群国王向他献媚，他却不停地羞辱他们。想起这些我就感到厌恶。他知道强大意味着什么；但毫无尊严可言，人们越是对他卑躬屈膝，他就越发无耻地侮辱他们。而且据我所知，他其实是个懦夫。”“可他的名声恰恰与此相反。”有人不解地问。“这是因为不是人人都了解他，”塔列朗解释道，“他从不喝饭桌上放在他旁边的水，总是要桌子另一头的水；动身去外地，他的车总是防护得严严实实，生怕被子弹击中；甚至，在野外碰见打雷，他便藏到一棵树的后面，完全吓破了胆子。”“阁下讲的这些，”有人说，“越发使我们觉得拿破仑非同一般，因为他竟能让人相信他无比勇敢。”“这是因为，”塔列朗回答说，“拿破仑是迄今世界上最大的骗子。他的最大本事便是欺骗。他身上的一切无不证明了他的本性，他走路的神态活像个软体动物！”“我估计很快他便会派人来要求和平的，”塔列朗继续说道，“这肯定又是一个大骗局。我们决不能上当，必须在他喘息未定之时消灭他。若让他的野心得逞，必然是后患无穷的。”

果然，拿破仑派蒙特隆为和平使者来到维也纳。蒙特隆向梅特涅建议奥皇和女婿拿破仑单独结盟，给予支持。“无此可能。”梅特涅冷面以对。蒙特隆托人询问沙皇的意向。“摧毁拿破仑。”沙皇无情地说。

鉴于形势，各国结束了他们无休止的争论，在维也纳会议的最终协定上签字，同时决定纠集一支大军帮助路易十八复位。

塔列朗应召回到流亡的路易十八身边。国王召开盛大欢迎宴会。席间，有人问塔列朗：“先生，您在维也纳做了些什么？”“瘸着腿走路。”他淡淡地答道。

拿破仑在滑铁卢大败。塔列朗落井下石，敦促各国将拿破仑流放到遥远的圣赫勒那岛。并且，他还建议国王任命极端保王党人，德·蒙克努侯爵为厄尔巴岛总督。他后来解释说：“这是对付拿破仑这种人

的最好办法。不得不成天与一个唠唠叨叨、愚昧无知而又自命不凡的人生活在一起，这是何等残酷的折磨！我了解拿破仑，他定无法抵御这种烦恼，会因此而生病，然后慢慢地死去。”1815 年 9 月 20 日，反拿破仑同盟向法国提出了苛刻的最后通牒：要求法国割让大片领土，并赔款 8 亿法郎。

塔列朗坚持要求与盟国谈判，据理力争。“不论我们对陛下如何忠诚，”塔列朗郑重其事地对路易十八说，“倘若陛下不明确保证给我们支持并不惜任何人的反对，我们都很难应付眼下的困境和可能遇到的侮辱。假如不是这样，就请陛下另请高明吧。”

路易十八决意退让，他沉默片刻说：“那好吧！我任命一个新政府。”会见结束了。塔列朗呆在那里，一句话也说不出来。

“他是那样的冷漠，毫无掩饰地忘恩负义，太令我心寒了。”他后来回忆道。

隐退后，塔列朗开始接近日益崛起的奥尔良家族。后来的法国王后玛丽·埃梅丽接待过他，她在日记中说：“在他那里，我的好奇心得到了充分的满足。他完全符合我的想象：外表优雅，风趣诙谐，温和可亲。他的言语不多，但都经过细细思考。”

奥尔良公爵路易·菲力浦则真诚地表示：希望塔列朗东山再起，重掌大权。这时，西班牙局势动荡，国王费迪南向法国求援。

路易十八冒充好汉，宣布：“为捍卫亨利四世一个后代的王位（西班牙国王亦属于波旁家族），10 万法国军队随时准备出征”，一定要“将这个美丽的王国从废墟中拯救出来！”

然而，国际局势却证明路易十八这一举动将会是愚蠢的：英国坚决反对外国军队介入西班牙事件；奥地利担心法国过于强大会扮演欧洲宪兵的角色；俄国则声称只支持法国的和平努力。

同时，要让 10 万士兵出征，就需要钱；每人 1000 法郎，总共就要 1 亿法郎！虚弱的法国怎能承担这样重的负担！身为贵族院议员的塔列朗发言指出：“16 年前，当时统治世界的那个人进军西班牙，我表示了异议。但是，遭到疏远是我的诚实所得到的结果。多年以后，我又不得不向合法君主提出相同的建议。这是何等奇特的相似!”他预言说:“当年,拿破仑冒险去西班牙捅马蜂窝,结果损兵折将,走上了下坡路。现在,假如我们坚持进军西班牙,历史就会重演。我们就会走向失败!”

路易十八恼羞成怒,对塔列朗说:“先生,也许到乡村休息一下对您不无好处。”“不,陛下,除非您去乡村,那我很荣幸能陪您去。”“不,不,我是说,”国王又平静地说,“我是问您是否准备回您的乡村宅第去。”“不,陛下。”“噢!您可否告诉我,从巴黎到您的别墅有多远路程?”塔列朗沉默片刻,假装在计算,随后说:“陛下,具体路程我不大清楚,但跟巴黎到根特(路易十八曾在此设流亡政府)的路程差不多。”在塔列朗的据理力争下,路易十八终于同意不再出兵西班牙。

1824 年 9 月,路易十八去世,阿图瓦伯爵即位,称查理十世。塔列朗主持加冕典礼。

典礼持续达 3 个小时。查理十世头戴沉重的王冠,右手握着君主权杖,左手握着正义权杖,出现在大厅中高呼“国王万岁”的人群面前。顿时,钟声齐鸣,数千只鸽子腾空而起。人们评论查理十世说:“他大概不是个坏人。在寻常时代,他是一位不错的国王;在一个非常时期,他则会落入地狱。”

查理十世喜欢重复一句话:“我不想和哥哥一样被送上断头台。在这样一个乱世,做一个国王,或是顽强地抓住权柄,或是上断头台,此外别无选择。”他独断专行,任命了一个合他口味的政府,国人普遍不满。

被查理十世疏远的塔列朗后来解释说:“当查理十世选择那些国内最不得民心,除对他固执盲目地顺从外,别无任何长处的人组成内阁,并日益变本加厉时,他的失败便成为定局。”

1830 年 7 月 25 日,查理十世签发敕令:取缔言论自由,解散议会,修改选举法。高压引发反抗,巴黎动荡起来,集会接连出现。政府各部门前,人们发出阵阵嘘声;装饰在公共建筑正墙上的百合花

（波旁家族的象征）遭到石块袭击。到7月28日，巴黎响起炮声，人民揭竿而起，敲响了进攻市府的钟声。

塔列朗在家中召开反对派自由党贵族院议员会议，并派人告诉奥尔良公爵：应尽快进入巴黎领导起义。7月30日到7月31日的夜里，查理十世仓惶出逃，波旁王朝的统治土崩瓦解。8月2日，查理十世逊位。8月7日，立法议会修改宪法，推举奥尔良公爵为法国国王。8月9日，奥尔良公爵路易·菲力浦即位为法国国王。他的王朝被称为七月王朝。

在向路易·菲力浦宣誓效忠后，塔列朗不无得意地说："陛下，这是我第13次宣誓了！""先生，任政治制度更迭变化，你却岿然不动。诀窍何在呢？"塔列朗答道："恳请陛下相信，我在其中没起任何的作用。但我身上似乎有某种不可解释的东西，它总给轻视我的政府带来不幸！"

路易十八和查理十世都是"神圣同盟"（维也纳和会后欧洲各国君主建立的同盟，以维护正统王朝为己任）的积极拥护者，而路易·菲力浦之父曾支持处死路易十六，被称为弑君者"平等的菲力浦"。故欧洲各国对七月王朝都持观望态度，不承认法国新国王。英国的圣·詹姆斯政府却首先承认了七月王朝。

路易·菲力浦立刻就此事咨询塔列朗。"应当同英国改善关系。"塔列朗强调道。路易·菲力浦深表赞同，任命塔列朗出任驻英大使。

71岁高龄的塔列朗受命前往英伦。他首先拜访惠灵顿。这位滑铁卢战役的胜利者暗示：七月革命是场不幸事件。塔列朗解释说："阁下应当相信，这场革命对于法国和法国希望与之友好相处的所有国家来说，都不是一场不幸……"一席话令惠灵顿心悦诚服，他许诺支持新王朝，条件是"人们不再做蠢事。"塔列朗拜会俄驻英大使利埃万公主。女大使说："说什么都没有用，法国发生的是明目张胆的篡位活动。""完全正确，"塔列朗冷冷答道，"不过遗憾的是，它不像您的君主亚历山大希望的那样发生在16年前。"

他还见到了吕西安·波拿巴和约瑟夫·波拿巴，他说："我对这家人一直都很敬重。拿破仑做了有损于我的祖国的事，但我却不能忘怀他曾对我的恩惠。我对这家人的感激之情，却是一点也影响不到我的政治信念的。”

驻英期间，塔列朗将大部分时间和精力用于处理棘手的比利时问题。自维也纳会议以后，比利时被划归荷兰。比利时人对此很不满意。他们要求在获得社会地位方面与荷兰人享有同等权利：信仰自由；使用语言和接受教育自由；所有人都可以平等自由地在报刊上发表言论等。这些要求被写进了无数请愿书中，但荷兰议会却视之为“孩子的妄想”，根本不予理睬。

比利时人不甘心做荷兰的藩属。七月革命将自由之风吹到布鲁塞尔，9 月 24 日，荷兰国王举办的庆祝活动受到拒绝，布鲁塞尔人高呼：“今日受侮辱，明天闹革命！”

人群涌向荷兰王后的宫廷侍从长加夫尔亲王的府邸，口中高呼：“打倒荷兰人和他们的走狗！比利时人万岁！”雨点般的石块飞向亲王府邸的玻璃窗。

25 日，布鲁塞尔的莫奈歌剧院上演歌颂那不勒斯反抗西班牙的英雄马萨尼罗的剧目，全场高唱“宁死不做奴隶！”布鲁塞尔响彻着愤怒的呼声，燃烧的烈火冲天而起。现在不再是少数人的游行示威，而是呼声震天的巨大人流。军队开始镇压，街道上洒满了鲜血。但很快，军队便镇压不住，向城外撤退，四五千比利时人聚集在中心广场上，市府门上飘起了红、黄、黑三色旗帜。布鲁塞尔的暴动很快变成了一场革命，三色旗在比利时全国各地迎风招展。

荷兰国王调集军队进攻布鲁塞尔，惨遭失败；深受爱戴的比利时流亡者路易·德·波特回到国内；革命胜利了，临时政府宣告成立。

维也纳协定的保证国蠢蠢欲动。同比利时接壤的普鲁士准备帮助荷兰，秣马厉兵；奥地利认为这破坏了维也纳会议确定的欧洲秩序；英国更是将 1815 年的荷兰视为他们的杰作，绝不允许任何人乱碰！

而在法国，一些激进分子视比利时革命为七月革命的产儿，强烈要求国王派一支军队支持比利时人。战争阴云笼罩在欧洲上空。塔列

朗深知战争将不利于法国，他费了不少口舌才使巴黎的狂热分子平静下去，并且每天都在为“不干涉原则”四处奔走。

这时，伦敦汇集了不少外交官，他们为了难以解决的希腊问题空谈了将近一年。塔列朗四处穿梭，呼吁召集1815年协定签字国会议，得到了热烈的响应。1830年11月4日，比利时问题伦敦会议开幕，塔列朗致词道：“我并没有给会议带来法国的声音。作为一个老朋友，我来和大家商谈一些事情。”他巧妙地使自己成为维也纳会议期间那样举足轻重的人物。在他斡旋下，各国很快达成了初步的一致。但是，比利时局势也在迅速地发展。11月10日，比利时人在布鲁塞尔召开代表大会。11月18日，会议宣布比利时独立，并要求各国予以承认。

法国的外交大臣塞巴斯迪亚尼派弗拉奥给伦敦带来一项提案，建议：将比利时一部分划给普鲁士，一部分给荷兰，第三部分给法国，英国将获得安特卫普和斯海尔德河河口。

塔列朗坚决反对，他指出：“安特卫普！安特卫普交给英国人！怎么，让英国出现在欧洲大陆！只要法国还存在，不管它多么弱小，欧洲大陆就不会有，也不能有英国的存在。此案断不可行！”

终于，1830年12月20日，伦敦会议达成协议，规定：比利时脱离荷兰，由英、法、俄、奥、普五大国保证其永远中立，该国的领土完整不可侵犯。

塔列朗对此成果非常满意。巴黎获悉伦敦协议后，路易·菲力浦国王向他祝贺，称伦敦会议“具有划时代的意义”。但是，荷兰国王还占据着安特卫普，拒不归还比利时的全部领土。英法两国决定合作以促使伦敦协议得以执行。一支英国舰队封锁了海岸，杰拉尔元帅率领的法军包围了安特卫普。

1832年12月22日，安特卫普宣布投降，比利时问题得以彻底解决。塔列朗在给法国新任外交大臣德·布罗葛利的信中扬扬得意地说：“从安特卫普投降之日起，比利时可以真正成为一个独立国家了。”“更重要的是，法国重又恢复了它的重要地位。”他十分自豪地补充道。

抓住这个英法通力合作的契机，塔列朗再接再厉，迎来了英法关系阳光明媚的春天。1834 年 4 月 22 日，英国、法国、西班牙、葡萄牙签署了四国同盟。塔列朗心满意足地说："从我的政治生涯开始之日直到现在，建立法英两国间的亲密盟国关系，始终是我最美好的愿望。因为我深信：世界的和平、自由的巩固和文明的发展，都只能建立在这一基础之上。"

在伦敦期间，塔列朗异常繁忙。伦敦会议往往通宵达旦，使年近八旬的他精疲力尽，健康状况恶化。弗拉奥夫人劝他道："您来伦敦出色地完成了国家赋予的任务，应该感到满足了。您知道，年岁是不饶人的，年轻人可以奋斗不息，年长者却应该选择合适的时机激流勇退。历史对一个人晚年的评价要比对他早年的评价严厉得多，在一片赞美声中退出是非常明智的。而且自己宣布老了，别人反而不觉得您老。我说这番话主要是不忍繁忙的工作使您飞速地老去，赶快抢在所有人之前庄严地说：退休的时候已经到了！"塔列朗接受了她的建议，在工作告一段落后，向国王提出辞呈。

路易·菲力浦再三劝他收回决定，但塔列朗的决心已定。法国舆论界对此好评如潮，有家大报公开赞扬道："塔列朗先生完成了一项初时伟大、日后将会更加伟大的事业。"

隐退后，塔列朗隐居在小镇瓦朗塞。有人向他引见了一位声音尖细，话语滔滔不绝的年轻人，这便是法国未来的国家元首梯也尔。

"他是一个新贵。"旁边的人对塔列朗介绍道。望着手舞足蹈、夸夸其谈的梯也尔，塔列朗说："小伙子真是热情激昂。"同时，他告诫年轻人，缺乏节制会导致失败，一切过分的东西都没有意义。

年轻的梯也尔为自己的不得民心而苦恼。塔列朗耸耸肩膀对他说："40 年来，我一直被人视为欧洲最不道德的人。可是我却始终大权在握。"

事后，塔列朗评价梯也尔道："他称不上是一位新贵，但他将会是一个成功者。"1834 年 12 月 13 日，塔列朗出席为梯也尔举行的法兰西学院欢迎新院士典礼。当这位昔日的法国外交大臣进入大厅时，全场起立向他致意。

在生命的最后四年，塔列朗不断自豪地总结他的一生，追忆非同寻常的往事。“您看，德·拉马丁（法国当时的著名诗人和政治家），”他对拉马丁先生说，“人们对我的名字作种种解释，进行各种各样的污蔑，他们说我不道德，我对这一切无动于衷，嗤之以鼻。我从未给任何政府出过什么坏主意，我也没有因他们的倒台而倒台。因为轮船遇难后，总还是需要有舵手拯救遇难者，我总是扮演着舵手的角色。我认为公众的愚蠢评价不值一提。一个国务活动家有多种方式表现他的正直。”

1838 年 5 月 17 日，84 岁高龄的塔列朗走到了生命的尽头。

临死前，他为自己辩白道：“我一生中的密谋活动都是为了拯救我亲爱的祖国，可以说，大多数法国人是我的同谋，所以密谋才能成功。也许有人认为我对拿破仑太忘恩负义了。但是他们却忘记了一个事实，战败的拿破仑只会给法兰西带来耻辱和灾难。我坚信：政体可以变化，政权可以更迭，法兰西却永远是我的祖国，我只为祖国效劳。”

小威廉·皮特

小威廉·皮特（1759～1806 年），英国著名首相。1759 年出生于英国肯特郡的海斯，其父是 18 世纪英国声名赫赫的政治家查塔姆伯爵威廉·皮特。其母赫斯特·格伦维尔是前首相乔治·格伦维尔之妹。

小皮特聪明早慧，不幸的是他从小就患有家族的遗传病——痛风，这种病折磨了他父亲整整一生，也给小皮特带来了难以消除的痛苦。由于体弱多病，已到学龄的小皮特无法进入学校的大门，但他并未因此放弃学习，甚至还比同龄的孩子更热爱学习。疾病使小皮特的童年倍受折磨，但他却享有幸福、快乐的家庭生活。作为政治家的查塔姆伯爵从未忽略与儿女沟通，闲时他甚至会亲自为小皮特朗诵《圣经》，并鼓励儿子多与他交谈。小皮特曾写过一出悲剧，和兄弟姐妹一起表演给父母看，家人欢聚一堂，其乐融融。

小威廉·皮特

1773年，不满14岁的小皮特进入剑桥大学学习，在大学里，小皮特学习异常刻苦，除非病得起不了身，否则绝不轻易错过一次讲座。从剑桥大学毕业后，小皮特一度进入林肯律师协会工作。不过，他一直对政治情有独钟，而且感到政治对他的吸引力越来越强烈。1781年，在威廉·劳瑟公爵的帮助下，小皮特在阿普尔比选区竞选成功，进入下院。登上政坛后，小皮特凭借他出色的讲演天赋，在英国政界赢得了很大的名气。1783年春天的大选中，小皮特彻底击败福克斯，大获全胜，登上了英国首相的宝座，时年24岁，从而成为英国历史上最年轻的首相。

小皮特上台后，抛弃了以前单纯依靠一个政治派别的做法，努力摆脱国内旧有党派的纠缠，在协调各派利益的基础上建立政府，积极依靠下院的多数进行统治。此外他还摈弃了世俗的偏见，贵不凌贱，在担任首相期间曾提名不少出身普通的人为贵族，从而扩大了自己的统治基础，稳固了政权。

在当政时，小皮特还主张“有保留的变革”，其中影响最为深远、意义最为重大的，当数财政改革。他坚信自由贸易理论，为此他主张降低关税税率，实行单一征税制，同时也广辟财源，增设了一些必要的新税。此外为了消除财政收支中的欺诈行为，小皮特还创立账目检查署，改革审计制度，取消财政部的许多闲职，同时招用一批能干的官员。通过大刀阔斧的改革，他为财政部创立了高效和廉洁奉公的运行机制，这一传统保持至今。小皮特的财政改革打破了传统的重商主义原则，使英国经济开始向自由贸易转轨，进而促进了资本主义经济的发展。

1805 年，健康状况越来越糟的小威廉·皮特

在对外政策方面，小皮特执掌政权时，英国已开始摆脱美国独立战争所带来的冲击，但面临的国际形势依然复杂，为此小皮特采取较为谨慎的外交政策，并取得了一定的成功。1784 年，小皮特说服下院通过了一项《印度法案》，创立了两国共同管理东印度公司的模式。在担任首相期间，他还着手解决 1793 年开始的英法战争，解决同爱尔兰之间日益激化的冲突以及拿破仑入侵威胁等问题。他还同俄罗斯、奥地利和瑞典建立起同盟关系。1805 年 10 月，在反对拿破仑的特拉法加战役取得胜利后，小皮特被拥戴为欧洲的救世主。然而，在此之后，拿破仑打败了奥地利等国，事实上征服了整个欧洲，这对小皮特是一个极为沉重的打击。小皮特的健康状况越来越糟。

1806 年 1 月 15 日，小皮特因病去世，年仅 45 岁，而他担任首相已整整 20 年了。他一生未娶，并且负债累累，他把自己的一生全部奉献给了政治世界。世人对小皮特的去世表示了莫大的悲痛，人们将他安葬在威斯敏斯特教堂他父亲的墓旁。

小威廉·皮特 200 年后荣登《美国新闻与世界报道》封面

小皮特去世时，拿破仑在欧洲大陆上正所向披靡，但在他去世 9 年后，英国最终取得了对法战争的胜利，从某种意义上说这是小皮特精神的胜利。史学家屈勒味林认为：“如果没有小皮特在前十年所打下的基础，我们也许未必能安度这个时期而仍为胜利者。”因此可以说，正是受到小皮特的指引，反拿破仑战争才最终走向了胜利。在小皮特的墓碑上至今还刻着这样的墓志铭：“在思想毒化使文明社会受到解体威胁的时代，他带领忠诚、理智而正直的人们捍卫了可贵的英国君主制。”

梅特涅

奥地利外交大臣和宰相，曾任驻普鲁士和法国大使。1914－1815 年维也纳会议主持者和神圣同盟组织者之一，极力恢复欧洲封建专制制度，镇压各国革命和民族解放运动。推行“梅特涅制度”，即利用与平衡各种势力，形成欧洲“新秩序”，以维护奥地利的国际地位。奥地利 1848 年革命中被迫下台，亡命英国。

梅特涅

奥利地曾经是大国，鼎盛时期在欧洲历史上也是叱咤风云，说得夸张一点，奥地利跺一下脚，整个欧洲都会晃几晃。奥地利到底有多大呢？当初的南斯拉夫不小吧，罗马尼亚不小吧，匈牙利不小吧，保加利亚不小吧，捷克不小吧，斯洛伐克不小吧，还有今天德国的部分领土都曾经是奥地利的，够大的吧。

奥地利不仅国土广阔，而且在政治上也是权威，因为奥地利的皇帝还兼任神圣罗马帝国的皇帝，当时的法兰西、西班牙、意大利、普鲁士……当然还包括那些不被人知的公国、城邦、自由的市都是奥地利名义上的领地，奥地利也是他们名义上的宗主国。

这个局面和中国的周天子分封诸侯有点类似，只是他们更松散一些，因而分崩离析不可避免，奥地利的老大位置也不是不可挑战的，当年弗里德里希大帝不就借口又不能继承神圣罗马帝国的皇位向奥地利开战，搞得当时的女皇竟要卖裙子和弗里德里希战争，最后还是败给了弗里德里希，可见那个时候，奥地利就不行了。

时光又过了 30 多年，奥地利更是江河日下，一代不如一代，然而百足之虫死而不僵，在欧洲谁也不敢小瞧它，有些事也非奥地利出面不可，只要其出面，到哪里都是会给一些面子的，大佬的颜面尚存。

正是在这种背景下，1773 年 5 月 15 日，一个能让这个百足之虫苟延残喘的人诞生了，特里尔选举区的科伯恩兹的莱茵公馆出生了一个小男孩，这个孩子就是梅特涅。梅特涅在莱茵—莫塞尔区度过了少年时期，这段随着父亲外派的成长时期，似乎隐喻了他未来的外交生涯。出身公使之家，在公使馆里成长，加上父亲有意的调教，梅特涅身上自然有了外交的天分，可以说他就是为外交而生。他的父亲是当时奥地利驻莱茵公国的公使。凡是外交人员均是善于钻营、八面玲珑之人，父亲是一个善于钻营的伯爵，而梅特涅在这一点上更是发挥到极致，连父亲对他也望尘莫及，可谓青出于蓝而胜于蓝。

16 岁时，为了实现自己的理想，梅特涅进入斯特拉斯堡大学，这是一所培养外交官和神职人员的学府，梅特涅主修哲学。不久，法国大革命爆发，学哲学的梅特涅没有像许多热血青年那样去追随革命，因为他清楚地知道自己的身份，自己是贵族，而且已经拥有了太多，大庄园、领地、奴仆……革命对贫苦之人来说，他们失去的只有贫苦，而对梅特涅来说就是革自己的命，他失去的将是一切，甚至生命。于是他丢开学业，站在“法律和秩序”一边反对法国革命。

但是法国大革命不是梅特涅所能左右的，革命之火不久就烧到他身边，蔓延到他的家乡、他的学校、甚至到他身上，逼得他在 1790 年离开这所大学而转入美因兹大学就读，他也从此时开始接触法律及外交等影响他日后极深的相关知识。同时在这里他遇到了他的老师福格特——实力均衡说的倡导者，也正是在这里，梅特涅传承了福格特所主张的各主权国家之间采取实力均衡政策和维护调和折中的贵族政治思想，为后来梅特涅的游刃于众国之间奠定了基础。

虽然梅特涅是贵族，但从他父亲的职位来看绝对不是上层的贵族，因为在当时的欧洲没有一个上层的贵族会到莱茵公国做公使的，而事实也确实如此。他们家到他这一代也只剩下头衔了，这和中国古代的“出五服”（“五服”指代五辈人。“出五服”指五辈人之后就没有多少亲缘关系了）有点像，但差异也不小，可能他们也是奥地利的直系血统呢！

到梅特涅父亲那一代，他们已经沦为庄园主了，离维也纳的贵族越来越远，梅特涅名字的意思就是庄园主，这好比中国人给孩子起名字一样，名字总有些寓意，期望孩子有一天能发达，不过，他不是和

农庄里挥汗如雨的平民大众相连的庄园主，他属于城市，是一个和庄园相隔一千英里的那个封闭社会的产儿。梅特涅还是一位风度翩翩的漂亮绅士，很有上层贵族的范儿。

正如梅特涅自己所预想的那样，革命几乎使他失去了除生命之外的一切，1792 年 10 月，法国革命军占领美因兹，梅特涅只身避往英国，他父亲带着全家逃往维也纳。随后在法国革命军把逃亡贵族驱赶出境的行动中，梅特涅家的领地、奴仆和家产几乎全部丧失。1794 年，当梅特涅回家时，已从一个莱茵人变成了一个维也纳人。

公使馆里长大的公子哥自然是交际的好手，加上小伙子长得帅，出身也不算太差，孬好也是贵族，到维也纳不久就和奥地利名门之女艾琳诺恋爱了。梅特涅虽然名字有些土，但人还是满贵族的，学识渊博，还到英伦镀过金，怎么说也算是个“海归”，尽管出身差了一些，也可以凑合了。艾琳诺的家人同意了，梅特涅家自然求这不得的，尤其对梅特涅来说，他急欲在门庭上抬高自己，能娶个伯爵的女儿，就是跃了龙门。和艾琳诺一结婚，身份立马高升，梅特涅从庄园主变成了策尔·洛塔尔·梅特涅——温斯堡亲王。

婚后的梅特涅可谓好事不断，1797 年 12 月～1798 年 3 月，他以父亲私人秘书的身份参加了旨在解决英、俄、法和神圣罗马帝国有关领土争端的拉施塔特会议。由于各自的互不相让和缺乏诚意，会议无果而终。但梅特涅在这次会议上展示了出色的外交才华，深受各国政要的关注，人们很是看好这个神圣罗马帝国里的外交奇才，当然他也引起了奥地利皇帝的重视。

1801 年，梅特涅以奥地利大使的身份前往萨克森邦德累斯顿，梅特涅在外交生涯的一开始便被派往如此重要的位置，且不说他的能力如何，如此年轻的人做大使，肯定有人支持，正所谓“朝里有人好做官”。另外，梅特涅在这之前的确花了不少的心血充实自己，为自己的外交之途铺路。

有那么好一个媳妇，还有那么一个赏识自己的皇帝，老天爷真的是特别眷顾梅特涅了。当然关系是关系，能力才是最重要的，作为俄国和普鲁士对神圣罗马帝国的政策的接合处，德累斯顿的作用不言而喻，而梅特涅不负众望，他很好地做到了既关注德恩斯顿又关注时看的双重人物。同时，梅特涅在此期间还结识了自己未来的心腹和助手——弗里德里希·冯·根茨。通过观察，二人共同认为：法国革命是迫在眉睫的危险，拿破仑不是朋友；只是神圣罗马帝国联合起来才能使欧洲保持原有格局；奥地利和普鲁士结盟是必需的。由于梅特涅在德罗斯顿的出色表现，在两年之后他又被赋予重任前往柏林，成为奥地利驻普鲁士的公使，这个职位事关奥普关系，事关奥普能否联手对抗法国，稍有闪失就有可能亡国。能将如此重要的任务交给梅特涅，足见奥地利皇帝对这个年轻人的信任。面对拿破仑率领下的强大法军，梅特涅认定，在欧洲，只有各封建王朝联合起来；在德意志，只有奥地利和普鲁士这两个夙敌结成联盟，才能抗击强大的法国。

然而，此时的柏林，宫廷乱作一团，普鲁士国王弗里德里希·威廉三世优柔寡断，群臣为了一己之利摇摆不定，再加上亲法势力豪格维茨的鼓吹，普鲁士很有可能保持中立。于是梅特涅便联合俄国驻柏林大使阿罗丕，共同努力使普鲁士加入反法同盟，最后，在哈登堡的帮助下，普鲁士放弃中立，同意加入反法同盟。1805 年，俄、普、奥三国签订了《波茨坦条约》，这其中当然少不了梅特涅的一份功劳。

1806 年，奥皇弗兰茨一世在拿破仑的利剑下，被迫取消“神圣罗马帝国”。在这种不利的外交局面下，梅特涅被任命为驻巴黎大使，真正走上了国际政治舞台的前沿。此时的梅特涅根本没心情为自己的高升兴奋了，他深深知道到巴黎的使命太艰难了，由于奥斯特里茨战役（因参战方为法国皇帝拿破仑一世，俄国沙皇亚历山大一世，奥地利皇帝弗朗西斯二世，所以又称“三皇会战”，这是拿破仑战争中的一场著名战役。）的失败，奥地利被迫和法国签订了《普勒斯堡条约》。按照条约，奥地利把提罗尔等许多领地让给法国的同盟巴登、巴伐利亚和符登堡，承认法国在意大利的征服地，把威尼斯地区和达尔马提亚转让给意大利王国。这样一来，奥地利一下子就损失了近 1/6 的财政收入和 300 万臣民。

梅特涅男扮女妆出逃

梅特涅知道作为战败国的使节在面对强大的战胜国时，小心是第一位的，一切都要万般谨慎。在巴黎，梅特涅出没于官场社交圈子，静静地观察着拿破仑，讲话非常谨慎。之后，他以出众的外交才能和机敏的手腕得到了拿破仑的赏识。拿破仑对他说："你在这里相当成功，这是因为你不多讲话，人家拿不到你的什么把柄。"梅特涅认真研究了拿破仑的性格和政策，多次向奥皇奏明：拿破仑正在策划吞并奥地利，他建议在备战的立场上布置军队。从梅特涅给奥地利的情报，以及他和拿破仑本人的关系可以看出，他在巴黎的活动是成功的。

作为社交场上的风云人物，年轻的梅特涅是有名的花花公子，他经常背着妻子偷情，常会追求有夫之妇。所以尽管是战败国的使节，梅特涅在浪漫之都巴黎依然闪转腾挪，充分展示了他高超技巧。影响巨大也是最为重要的是他有机会结交拿破仑的妹妹凯洛林·波拿巴以及法国社会名媛。梅特涅和拿破仑的这个妹妹关系非同一般，在凯洛林嫁给那不勒斯国王后，他们之间还往来依旧，就是拿破仑战败后，梅特涅仍试图通过凯洛林来控制那不勒斯王国，由此可见他们的关系之深厚。

除了凯洛林之外，梅特涅和萨冈公爵夫人、阿布郎苔丝公爵夫人（拿破仑部将朱诺的夫人）、巴格莱蒂昂公爵夫人等均有私情，梅特涅也因此而得了风流的声名，同时梅特涅从这些名女人中和法国外交部长塔里蓝及俄国大使之间，获知了法国政治事务的重要情报。他也利用会议的谈判促使法奥和约的签订，其结果虽然意义不大，但他利用这段时期，对拿破仑一世的性格获得了深刻的认识。

1809 年，奥地利参加第五次反法联盟，在瓦格拉姆之战中惨败于法军，维也纳被法军占领。此次失败事实上有梅特涅的失误，梅特涅当时高估了 1808 年西班牙暴乱对拿破仑的影响，错估了形势，从而鼓动奥军分兵攻击法国三个属国，结果导致拿破仑的军队踏上了维也纳的土地。然而，奥皇弗兰茨一世并没有因此指责梅特涅，因为他十分相信梅特涅的才干和忠诚，并且于 1809 年 10 月 8 日，指派梅特涅为外交部长。

梅特涅对奥皇的信任十分感激，他发誓要尽自己最大的努力来确保奥地利帝国的延续。在这种形势下，梅特涅决定委曲求全，降下身段向法国求和，接受屈辱的“和平”，梅特涅认为以劣势的兵力继续和强敌作战是一种愚蠢的行为，“从实现和平的那一天起，我们所能采取的策略是必须看风使舵，克制自己，看胜利者的脸色行事。只有这样，我们才能生存下去，一直等到解脱的日子……我们只有一条路可走，那就是必须积蓄力量，等待时机，并以温和手段拯救我们自己，抛开我们过去所走的道路。”为了达到“和平”，梅特涅奉行了大陆封锁政策，即对英国实行贸易封锁，而且承认拿破仑的哥哥约瑟夫在西班牙的政权。

通过对拿破仑欧洲联盟的细心观察，梅特涅发现，奥地利要想再度崛起必须取代俄国成为法国的盟友，而这也是拿破仑的意愿。为此，梅特涅在外交策略上采取表面上迁就拿破仑政权的手段，并同法国结

成“同盟”，他打算促成拿破仑同奥地利公主的婚姻，“以联姻代替战争”，以此来缓和奥地利面临的危急局势。恰巧，拿破仑因皇后约瑟芬不能生育，准备与她离婚，然后再娶一个与他地位相当的女子，并且向俄国沙皇的妹妹安娜求婚，但被传说有恋妹情绪的沙皇亚历山大拒绝了。随后，梅特涅向法国驻奥地利公使暗示，拿破仑皇帝可以向奥地利公主玛丽·路易莎（弗兰茨一世之女）求婚。获得这一消息后，拿破仑指示向奥地利驻巴黎大使施瓦岑伯格试探此事。获得准确消息后，拿破仑开始和约瑟芬办理离婚手续。随即欧仁亲王奉命向施瓦岑伯格正式提亲，并附带一个条件：立即签署婚约。两国由此正式签署皇室婚约。

为了撮合这一婚姻，梅特涅可以说是跑细了脚、磨破了嘴，当时奥地利皇帝对此事犹豫不决，于是，梅特涅对奥皇进言：“如今是法强我弱。仅凭我国 20 多万军队，又没有可靠的盟友，奥地利如果继续与拿破仑作对是愚蠢的。联姻就可使法国将攻击矛头转向俄国，奥地利则可以逸待劳，保存实力。”然后他亲自说服玛丽·路易莎公主。同时为了消除奥地利皇室对拿破仑和约瑟芬离婚的宗教手续的疑虑，梅特涅又说服维也纳大主教认可了由巴黎宗教评议会而不是罗马教廷判定拿破仑离婚的做法，接受了法国大使的保证，即真的和约瑟芬离婚了。撮合了拿破仑与奥国公主玛丽·路易莎的婚事，虽然梅特涅不能准确地预期这个婚姻能否牵制拿破仑的进一步行动，但是至少他为法、奥促成了一个姻亲关系，暂时让奥国获得了行动自由，使奥国不再是拿破仑的主要敌人，不能不说是一项外交上的成功。

与此同时，梅特涅又“像一个走钢丝的演员”，在法国和俄国之间左右逢迎，并且促使双方争斗。他既同拿破仑签订密约，派出三万奥军支援法军，又向俄国保证，奥军不会为法国卖力。拿破仑远征俄国惨败后，梅特涅立即进行武装调停。1813 年 6 月 26 日，梅特涅同拿破仑进行了一场 9 个小时的所谓“外交上的滑铁卢战役”。拿破仑在这位媒人面前懊恼地承认，自己在同奥地利公主结婚这件事上干了一件极其愚蠢的傻事。最后，拿破仑问梅特涅，今后将会发生什么事？梅特涅说："陛下，你是输了……现在我要走了。我认为你是输定了。"

1813年，当拿破仑这个"欧洲一切君主的迫害者"终于被禁闭在厄尔巴岛后，反法联盟各国的君主们就忙着聚会于维也纳，在竭力清除法国革命和拿破仑战争影响的同时，重新划分欧洲的版图。

然而，担任这样一次盛况空前的国际会议主席的，居然不是在打败拿破仑的战争中立下头功的俄国沙皇，也不是奥地利或普鲁士的国王，而是奥地利的外交大臣梅特涅，这不能不使人们对他更加刮目相看。同时他还成功地使欧洲外交中心从巴黎、伦敦移到维也纳，既提高了奥地利的国际地位，又便于居间操纵。

可以说维也纳会议的召开是梅特涅推动他伟大计划的高潮。事实上，会议在维也纳举行对梅特涅来说就等于成功了一半。在维也纳会议上，梅特涅不惜挥霍钱财，连日举行豪华奢侈的庆祝会、招待会、舞会、宴会和狩猎等活动，以炫耀奥地利的实力。此时，维也纳会议变成了一个豪华的社交活动，梅特涅使得来到维也纳访问的各国君主沉溺于欢乐中而不去干涉政治家们的实际工作。让人不可思议的是，这次分赃会议在奥、普、俄、英的操纵下，竟连一次全体会议都没有召开，一切重要的事情都是在远离会场的梅特涅的办公室或交际场交易的。由于梅特涅在幕前幕后活动异常频繁，像一只蝴蝶飞来飞去，被人们称为"蝴蝶大臣"。

此次会议中，四大国各怀鬼胎，欲望不一，俄国想独占华沙大公国，建立属于自己的法兰王国；英国希望尽量削弱法国，夺取法、荷等国的殖民地，同时反对俄国的欧洲霸权，并打算借机挑起奥、普和法、俄的对抗；普鲁士企图尽可能地削弱法国，同时兼并莱茵地区的法国领土，它不愿损失自己费劲夺来的波兰，但又不敢得罪俄国，于是坚决要求吞并萨克森作为补偿；法国则提出了"正统主义"原则，主张各国恢复到1792年以前的边界。面对这种局面，梅特涅长袖善舞，在社会场合以及政治领导方面均扮演了双重的卓越角色。梅特涅坚决反对俄、普的要求，他知道单凭奥地利是无法做到的，于是拉拢英法两国，签订秘密同盟条约，条约规定，一国遭到他国的进攻，其他两

国必须互相援助。在这个情况下，普、俄只好让步。

梅特涅真正的意图实现了，即建立了欧洲的均势，不再使欧洲各国遭某一强国的支配，如此方可保证奥国的国家利益。然而，与其说梅特涅很成功地说服各国接受他的观点，不如说是各既得利益国家成功地得到了他们想要的东西，正因如此，列强很自然地便获得了共识。在他的主持下，保守主义再度稳住阵脚，使旧有专制王朝的势力，在拿破仑帝国所带来的烽火惊恐之后，暂时获得了喘息的机会。

维也纳会议之后，梅特涅为了确保会议之决定能历时久远，便创造了一个会议制度以协调列强的行动、维持欧洲的和平及秩序，而这一连串的欧洲会议，也顺水推舟地将梅特涅的国际声望推到了极点。

在维也纳会议中，梅特涅为奥地利的利益大显身手，会后，他还提出了维护各国长远利益的维也纳体系。维也纳体系的关键是四国同盟也神圣同盟，这都是在梅特涅的一手操控下建立的。

拿破仑战败后的欧洲形势对梅特涅来说并不轻松：各大国中奥地利实力较弱。而且由于地缘政治，奥地利处在欧洲中心，西有法国，东有俄罗斯，北有普鲁士。而且在反法同盟的战争中与法国交恶，与普鲁士有对于主权的争端，与俄罗斯有关巴尔干的争端，可以说是危机四伏。梅特涅针对当时各国的实力情况，施展外交才能，拉拢英国，又不过分削弱法国，推行“均势”政策，搞大国平衡。1815 年 1 月，英、法、奥三国结成秘密同盟，与俄、普相对峙，使欧洲各大国间出现了实力均衡。

在德意志内部，为削弱普鲁士的强劲势头，梅特涅坚持宜分不宜合的原则，成立了由 35 个邦国和 4 个自治市组成的松散的德意志邦联，并捞到了邦联议长的职务。

1815 年 9 月，在沙皇亚历山大的倡议下，建立了神圣同盟，梅特涅不甘心屈从于沙俄，便再次拉拢英国，拼凑起俄、英、奥、普四国同盟，实现了神圣同盟内部的实力均衡。1818 年，在梅特涅主持召开的神圣同盟第一会议，又把法国拉入，成立五国同盟。

1821 年，梅特涅被授予奥地利宰相兼宫廷大臣和国务大臣，但他更自命是“欧洲宰相”，因为他是神圣同盟的实际主持人。

可以说，梅特涅势力均衡的外交手段运用得实在是太完美了，可与中国战国时期的苏秦和张仪堪媲美了。

事实上，当时的奥国民族构成非常复杂，有马札尔人、后克人、罗马尼亚人及波兰人等，换言之，奥国没有民族或文化上的统一性，故此，梅特涅最怕民族独立及民主政治思想之传递，他认为这些力量足以令奥帝国土崩瓦解。

1821 年 5 月，梅特涅被任命为奥地利首相，情势似乎显示梅特涅可以大展其施政抱负了。然而，在列强国际会议上，梅特涅在西欧的影响力已渐渐式微，其策略也受到置疑，当然，这与奥国国势的迅速下降有着直接的关系。1826 年，卡罗拉特当上奥国内政部长及内阁会议领袖后，梅特涅在奥国国内的影响力也受到了限制。1836 年后，卡罗拉特的影响力彻底压过了梅特涅，之后，梅特涅的职权被限于外交事务。

随着国际及国内情势的变化，梅特涅所代表的保守势力日趋衰落，最后甚至成为人人攻击的对象。此时，巴黎新一轮的革命再次爆发，消息传到维也纳，梅特涅，这位经历沧桑田巨变，维也纳时风光无限的欧洲宰相已经年过 70 了，在中国人看来，年过 70 的人是“从心所欲不逾矩”，凭借这么多的经历就是不用思考也不会做错事，所以面对这次革命，梅特涅漫不经心地评论说，这只不过是“1793 年闹剧”的重演。其结果无非是迫使盟军再度进驻巴黎，终止这场烦人的“革命演出”。可这一次，梅特涅看走眼了，局势远出他的预料，仅仅只过去了两个星期，自己的国家奥地利也爆发了公开的起义。

1848 年 3 月 13 日，梅特涅被迫辞职，成为革命的第一个牺牲者。突然间，他发现自己变成了全欧洲最招憎恨的家伙，好几次面临被愤怒的市民私刑处死的危险。年迈的梅特涅躲开愤怒的民众，男扮女装从普拉茨宫的后门悄悄溜走了。世事的变化导致风光一时的梅特涅流亡英国，置身困顿、多灾多难；梅特涅对自己逃难英国做了这样的描述：“当我们一家在没有尽头的街上散步或驱车出行，通过肯辛顿镇、丘园（伦敦的郊区地名）的遥远庄园时，我们觉得自己好像已经消失在这个茫茫的大都市中。”1851 年，经过奥地利皇帝的批准，梅特涅重回到维也纳，但是没有再参与政治。新皇帝弗兰西斯·约瑟夫一世任命梅特涅为顾问，也经常向他征询意见。

于是，梅特涅就会阐述自己那套关于“维持稳定”的政见。“看看吧，你们那些精致的思想都带来了什么？你们喊着要自由、平等、博爱，可最终得到的是拿破仑。如果你们不胡思乱想，满足现行制度，你们的情况会比现在好多少啊！”他竭力宣扬重返大革命前旧制度的正常状态，那时人人幸福，也没人胡说什么“天赋人权或人人生而平等”。但是新皇帝从来没有采纳过的梅特涅的建议，尽管梅特涅的态度是真诚的，他意志坚强、才能卓越，极善说服他人。

梅特涅一直活到 1859 年，他亲眼目睹了 1848 年的欧洲革命将自己苦心炮制的政策扫进历史垃圾堆，遭到彻底的失败。不过直到生命的尽头，他依然认为自己做的都是正确有益的事情。

本杰明·迪斯雷利

本杰明·迪斯雷利（1804—1881），犹太人。英国保守党领袖、三届内阁财政大臣，两度出任英国首相。首相任期内，是英国殖民帝国主义的积极鼓吹者和卫道士，大力推行对外侵略和殖民扩张政策。他还是一个小说家，社会、政治名声使他在历任英国首相中占有特殊地位。

本杰明·迪斯雷利

迪斯雷利于 1804 年诞生在伦敦，他的父母亲都是意大利籍的犹太人，18 世纪时就随家移居英国。父亲伊萨克·迪斯雷利是一个有成就的文学家，是法国著名启蒙主义思想家伏尔泰和卢梭的信仰者，又同国内启蒙派浪漫主义诗人乔治·戈登·拜伦、罗伯特·骚塞及历史小说家沃尔特·司各特等过从较密，受他们的影响，思想倾向于进步。伊萨克本来就不是犹太教的虔诚教徒，后来因为同犹太人马尔科斯争吵，从1817年起退出犹太教的集会，他让孩子们改宗英国国教。

迪斯雷利虽然13岁就接受了英国国教洗礼，但事实上他仍是在犹太教的熏陶下成长起来的。他幼年在一些较小的私立学校受教育，上学期间用的是希伯来文，12岁之前没有进过英国国教的教堂。13岁时，父亲又送他进入一个不信奉国教的牧师伊利科根博士办的学校读书，学到的古典知识有限。这样一种多少有些与众不同的教育，培养了迪斯雷利这个皈依基督教的犹太人独特的性格。他习惯于独自行动，内心里有着一股傲气和强烈的领袖欲，为达到目的有时不惜冒风险。

1830年至1831年，迪斯雷利到地中海沿岸和近东国家进行了一次长达16个月的旅行，游历了西班牙、阿尔巴尼亚、希腊、土耳其、巴勒斯坦和埃及。这次旅行，在迪斯雷利的生活道路上具有转折意义。在国外，尤其是近东的访问，引起了他对政治、外交的浓厚兴趣，深感要在事业上有所建树，必须投身于政治斗争。

从国外回来后，迪斯雷利决心竞选议员。1832年初，他搬入了伦敦西区，开始出入豪华府邸，走访政界知名人士，出版他的新作、传记体小说《康泰利尼·弗来铭》，展开了积极的竞选活动。迪斯雷利在思想上倾向于托利党，但当时正值1832年第一次议会选举改革前后，辉格党在国内政治生活中占居优势。这使他左右为难。审时度势，迪斯雷利决心以独立的激进派面目出现。他在一次竞选演说中说："我不管什么党不党，我是没有党的依靠，独立站在这里"。又说："我也是保守党，保守我们制度中一切好的；我又是激进党，革除一切坏的"。但是，没有明确的党派背景，毕竟得不到各方面的信任和支持，所以他最初几次在家乡附近外康布城镇的竞选活动都遭到了失败。1835年，迪斯雷利加入了保守党，但直到1837年他第五次竞选时，才在温德汉·列维斯的帮助下，二人一起作为肯特郡梅德斯通的保守党议员进入了议会。不久，列维斯去世。1839年，迪斯雷利同列维斯的寡妻、比他大 12 岁的有钱的玛利安娜·伊万斯结了婚。这桩婚事虽然在上流社会受到非议、讥笑，但迪斯雷利夫妇却非常美满地一直生活到白头偕老。

1841 年大选后，罗伯特·皮尔组织起他的第二届保守党内阁。迪斯雷利未能入阁，对皮尔十分不满。这个时期，迪斯雷利在下院领导了一个名为“青年英国”的托利党人小集团的活动。这个团体的发起人和组织者是三个年轻人，迪斯雷利是它的真正领袖。“青年英国”的宣传，美化中世纪封建社会，主张恢复贵族的一切特权。为了欺骗群众，他们在议会里蛊惑人心地宣称他们赞同保护童工的法案，反对压迫爱尔兰等。实质上，“青年英国”的思想反映了土地贵族对工业资产阶级势力日益上升的不满情绪。他们既反对皮尔政府对资产阶级自由贸易派的让步，也反对真正的工人运动宪章运动。

19 世纪 40 年代，英国完成工业革命，经济飞速发展，资产阶级要求降低关税，实行自由贸易。皮尔政府在自由资产阶级的推动下，决定放弃保护关税政策，于 1846 年废除谷物法，开放粮食的自由贸易。这一决定引起了托利党人的强烈不满，迪斯雷利借机在下院组织起反皮尔内阁的反对派，发表了一系列雄辩的演说反对皮尔，皮尔心灰意冷，辞去职务，内阁也随之倒台。1848 年，迪斯雷利正式当选为保守党的领袖，他担任这个职务直到去世。

从 1846 年皮尔内阁倒台到 1874 年迪斯雷利组阁的近 30 年间，保守党仅有三次机会执政，时间总共不足 5 年。为了摆脱困境，迪斯雷利提出改造保守党的纲领。主要是两点：对内推行比较积极、灵活的政策，进行一定程度的社会改革；对外则肩负起建立庞大殖民帝国的使命。

1867 年 2 月，迪斯雷利吸取了 1866 年格莱斯顿失败的教训，在人民群众推动下，又提出了一个比自由党 1866 年法案稍进一步的新的议会改革法案。议会于 1867 年 8 月通过该法案。新法案规定，在城市里，凡交纳济贫税的房主和每年支付不少于 10 英镑房租、居住期不少于一年的房客都有选举权。在各郡，年收入不少于 5 英镑的土地所有者和年支付12英镑地租的租地经营者都得到了选举权。一部分熟练工人也取得了选举权。新法案使选民增加了一倍，达到250万人。1867年议会改革的成功，不仅巩固了保守党的队伍，提高了党的威望，而且使迪斯雷利个人的声誉大增。1868年2月，首相德比因病去职，迪斯雷利就接替了首相职位。正如他自己说的，他终于“攀到了油滑竿的顶端”。但是，由于政府在爱尔兰和其他一些问题上仍不得人心，在1868年末的大选中保守党失败，迪斯雷利被迫辞职。

在重建保守党的过程中，除了内政方面的一些改革外，迪斯雷利还把积极向外侵略扩张、建立强大的、称霸世界的英国殖民帝国作为他的奋斗纲领。186—1874年在野时期，迪斯雷利就曾大力攻击格莱斯顿的自由党内阁没有远见，无视帝国的利益。1874年2月，保守党在大选中获胜，迪斯雷利以70岁的高龄受命组织他自己的首届内阁。迪斯雷利是在形势已经大为好转的情况下执政的：保守党在国内已赢得声誉，内阁又得到议会大多数的支持。所以，虽然他年事已高，健康状况也欠佳，但他在任职期间仍不遗余力地推行殖民侵略扩张政策，为修建英国殖民帝国大厦立下了汗马功劳。

首先，夺取了对苏伊士运河的控制权。1875年，埃及总督伊斯梅尔帕夏遇到财政危机，打算出卖所握有的运河股票。但法国人贪心，打算再压一下价钱，迪斯雷利探听到消息后，连夜私下找罗斯柴尔德家族借钱，用400万英镑的低价一举购买了埃及政府的全部股票，再加上一些小额股票，英国从而控制了这条东西海上运输的命脉。

其次，帮助维多利亚实现“女皇梦”。1876年，由迪斯雷利建议，议会通过决定，授予维多利亚女王以“印度女皇”的称号，维多利亚多年的女皇梦终成现实。迪斯雷利此举不简单是报答女王对他的支持，更主要的是向英印人民炫耀帝国的伟大，在人民群众中煽动沙文主义情绪。原来只在口头上使用过的“大英帝国”的称谓，自此以后就成了英国的正式名称之一而见诸官方文件了。为了表彰迪斯雷利的功绩，维多利亚女王晋封他为比孔斯菲尔德伯爵。

迪斯雷利向女王献皇冠

迪斯雷利最关心、最感兴趣的还是所谓的东方问题。19 世纪 70 年代中期，俄罗斯帝国力图借助斯拉夫人的解放斗争，摧毁土耳其帝国的统治，从而削弱竞争对手英国在近东的势力。双方各不相让，矛盾斗争愈演愈烈，终于导致了 1877 年俄土战争的再次爆发。经过四次普列文会战后，俄军终于越过喀尔巴阡山，前锋抵达亚德里亚堡。消息传到英国，民众对政府东方政策的正确性公开表示怀疑。内阁内部也反映出不满。外交大臣小德比勋爵要求对政府传统的东方政策重新进行审查。迪斯雷利不能容忍俄国势力逼近地中海，将小德比勋爵解职，命令英国皇家海军进驻伊斯坦布尔锚地，决心为保卫奥斯曼帝国不惜一战。俄国战力已经消耗殆尽，又害怕像 1853 年克里米亚战争一样遭到西方国家围殴，不得不退兵。1878 年召开的柏林会议上，经俾斯麦调解，俄国对英国全面让步，吐出了大部分战果。而英国却未经一战，取得塞浦路斯岛作为防卫俄国南下的抵押品。回国后，迪斯雷利的威望达到顶峰。

除土耳其外，迪斯雷利还积极向伊朗、阿富汗扩张。俄土战争之后，英俄在阿富汗的争夺又激烈起来。为了尽快占领阿富汗，英国于1878年发动了第二次英国阿富汗战争，英军在一开始击败了阿富汗军队的抵抗，攻占了阿富汗首都喀布尔，迫使阿富汗接受屈辱的媾和条件。但是英国的胜利没有保持多久，阿富汗爆发了全民的反英起义，英国侵略军受到阿富汗人民的沉重打击。阿富汗军队收复了首都，粉碎了迪斯雷利并吞阿富汗的计划。

在阿富汗失利后，迪斯雷利又把目光瞄向了南非。其实，英国早就图谋侵占南非两个布尔人的国家——奥兰治自由邦和德兰士瓦共和国，一直未能得逞。19世纪60年代末，布尔人国家的领土上发现了钻石矿。为了占有这些宝藏，1877年迪斯雷利保守党政府宣布占领布尔共和国。当时布尔人正同南非土著居民祖鲁人作战，陷入十分困难的境地。英国人立即投入了反对祖鲁人的战斗。但出乎他们意料的是，在战争中，用洋枪洋炮武装起来的英国军队竟然被手执棍棒、弓箭的祖鲁人打得惨败。虽然最后祖鲁人还是遭到了失败，但他们给英国军队的沉重打击和1880年开始的德兰士瓦布尔人的起义，使得迪斯雷利政府威信扫地。1880年4月大选，保守党失败，长达6年的迪斯雷利保守党内阁宣告结束。迪斯雷利仍担任该党领袖，并完成了政治小说《恩迪米昂》（1880）。1881年4月，迪斯雷利逝世，终年77岁。

加富尔

加富尔（1810～1861年），意大利统一时期民族解放运动中资产阶级温和自由派领袖，撒丁王国首相，统一后意大利王国的第一任首相。

1810年8月10日，加富尔出生于都灵的一个贵族家庭。其父是撒丁王国的侯爵，一个顽固的保守派，其母出身于日内瓦的一个贵族家庭。由于加富尔是侯爵的次子，按照贵族传统，必须习武从戎，因此，10 岁时加富尔便被送入都灵军事学院学习。1827 年毕业后，加富尔任工兵少尉。由于他放荡不羁，不习惯军队纪律，加之他经常接触民主共和分子，为 1830 年法国七月革命所激动，高呼“共和国万岁”，结果受到调职处分。1831 年，加富尔辞去军职，周游法国、英国、瑞士和比利时。1835 年归国后发奋经营实业，在他的努力下，大庄园很快就转变为近代农场。加富尔还从事铁路建筑业，开办了工厂，参与创办了都灵银行。1836 年，他应邀参加最高统计委员会。1842 年，他又参与创立农业协会。作为实业家和经济问题研究者，加富尔闻名遐迩，他成了贵族资产阶级化的典型代表。

加富尔

加富尔十分不满奥地利的民族压迫，反对封建正统主义，拥护社会进步和民族解放，提倡自由贸易。但他拒绝革命手段和激进的民主主义要求，主张采取“中庸”立场，因此成了温和自由派的喉舌。

1848 年，加富尔当选为撒丁王国众议员。1850～1852 年，他被任命为农商贸易大臣和财政大臣。从 1852 年起他长期任首相，在职期间，他推行自由主义改革，坚持反奥立场；此外，他还大力扩大公共工程，特别是大力修筑铁路，使撒丁王国经济发展迅速，政治声望得到空前提高。

加富尔深知，要把奥地利从意大利赶出去，单靠撒丁王国的力量是远远不够的，必须与法国结盟。因此，1854 年，加富尔派兵参加英、法同盟对俄国的克里木战争，从而赢得了法国对撒国反奥政策的支持，并由此产生了 1858 年的法、撒秘密反奥军事同盟。1859 年 4 月，撒、法发动反奥战争，并最终打败奥地利，收复伦巴第。根据事先协定，撒丁割让萨伏伊和尼斯给法国，引起国内不满。加富尔一度辞职，到中意大利活动，在他的宣传和鼓励下，托斯坎那、帕尔玛、摩地纳和罗曼等地区都并入了撒丁王国。这样，除威尼斯地区仍处在奥地利的控制之下外，意大利北部和中部按照温和自由派的路线实现了统一。

1860年，西西里爆发起义，激进派首领加里波第决定率领远征军去援助起义者。加富尔起先竭力阻挠，但加里波第远征的辉煌胜利，促使他改变了策略。他一方面以兵员和武器帮助加里波第，另一方面，他又派代理人去宣传、策划南部与撒丁王国的合并。出于对撒丁国王的忠诚，加里波第同意通过公民投票的方式来决定南部是否与撒丁王国合并。根据投票结果，南部并入了撒丁王国，至此意大利王国宣告成立。

1861年，加富尔拷住了加里波第

1861年，加富尔出任统一的意大利王国第一任首相。这时，除尼斯和罗马两地外，整个意大利按照温和自由派的路线实现了统一。在国王的劝说下，加里波第放弃了进军罗马的计划。加富尔随即把解放罗马的事业纳入温和自由派路线的轨道，着手同教皇举行谈判。但是，在他还未来得及解决罗马问题时，就于 1861 年 6 月 6 日突然病逝。

在 19 世纪中期欧洲民族解放和统一运动中，加富尔代表了既不同于民主共和主义也不同于俾斯麦的强权政治的温和自由主义路线，该路线在意大利获得了成功。这是加富尔的一大功绩。正如马克思所说：“尽管人们对罗马三执政之一（加富尔）的品格看法多么不同，但谁也不会否认 30 年来意大利革命是同他的名字连在一起的，而且在这同一时期欧洲承认他是他的同胞的民族愿望的出色表达者。”

库图佐夫

库图佐夫是俄国卓越的军事家。尽管他有渊博的学识，杰出的军事才能，沙皇亚历山大一世却不喜欢他。如果没有俄国与土耳其的战争、没有拿破仑所向无敌的铁骑，就没有世人尽知的天才军事家库图佐夫。正是他在生死存亡之际，挽救了俄国，使英雄一世的拿破仑功败垂成。

库图佐夫

库图佐夫 1745 年出生于彼得堡，他的父亲是一位中将军事工程师。在父亲的影响下，年轻的库图佐夫对军事抱有极大兴趣。1759 年，库图佐夫从炮兵工程学校毕业后，因成绩优异而留校任教。两年后，他被晋升为准尉。同时，军方还根据他的请求，把他调到阿斯特拉罕步兵团任连长。库图佐夫很聪明，工作也很勤奋，在部队任职不到 1 年，工作就很有成绩。从此，库图佐开始了军旅生涯，军职也一路提升。

1787～1791年俄土战争初期，库图佐夫受命保卫沿布格河的俄国西南边境。在这期间，库图佐夫率领猎骑兵军参加了奥恰科夫作战。库图佐夫作战非常勇敢，多次负伤。在几次大战中，深厚的军事理论修养和丰富的作战经验，使库图佐夫的军事才能日益展现出来，深得上司的信任和重视。随后，库图佐夫指挥过不同的兵团都有不俗的战绩。1790年12月，库图佐夫指挥第6纵队强攻并占领伊兹梅尔，战功卓著。苏沃洛夫对库图佐夫部队的战斗行动给予了很高的评价。这次战役后，库图佐夫被提升为中将，并任该要塞司令。在多次击退企图夺取伊兹梅尔的土军后，库图佐夫军队出其不意地对敌人进行突击，俄军在巴巴达格附近击溃了近3万名土军。在默钦交战中，库图佐夫运用灵活机动的战略战术，给土军以毁灭性打击。

库图佐夫由于积累了丰富的战斗经验和不断提高自己的知识水平，到18世纪末已成为最有名望的俄国军事长官之一。他和苏沃洛夫一样，坚决摒弃那些丝毫不能发挥下级积极性的过时而死板的线式战术方法，非常重视在战斗中坚决、灵活、主动、广泛地利用机动灵活的战术原则。他在军事学术方面素来敢于大胆创新。在任陆军贵族武备学校校长时，他努力改善军官的训练工作，增设战术、军事历史等课程，重视培养军人的责任感、无畏精神和主动性。

库图佐夫检阅俄军

库图佐夫还是天才的外交家和政治家。1792 年他被派往土耳其任大使，解决了一系列有利于俄国的重要问题，使两国关系有了很大改善。

尽管库图佐夫战功和政绩卓著，但由于亚历山大一世对他怀有恶感，1802 年，库图佐夫被免去军职，只得在自己的庄园闲居。

1812 年卫国战争初期，俄军放弃斯摩棱斯克后，由于军事局势紧张以及军队和人民的坚决要求，亚历山大一世被迫任命库图佐夫为俄军总司令。库图佐夫重返军队后，由于敌人兵力占巨大优势，俄军又无后备兵力，库图佐夫不得不把军队撤到俄国内地。此时，拿破仑企图以优势兵力击溃俄军，力求进行总决战。库图佐夫在寡不敌众的形势下，时而零星交战、时而迂回机动，积极防御，随后转入坚决进攻，把拿破仑军队打得晕头转向，猝不及防。

库图佐夫知道，要彻底击溃拿破仑军队只能通过反攻来实现，但俄军没有足够的兵力、弹药和食，国内也没有足够的/后备兵力。库图佐夫为保存俄军的战斗力，决定放弃博罗季诺阵地，随后又放弃了莫斯科。

一级库图佐夫勋章

放弃莫斯科后，库图佐夫把俄军集中在塔鲁季诺村地区，切断了拿破仑向俄国南部地区前进的通路，为组织和准备反攻创造了有利条件。同时，他将后备军和义勇军收编到部队中严加训练，在短期内解决了兵源不足的问题，在数量上形成了对拿破仑军队的优势。

莫斯科的冬天是严峻的，拿破仑军队速战不得，又不断遭到俄军和游击队的削弱，再加上缺乏粮食和冬装，士气大为低落。

拿破仑与俄国订立和约的企图失败后，于10月19日开始从莫斯科撤退。库图佐夫立即组织俄军转入反攻，法军溃不成军，残部在别列津纳河被击溃，向边界逃窜。库图佐夫以灵活机动的战略战术，终于消灭了被认为不可战胜的拿破仑大军。

莫斯科保卫战胜利后，库图佐夫被封为斯摩棱斯克公爵，并荣获最高战功勋章——一级乔治勋章。

罗伯特·李

罗伯特·李（1807～1870年），美国职业军人，美国南北战争时期最出色的将军。

李生于美国南方的弗吉尼亚，父亲亨利·李是独立战争时期的名将，绰号“轻骑兵亨利”，他说过一段被美国人传颂至今的“经典名话”，就是称颂华盛顿为“战争时期第一人，和平时期第一人，同胞心目中第一人。”身为将门虎子的罗伯特·李相比父亲毫不逊色，他生得相貌堂堂，举止优雅，气宇不凡，品德出众，在西点军校毕业时成绩名列前茅，他的档案里没有任何不良记录，任何恶习均与他无关。

美国与墨西哥战争爆发后，李初露锋芒，表现出色，当时的美军统帅斯科特将军曾说过：“罗伯特·李是我在战场上见到过的最出色的士兵……如果有一天我不行了，总统让我推荐一个人当司令官的话，我肯定会说‘让罗伯特·李去干吧！’”

西点军校毕业时的罗伯特·李

李最为让美国人赞颂的自然还是他在南北战争期间的表现。从英属北美殖民地时期开始，由于地理条件的差异，美国各个州就开始有了自己鲜明的经济发展特点。北部的马萨诸塞、罗德艾兰、新罕布什尔和康涅狄格合称“新英格兰”，是工商业最发达的地区；而中部的宾夕法尼亚、纽约、新泽西和特拉华土地肥沃，农业发达，盛行租佃制，早就有“面包殖民地”之称；而南部的弗吉尼亚、马里兰、北卡罗莱纳、南卡罗来纳和佐治亚，所盛行的却是种植园奴隶制，从非洲输入了大量的黑人奴隶。

不同的经济发展特点决定了各地区不同的政治诉求，由此引发的矛盾和冲突从独立战争开始，就如影随形般伴随着美国的成长。而带有强烈废奴倾向的林肯当选为总统，也成为南方奴隶主脱离联邦和发动叛乱的信号。

于是，南部蓄奴州南卡罗莱纳州首先脱离联邦，接着佐治亚州、亚拉巴马、佛罗里达、密西西比、路易斯安那和得克萨斯诸州相继脱离。它们抬出了一位“总统”——杰斐逊·戴维斯，另立“南部同盟”政府。

尽管林肯在其就职演说中向南方提出和解，终无济于事。

1861年4月12日，南部同盟的军队炮击联邦军守卫的萨姆特要塞，14日，要塞被攻陷。15日，林肯发布了讨伐令，内战爆发。不久，弗吉尼亚、北卡罗来纳、田纳西、阿肯色四个州宣布退出联邦，参加南部同盟。

战争初期，北方有2234万人口，南方只有910万，而且其中有380多万黑奴。北方有发达的工业，四通八达的铁路网和丰富的粮食，而南方几乎没有工业，铁路也很少。

然而，南方一开始却打得有声有色，北方则似乎没有还手之力。这其中的原因，不仅在于南部人习惯于户外生活和骑射，稍加训练就可成为善战的士兵，他们在本土作战，有保卫家园的热忱。而且，也许更为重要的一点，是他们拥有罗伯特·李将军。

内战爆发时，罗伯特·李已是联邦军队中的一位声名显赫的将军，林肯曾有意让他担任北方军队的指挥官。李将军心情非常矛盾：他反对奴隶制，不赞成南方脱离美国独立；但也反对北方对南方采用武力，去攻打他的家乡弗吉尼亚。他说："我不能举起我的手，去反对我的亲人、孩子和我的家园。"

最后，他义无反顾地脱掉身上的蓝色军装，加入到南方军队，并且成了南军的统帅。内战初期，凭着自己的杰出才能，他指挥的南军始终处于优势。

直到有一天，林肯起用了尤利西斯·辛普森·格兰特为北军的统帅，李将军才遇到真正的对手。他和格兰特都毕业于西点军校，都在联邦军队服役，并且一同参加过对墨西哥的战争。

不过，罗伯特·李是一名优秀的上校，而格兰特不过是一名中尉，而且不久就在一次酩酊大醉之后，被上司勒令辞职。事实上，格兰特本人当初并不想去上军校，在老父的执意坚持下，格兰特才同意去了军校。

1864年3月9日，格兰特被林肯任命为陆军中将和联邦政府陆军总司令。

5 月，他指挥 10 万大军，向罗伯特·李率领的南军发动了攻势。格兰特上任后取得的第一个重大胜利，是夺取亨利要塞和唐纳尔逊要塞。守卫唐纳尔逊要塞的南军司令是格兰特在西点军校的同学，在北军的强大压力之下，南军司令按照当时的习惯做法，派人找到格兰特，提出停火的条件。

这时，格兰特发出了一个著名的电文："没有任何条件可讲，只有立即无条件投降。"

15000 名南军投降。在北军初期被动挨打的情况下，格兰特的胜利振奋了北方，人们昵称他为"限令无条件投降的格兰特"。

很快，罗伯特·李派了一部人马绕道袭击格兰特侧翼，格兰特一面应战，一面改变阵势。双方激战两天，互有胜负，打成平局。

1869 年罗伯特·李生前拍的最后一张照片

接着，格兰特试图包抄敌人左翼，但是队伍在行军时扬起的尘土，使罗伯特·李发现了他的意图；当他的先头部队到达斯波斯西尔法西尼亚时，南军已经严阵以待了。格兰特的部队立足未稳，南军就用骑兵发起了攻击，北军先头部队立即溃败，后续部队赶到后才击退南军。双方急忙构筑工事，挖掘战壕。这样相持了5天。

格兰特随即调动他的左路部队，试图包抄李的右翼。可是南军的北弗吉尼亚兵团却已经捷足先登，在那里筑起了堑壕，格兰特不得不撤退，继续向侧翼转进，罗伯特·李也跟着他转移，一同来到盖恩斯磨坊。

双方军队在盖恩斯掘战壕对峙了10天，都没进展。

最后，北军跳出堑壕，发动了一次凶猛攻击。结果，南军阵线被打开缺口，罗伯特·李指挥部队开始撤退。

格兰特迅速把战线向前推进了近100英里。但这时，他伤亡已达6万人，罗伯特·李也损失了3万人。士兵们在冲向敌人之前，各在背部用针别上一张纸条，写明自己的姓名和籍贯，以供死后认尸。

北方新兵不断补充进波托马克兵团，罗伯特·李却没有源源不断的补充兵员，他开始收缩阵线，进入彼得斯堡，并及时挖好了堑壕。格兰特连续发起三次总攻，都被南军击退，双方又形成对峙局面。

格兰特制定了一个叫“火山口之战”的计划，偷偷挖掘地道通向南军阵线，想在城墙下面埋炸药进行爆破。但已挖好的地道被南军发现，他们及时封住了地道，北军士兵有许多人被埋在了地下。

格兰特决定围困住罗伯特·李，等待时机。双方在彼得斯堡郊外的漫长阵线整整对峙了9个月，力量对比却发生了重大变化：到了1805年3月，北军已增加到11万人，而罗伯特·李只剩下5万人。

罗伯特·李意识到，如果不及时撤退，就可能全军覆没，但如果他放弃彼得斯堡，里士满就会立即陷入重围。陷入两难的罗伯特·李试图先攻打北军左翼，打破对彼得斯堡的围困，但遭到失败。而北军从谢南多亚河谷出击，横扫弗吉尼亚，又成功地击退了罗伯特·李的右翼。

4月2日，格兰特突破了南军的中部防线。当夜，南军悄悄撤出彼得斯堡。格兰特于第二天进入里士满，接着马不停蹄地追击罗伯特·李。同时，北军及时堵住了南军向南和向西的通路，罗伯特·李无路可走了。

罗伯特·李下令竖起一面白旗，请求与对手谈判。

1865年4月9日，在阿伯马托克斯法院，两位美国内战中最伟大的将军见面了。罗伯特·李穿上了披挂全新的军装，挎着镶嵌宝石的指挥刀；格兰特穿着士兵服，纽扣没有扣上，也没有带指挥刀。格兰特眼看着英勇的对手心情悲哀而沮丧，这是英雄惜英雄的感情。

在谈判中，李将军没有提出任何有关自己福祉的投降条款，只要求北军善待其麾下士兵。他说当南军将士参战从军时，马匹往往都是由自己带着入伍的，因此要求北军允许南军士兵投降时，保留各自的马匹，尤其春耕在即，解甲归田重当农民的部下，特别需要牲口协助，重过新生。

与李将军一直惺惺相惜的格兰特将军，亲手撰写投降条件，特别写道：军官和士兵经宣誓后予以释放……交出武器和作战物资……军官随身武器不在此列，让每个声称拥有骡马的人把牲口带回家去耕种他们的小块田地。

双方在文件上签字，会谈结束。罗伯特·李在门口停留了片刻，眺望门外到处飘扬着星条旗的一片田野。他一手握拳，缓慢地在他那只戴着长手套的掌心里击了三下。他骑上他的战马“旅客”走掉了。

回到军营，罗伯特·李告诉他的士兵说：“你们将会被赦免，可以回家了。”士兵们紧紧握着将军的手，许多人哭了起来。

三天后，4月12日，罗伯特·李将军率领他的军队向北军投降。

这是南军最后一次列队，军旗在微风中飘扬，士兵们齐步走向另一边的穿着蓝色军服的北方军队。这时响起了嘹亮的军号，北方军队向投降的南军以军礼作致敬，从枪放下以至行军途中致敬礼，礼数丝毫不缺。南方军队也仗剑向对方回军礼。礼毕，身着灰色军服的南方军队放下他们的武器，降下了南方军旗。

据说，当北军将士准备欢呼庆祝胜利时，被格兰特将军下令阻止了，他说了一句掷地有声的名言：“战争已经结束，叛乱者如今重新变回我们的同胞了。”格兰特将军在其回忆录中提到受降那一刻的心境时这么说：

“我一点都感觉不到打败一个为了某个原因和我交战了这么久，又这么英勇以及牺牲这么大的敌人之喜悦。虽然这个战争的起因是我认为人类为之而战的最差理由，也是最没借口的，但我一点也不怀疑与我们对抗的这一大群人之真诚。”

看了这段话，我们也许可以明白，美国为什么能够在经历内战如此巨大的历史伤口之后，仍然会复原得这么快，民族的融和仍会这么顺利。

最根本的原因就在于，战胜一方由始至终都没有对战败者赶尽杀绝，也没有趾高气扬、不可一世地以胜利者的姿态去凌辱战败者，反而以包容、尊重的态度对待他们，由衷地以同胞的身份信任他们。

在今天的纽约哈德逊河畔的格兰特陵园里，陵墓的内室墙壁上有几幅硕大的马赛克半圆形壁画，再现了格兰特当年在战场上的风采。其中正面最醒目的一幅是：格兰特在阿伯马托克斯接受南军统帅罗伯特·李投降。

这幅画的画面十分有趣和发人深省：在士兵群众的簇拥和欢呼的背景下，两位将军紧紧握手。满头银发的罗伯特·李，一身崭新军服，腰系皮带，脚蹬长筒皮靴，手持佩剑，十分英武；而格兰特则是一身便服，胡子拉碴，据说当时他的皮靴和裤子上溅满了泥水。

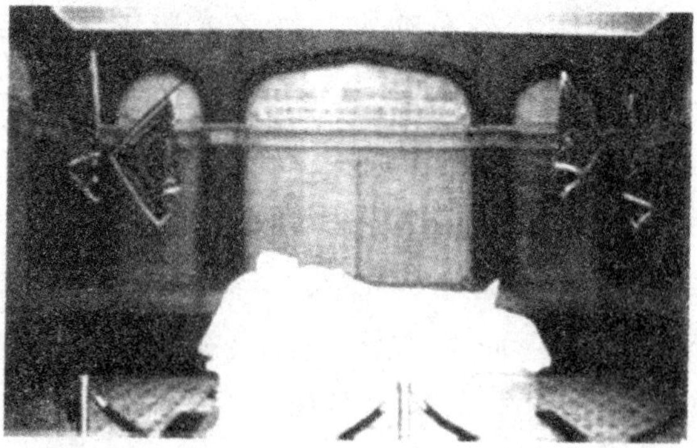

位于维吉尼亚的罗伯特·李灵寝纪念馆

从画面上的形象，人们几乎看不出谁是胜利者，谁是投降者。但美国人说，这是历史的真实。南军统帅罗伯特·李将军，在战后像以

前受到叛军信任一样受到联邦政府的信任，他被保留了原有军衔，被任命为华盛顿学院院长，而且作为优秀军事家之一被载入美国史册。

1870 年 10 月 12 日罗伯特·李去世。

布吕歇尔

布吕歇尔是 19 世纪德国的一代名将，此人作战勇猛，军事才华突出，但却粗野放荡，有时还精神错乱。他与战神拿破仑厮拼数年，堪称一位“猛大帅”。一生最经典的杰作就是让一代雄主拿破仑遭遇“滑铁卢”。

布吕歇尔

拿破仑第一次放弃帝位后，被欧洲反法同盟囚禁在厄尔巴岛。厄尔巴岛面积约 230 平方公里，位于拿破仑出生地科西嘉东北的地中海西部。拿破仑在岛上保留了皇帝称号，维持了一个小朝廷和 5 艘军舰以及 3000 名亲随部队。他平时读书，偶尔也在岛上巡视，奖励农桑，到田间耕作，草场放牧，看似万念俱灰。

这时，战胜了拿破仑的欧洲反法同盟各国在奥地利京城维也纳开会，瓜分胜利成果。因为分赃不均，引起重重矛盾。英国和奥地利积极缔结密约，反对俄罗斯和普鲁士两国，反法同盟因此而发生分裂。在法国国内，复辟封建制度的波旁王朝，大肆反攻倒算，夺走农民从革命中分得的土地；增加赋税和什一税；裁撤军政官员；对英俄各国卑躬屈膝，引起社会普遍不满，法国人民和军队对拿破仑的怀念情绪与日俱增。

拿破仑表面上声称从此不问政事，要老死孤岛，实则如神龙蛰伏海底，猛虎潜卧荒丘，密切注视时局变化，待机而动。反法同盟分裂波旁王朝不得人心的消息，使拿破仑认定时机成熟。他便秘密筹集经费、武器，于1815年2月26日夜，躲开英国监督官和在附近巡逻的联军舰队，率领1050名亲兵，搭乘7艘战舰，悄然离开厄尔巴岛，于3月1日下午在法国南部儒昂湾登陆。

拿破仑登陆后，沿山路北进，沿途印发《为逃离厄尔巴岛告法国人民书》和《告将士书》，说明他东山再起的宗旨。沿途农民闻风而起，主动为拿破仑和他的小部队提供食宿粮草，成千上万的农民自动扛起刀叉、锄头和各种旧式武器，高呼“打倒贵族”、“打倒僧侣”的口号，跟随拿破仑北进。被波旁王朝派来阻挡拿破仑前进的军队也接二连三倒转枪口，欢呼着拥向拿破仑，士兵们吻老皇帝的手和膝盖，热泪盈眶，官员们也纷纷表示效忠拿破仑。波旁王朝的军队一队一队地倒戈，法国各城市自南而北，一个一个地自动易帜。待进抵里昂时，拿破仑身后已有1.5万名正规军和无以计数的大批农民。

1815年3月20日，拿破仑在成千成万巴黎市民的热烈欢迎下，重返巴黎。自离开厄尔巴岛后不过23天时间，拿破仑兵不血刃，赶走了波旁复辟王朝，恢复了被欧洲反法同盟百万大军剥夺的、对法国的最高统治权。

拿破仑逃离厄尔巴岛、重返法国的消息传到维也纳时，反法同盟各国认为拿破仑不过是被拔除尖牙利爪的病猫，难以有所作为，因而未予重视。及至了解到法国人民举国欢迎，军队纷纷倒戈等情况，才惊恐万状，赶紧中止内部纷争，宣布拿破仑“不受法律保护”。并于3月25日组成第7次欧洲反法同盟，调集大军，制订了5路进攻计划，准备杀进法国，重新推翻拿破仑帝国。

5路进攻军队自莱茵河下游溯河而上，直到意大利与法国边界，部署成新月状，三面包围法国，密集布阵。第1路是英国与荷兰联军，共

10万人，部署在比利时北部，由英将威灵顿公爵指挥；第2路是普鲁士军队，12万人，部署在比利时南部，由布留歇尔元帅指挥；第3路是奥地利军队，21万人，由施瓦岑贝元帅指挥，部署在莱茵河上游；第4路是俄罗斯军队，15万人，由俄将巴尔克雷指挥，部署在莱茵河中游；第5路是奥地利和意大利联军，8万人，由弗里蒙特将军指挥，部署在意大利北部。5路大军步、骑、工、炮计约66万人，一经集中完毕，将于6月底或7月初从南、东、北三面同时进兵，越过法国国境线，会攻巴黎。除此以外，另组30万后备部队，拟在秋季随第一线部队跟进。拿破仑回巴黎后，深知与反法同盟决战不可避免，便积极重组军队，迅速征召了30万正规军，20万辅助兵。昔日流散的法国老兵和放回的战俘纷纷归队，使部队有了足够的骨干。但连年征战，造成物资匮乏，枪械、弹药、马匹供应尤其不足，部队也缺乏训练，尤其是将帅不足。拿破仑军队的素质，已与昔日不可同日而语。

布吕歇尔戎装

拿破仑也深知力量对比对法军不利，不能坐以待毙。他决定以攻为守，机动作战，乘反法联军还未全部集中以前，先进攻已在比利时境内集结完毕的英国和普鲁士军队，得手后，再攻击其他各路敌军。为此，拿破仑先安排好各处驻防部队，牵制次要方向的反法联军和保障后方安全。然后集中步、骑、炮三兵种精锐12.5万人，350门大炮，组成北方军，编成7个军团，于6月12日向比利时开进。出发前，拿破仑利用马伦哥战役胜利纪念日发表演说，鼓动将士为重振法兰西帝国雄风而战，宣称法军将在比利时与英普联军决一死战，不是征服，就是灭亡。

这时，英将威灵顿公爵指挥的10万英军分散部署在比利时北部布鲁塞尔到蒙斯之间65公里长的战线上。布吕歇尔元帅指挥的12万普军分散部署在比境南部沙勒罗瓦、那慕尔、列日直达下莱茵河之间80公里长的战线上。

拿破仑率12.5万名法军，日夜兼程，以迅雷不及掩耳的突击动作，从中央突破，突然插入英普两军防线之间，割断了两军联系。然后法军分为两支，左翼一支以两个军团步兵并辅以骑兵2个师，步骑共5万人，由猛将纳伊元帅指挥，控制通往布鲁塞尔的战略通道，牵制英军。主力4个军团和3个骑兵师共7万人部署在右翼，由另一员猛将格鲁希指挥，围歼退守林尼阵地的普军主力。

6月16日清晨，右翼法军向驻守林尼的普军发动进攻。拿破仑根据侦察得来的情报，认为林尼普军约4万人，法军胜算在握，他命令骑兵军团进攻普军左翼，一个步兵军团进攻普军右翼，近卫军团进攻普军中央阵地，三路配合，争取消灭普军大部，迫其残部退往列日，孤立英军。不料普将布吕歇尔元帅将后备军团源源开到，使林尼普军达到8.7万人，超过法军攻击部队，战斗形成胶着状态。拿破仑心中焦虑，感到情报有误，急令纳伊元帅从法军左翼部队抽调一个军团向东进军，迂回普军侧后，支援右翼法军。又令后备军团开上前线，立即投入战斗。

黄昏时分，普将布吕歇尔元帅因应付法军三路进攻，左右频频调动，中路出现空档，法军实力最强的近卫军团乘机奋勇楔入，突入普军中央阵地，拦腰截断普军战线。普军首尾不能相顾，布吕歇尔元帅也因座骑中弹而坠马负伤。8.7万普军损失近3万，余皆溃逃。拿破仑见天黑夜暗，法军又疲惫，未连夜追击。待次晨天明，方令格鲁希元帅率步、骑兵3.5万人和大炮100门，向普军逃窜方向追击，但为时已晚。

6月17日清晨，英将威灵顿公爵得报普军溃败的噩耗后，深恐势孤被围，赶紧率军向北方布鲁塞尔方向撤退。拿破仑一面令纳伊率法军左翼部队追击英军，一面亲率右翼法军剩余部队，随纳伊部队跟进。正在这时，乌云四合，狂风大作，暴雨倾盆，道路皆被冲毁，田野化为泥塘，法军骑兵被迫暂停追击，英军得以从容退到布鲁塞尔大道中

段小村庄滑铁卢附近。

滑铁卢北距比利时首都布鲁塞尔20余公里，地势由西北高地向东南倾斜。圣让山如一道长栓，横跨布鲁塞尔大道。两翼各有一列小山伸向前方，间距6公里，而且丛林密布，利于防守。英荷联军退到滑铁卢时，尚有步骑、工、炮6.8万人，大炮150门。威灵顿公爵决定利用滑铁卢的有利地形，阻截法军进攻，等待布吕歇尔元帅率普军回师，夹击法军。他把部队成梯次作纵深配置，步兵占领制高点，骑兵紧随其后，预备队置于圣让山之后，严阵以待。

6月18日，拿破仑率领法军主力共7.2万人，携带250门大炮，穷追英军至滑铁卢以南。他采用声东击西战术，决定先在右翼佯攻，迷惑和牵制英军，然后从中央突破，沿布鲁塞尔大道夺取圣让山。

中午时分，随着三声号炮冲天而起，法军右翼首先向英军左翼猛攻，威灵顿看透了拿破仑的诡计，不为其迷惑，只令左翼英军坚守阵地。隔1小时，左翼法军也发起进攻。法军百门大炮先排山倒海般猛轰英军右翼阵地，步兵排成师纵队，正面200人，前后24列，奋勇冲杀。在中央阵地，法军骑兵也在炮火掩护下发起攻击。一时间，滑铁卢战场10余公里战线，炮声隆隆，硝烟弥漫，双方10余万军队，来往冲杀，步、骑、炮混战，阵地每每失而复得，得而复失，反复易手。

下午3时半，法军猛将纳伊根据拿破仑命令，指挥预备军团投入中路，两翼法军预备队也投入战斗。战况愈加激烈，英军战线多处被突破，尤其中央战线岌岌可危，眼见全线崩溃在即。到6时许，红日即将西沉，法军侧后忽然尘土大起。威灵顿透过望远镜，看到是企盼已久的普鲁士援军赶到，英军士气顿时大振。

原来，布吕歇尔元帅16日在林尼失败后，连夜东撤，收拾残部，得步、骑、炮3万余人，摆脱法将格鲁希的追击，绕道北进，及时赶到滑铁卢战场。拿破仑未曾料到布吕歇尔能逃脱格鲁希的追击，赶来救援英军，心中暗惊，却不动声色。他相信格鲁希元帅指挥的法军必然会尾随布吕歇尔赶到现场。因而除调少量部队阻击布吕歇尔部队外，又投入最后10个近卫军营，企图攻克英军防线，打开危局。僵持到晚

8时，普军突破法军阻击线，进至法军主阵地背后。威灵顿公爵乘机调动预备队，指挥英荷军队反攻。法军腹背受敌，仍然苦苦支撑，期待格鲁希指挥的3.5万法军和100门大炮救星般从普鲁士军队背后攻到。入夜以后，格鲁希部队依然杳无音信，拿破仑由焦躁而恐慌，由恐慌转为绝望。法军经过连日苦战，伤亡惨重，经不起英、法、荷三国10余万军队彻夜攻击，终于全线崩溃，连夜后撤。英、普、荷军队衔尾穷追。法军在滑铁卢恶战一整天，折损官兵近3万人，终于彻底失败。

布吕歇尔纪念像

6月21日，拿破仑败归巴黎。反法联军随后越过法境，源源而至。法军因在滑铁卢元气大伤，失去了在法境战胜反法联军的力量和信心。拿破仑见大势已去，再次被迫宣布退位，并被反法同盟强行放逐到大西洋圣赫勒拿岛，郁郁而死。滑铁卢之战不但是战神拿破仑的最后一战，而且法军在滑铁卢惨败也最后决定了拿破仑被流放的命运。

此后，布吕歇尔的声望达到巅峰，成了英雄的化身。战后的布吕歇尔回到了他在西里西亚的老家，彻底过上了优哉游哉的幸福生活，直至1819年76岁时病逝。

霍拉肖·纳尔逊

霍拉肖·纳尔逊至今仍然是英国历史上最有影响力的海军统帅之一，因为他的领导，英国海军成为整个19世纪的海上霸主。纳尔逊制定的操行标准和传统，至今还被英国皇家海军仿效。嘉德在纳尔逊葬礼上很好地称颂了他，他这样描述这位海军上将“他是胜利时刻倒下的英雄，覆盖着不朽的荣誉”。

霍拉肖·纳尔逊

1758年9月29日，纳尔逊出生于英国诺福克郡伯纳姆索普镇。20岁时，他掌管了英国护卫舰，成为皇家海军历史上最年轻的船长。在后来的十年里，纳尔逊大多时间在西印度群岛服役，包括镇压美国独立战争的作战。

1793年英国与法国的战争爆发，纳尔逊转到地中海舰队，在之后的十二年里他在那进一步提升了他已有的国民英雄的声誉。最初，纳尔逊指挥英国皇家海军舰队阿伽门农号，在科西嘉周围水域服役。在1794年领导水陆作战攻击卡尔维时，纳尔逊第一次负伤，这次受伤使他失去了右眼。

1797年2月14日，纳尔逊派出74门大炮的首领号与当时世界上规模最大的军舰——西班牙130门大炮的特立尼达号作战，随后登上并俘获了80门大炮的圣尼古拉斯号。纳尔逊的出色表现迎来了圣文森特角的胜利，他也被提升为海军少将并被授予爵位。

7月，纳尔逊在一次大胆而不成功的小艇攻占加纳利群岛行动中再次负伤，这导致他失去了右臂。一年后，康复了的纳尔逊回到地中海追击支持拿破仑入侵埃及的法国舰队。在纳尔逊到达之前，法国军队已经在阿布维海湾登陆，但是在后来8月1日的战场上，这些英国舰队俘获或是摧毁了13艘法国船舰中的11艘，而自己毫发未损，这场胜利迫使拿破仑的军队放弃了他们的入侵计划。

在尼罗河战役中纳尔逊头部受伤，但是紧接着他成功地指挥将法国的势力赶出那不勒斯，重塑了王室的权威。

特拉法尔加广场上的霍拉肖·纳尔逊雕像

1801年，已经是海军中将的纳尔逊加入到海德·帕克爵士指挥的对丹麦的作战，以阻滞他们对法国经济援助。4月2日，纳尔逊带领12艘战船进入哥本哈根港口，受到16艘丹麦船舰和重型海岸炮的阻击。一场海战史上惨烈空前的战役开始了。天空中炮弹横飞，帕克给纳尔逊发信号让他撤退。纳尔逊把望远镜放在自己那只失明的眼睛上，对他的一个下属说："我只有一只眼睛，有时我有权视而不见。".他继续作战。一天下来，纳尔逊取得了胜利，非但没有被斥责不遵从命令，他还获得了子爵的头衔。

纳尔逊在哥本哈根取得的胜利为法国和英国之间赢得了短暂的和平，但是在1803年，两国再次开战。纳尔逊将他的舰队开回到地中海，将法国的舰队封锁在土伦海军基地内。1805年，在天气不利的情况下，法国舰队冲破了封锁。纳尔逊横跨大西洋追击他们，并在他们到达加的斯港之前赶了回来，在加的斯港法国舰队与一支西班牙舰队会合，并与他们各自的陆上军队联合，准备入侵英国。

法西舰队联军的第1线作战军舰是33艘，比纳尔逊的27艘多。纳尔逊还是制定了一份详细的计划分发给他的舰长们，还从他的胜利号旗舰上升起一个旗语“英国期望每个人都会尽职尽责。”他随后开始进攻。两支舰队于1805年10月21日在特拉法加角相遇，战争的发展形势与纳尔逊计划的一样。英国从敌军第13和14艘战舰之间突破了敌人的阵线，随后击沉或俘获了19艘敌舰，己方只损失了1艘英军舰船。英国因此在之后的一百年里在海上占据支配地位，拿破仑侵占英国的梦想也沉入了特拉法加角的海底。

纳尔逊的坐舰——胜利号

然而，纳尔逊没能看到他取得的最伟大的胜利。在这场战事之初，一名法国的神枪手在邻近的船只的帆缆高点给了纳尔逊致命的一击。这位伟大的海军上将在说完“现在我很满意，谢谢上帝，我完成了我的任务”后咽下了最后一口气。纳尔逊的遗体保存在一个装白兰地酒的木桶里运回了伦敦，安葬在圣保罗大教堂。

尽管纳尔逊在他职业生涯的最高点去世，他只活了47岁，但他带来的英国海上霸权一直持续了近百年，为艾尔弗雷德·塞耶·马汉提出的海上战争军事理论提供了基础。纳尔逊今天依然被视为英国皇家海军的英雄，是世界上水兵的象征，是最有影响力的海军统帅。

苏沃洛夫

1812年，拿破仑占领了莫斯科，一时间许多不甘被法国人统治的莫斯科居民，纷纷逃离那里。一天，一位试图离开莫斯科的中年贵妇被法军的巡逻队截住了。

苏沃洛夫

“你是谁?”法军巡逻队员不禁好奇这位贵妇人的身份。“娜塔利娅·祖博夫，苏沃洛夫的女儿。”

“啊！天啊，苏沃洛夫的女儿?”惊呆了的法国人立即放她过去，并为她进行军礼欢送。

这位让整个欧洲敬畏的元帅，以进攻而著名的大军事家，俄国军事学术的奠基人之一的苏沃洛夫，全名为亚历山大·瓦西里·耶维奇·苏沃洛夫。

1730年，苏沃洛夫出生在莫斯科城，他的童年是在诺夫哥罗得省康昌斯克村度过的。其父瓦西里·苏沃洛夫，在彼得大帝时期的近卫军中服役了几十年，充任上将、枢密官，曾编撰了俄国第一部军事词典。

苏沃洛夫小时候身体孱弱，然而与他孱弱的身体恰好形成鲜明对

比的是，他有着无比坚忍的毅力和旺盛的精力，他以“古代英雄”作为自己效仿的楷模。亚历山大、恺撒、汉尼拔等将战争变为一种艺术的统帅们的形象，一个接一个地激发着他的想象。有时，他丢开书本，不顾恶劣的天气，冒着狂风暴雨，骑上烈马疾驰。他喜欢游泳、玩棒球、爬树。由于天生身体孱弱，苏沃洛夫少年时就开始锻炼身体，一做起体育活动就要搞到疲惫不堪才罢休，甚至在天寒地冻时，他还穿着单薄的衣服，因此经常感冒、患病。父亲认为儿子这样做纯系乖张行为，感到非常不安，那时人们就已把他称为怪人了。然而，瓦西里已该考虑儿子的前途了。

彼得一世规定所有的贵族都要服兵役，并且禁止晋升“对行伍基础一无所知”的人为军官。于是很多显赫的贵族们在自己的孩子刚刚出生或年纪幼小时，就在禁卫军中将他们登记为下士或中士。这种“预授”军衔的做法在当时很盛行。

1742 年 10 月 23 日，“未成年的贵族子弟亚历山大·瓦西里耶维奇·苏沃洛夫”被编入谢米诺夫禁卫团当兵，而他的父亲则通过关系，以身体孱弱为由，让苏沃洛夫在家里“自学”。

在家自学的几年中，苏沃洛夫读了希腊史学家普卢塔尔赫的著作和罗马统帅恺撒的回忆录，开始学习重要的军事论著。他阅读了奥地利军事首领赖蒙德·蒙特库科利的《论军事艺术》，研究了休布纳和罗连的历史和地理学著作，甚至钻研过沃尔夫和莱布尼茨的哲学原理。炮兵学和筑城学苏沃洛夫是在父亲的指导下学的，他父亲曾遵照彼得的指示翻译过沃邦的《筑城学基本原理》一书。也就在这一时期，苏沃洛夫除法语外，还掌握了德语，尽管使用时还有错误。

年轻的苏沃洛夫在进入禁卫团之前，就已经极其认真地把当军官所必需的一切都学会了。他当然也掌握了彼得一世总结 18 世纪俄国军队进行的改革和彼得以大量作战经验写成的条令。

彼得从上个世纪接过来两个极其复杂的遗留问题——土耳其问题和瑞典问题，但只解决了其中的一个，即在波罗的海沿岸立稳了脚跟。远征瑞典的胜利锻炼了俄罗斯的正规军，使之成为欧洲劲旅之一，在雅乌扎河和普列谢耶沃湖进行的最初几次尝试中，神话般地飞速成长起来一支强大的海军舰队和商船队。正如普希金所说：俄罗斯“在斧子的敲击声及大炮的轰鸣声中，像一只下水的大船那样”，跨进了欧洲。

彼得创建的正规军首先是一支本民族的军队，它主要从农民中招募新兵作补充，并且以农民为后盾。而西方各国的军队直至18世纪末还都是些雇佣兵，而且大都是外籍人。

年轻的苏沃洛夫从彼得1700年颁布的《简明日常操典》，特别是1716年颁布的若干《条令》中，找到了对18世纪军事学术的整个发展过程起过决定作用的基础。在只有步兵队列条令性质的《简明日常操典》中，规定要教会每个士兵在射击中要准确而迅速地变换队形，教给他们娴熟的射击技术；最后还要他们在外国军队战术中几乎不采用的白刃格斗中发挥灵活性和坚韧性。这曾给彼得带来了辉煌的战果。

彼得废除没有战斗力的贵族后备队后建立了正规骑兵，于1702年颁布《龙骑兵操练要领》。同步兵条令一样，《要领》也强调掌握冷兵器的重要意义。1706～1707年，骑兵把长剑换成大军刀。龙骑兵训练斩劈，而不是像瑞典军队那样进行戳刺。彼得还给龙骑兵团装备了大炮，他的这一做法比欧洲早了50年。

年轻的苏沃洛夫所学的彼得一世1716年颁布的《军人条令》，综合了经过实践检验的全部战斗经验，直到1812年颁发《作战大军指挥条令》之前，《军人条令》一直是正式遵守的法规。

彼得以18世纪欧洲各国军队一致采用的线式战术为自己的战术基础。在战场上，战线拉得过长会失去机动性，但这又是允许的，这样可以最大限度地使用火器，然而，彼得为线式战术增加了许多新的重要内容，当他还在世时，俄国军队就已遥遥领先于欧洲最有组织性的军队。

然而彼得的革新思想在安娜·约安诺夫娜执政时期却被置于脑后。那些年，普鲁士的《步兵操练法》及米尼赫的《骑兵操练法》逐渐取代了彼得大帝的队列条令，使教练场上检阅性质的操练、棍棒纪律、

残酷体罚合法化。伊丽莎白即位之后，虽下令“操练应一如先帝彼得大帝生时那样全面依据原来的训令，而不是按普鲁士的操练法进行。”但部队先进传统的恢复仍然极其缓慢。又过了很长时间，由于鲁勉采夫和苏沃洛夫的努力，才完全恢复起来。

1748 年，苏沃洛夫正式在军中服役。

当时的俄军各方面萎靡不振，多数军官们不惯军事。谢米诺夫团中的军官，绝大多数都出身于富豪贵族，在军中过着安闲游荡的生活，泡在宫廷中的歌舞晚会里，把练兵任务交给那些司务长去做，苏沃洛夫对这种现象很反感。他坚决回避了宫廷生活，埋头苦读军事功课，并且一有空闲就和士兵们来往，同他们作长时间的交谈。他很尊重士兵的人格，与士兵们总能互相谅解，而且可以用三言两语向士兵们把任何一种思想解释清楚。苏沃洛夫的这种才能，为他后来率领军队建立功勋提供了有利的条件。就是后来升为大元帅，他也坚持和士兵一样的生活，有人曾说：“他和劳苦农民一样，睡的是几把干草。”他不是做样子，是真心和士兵们同甘共苦，因此，士兵们常常亲昵地称他是“大兵元帅”。

1754 年，苏沃洛夫升任少尉，并受任到殷格尔曼兰步兵团中去服务，他高兴地接受了这一任命。到任后，他迫不及待地想参加战斗，机会终于到来了。1756 年他参加了有名的七年战争（1756～1763 年，法奥俄与英普等国之间的一场大战），起初，担任掌管军需和给养方面的职务。1759 年，他作为俄军大本营的军官，参加了库涅斯多夫交战和攻占柏林的战斗。1761 年，他又指挥独立支队参加了鲁勉采夫的攻城军，顺利地攻占了科尔别尔格城。

1761 年 12 月 25 日，伊丽莎白·彼得罗娜芙女皇去世，继任的彼得三世不得民心，次年 6 月便被叶卡特琳娜二世发动政变赶下了台，而老苏沃洛夫因对那次政变的大力支持而青云直上，苏沃洛夫也因此得以升迁。

1762 年 8 月，苏沃洛夫晋升为中校，开始任阿斯特拉罕步兵团团长。七年战争结束，苏沃洛夫调到苏兹达尔步兵团充任团长。到任不久即发现：俄军的训练完全效法普鲁士军队，一行行笔直的士兵穿着紧箍着身子的制服，脑后的长发结着整齐的辫子；为了防止士兵前进时膝部弯曲，在他们的腿上绑着夹板，致使士兵卧倒后必须借助其他手段才能立起。于是，苏沃洛夫创立了一整套教育和训练的方法。他反对盲目练兵，主张激发士兵的民族自尊心和爱国热情，努力使士兵在最复杂的战斗条件下大胆主动和巧妙地行动。行军演习，是苏沃洛夫进行改革的重要项目之一。他严令士兵每天行军40至50俄里。在行军途中，他用各种方法组织竞赛。他认为，在行军中若不能发挥高度的竞赛精神，在战场上，也同样不能发挥高度的竞赛精神。他还有一句得意的格言“训练时艰苦，作战时轻松”。苏沃洛夫在这个团教育训练长达6年之久。

1768年，苏沃洛夫晋升为准将，指挥一个旅的部队参加征服波兰的战争。第一仗是与法国将官杜穆累交锋。杜穆累把自己的部队布置在沿山斜坡的战壕里，山西面又有森林作掩护，自以为兵力占优势，对俄军的进攻不以为然。苏沃洛夫带领劣于对方的兵力，决心要去冒险。他率400名骑兵冲在队伍前边，当接近敌人阵地时，命令骑兵向敌阵地猛冲。杜穆累的军队被突如其来的冲击惊呆了，顿时乱作一团，纷纷逃窜，仅半小时就解决了战斗。接着，苏沃洛夫于1769年在奥列霍夫、1771年在斯特洛维奇等地，战胜了波兰贵族党人。

但这位准将并不喜欢在波兰的丛林里和波兰贵族党人作战，他渴望在更大的战争舞台上一展身手。1773年，苏沃洛夫终于被调到土耳其，在鲁勉采夫指挥的第1集团军中任职。当时，俄土两国之间的战局呈胶着状态，双方互有胜负，兵力上有优势的土耳其人甚至还略占上风。

苏沃洛夫的到来改变了局势，这年6月，他率领的部队击败了图尔图卡依的土耳其人。苏沃洛夫在土耳其的军功为他赢得了沙皇叶卡特琳娜二世的信赖，时隔一年，也就是1774年的3月17日，苏沃洛夫被晋升为中将，并被任命为预备军军长。同时俄土两国的战争也到了决战时分。正是这位天才的统帅在科兹卢贾附近击溃了4万土耳其主力。

战争结束后，回到俄国的苏沃洛夫来不及稍事休息，便被日益器重他的叶卡特琳娜二世派去镇压自称彼得三世的普加乔夫领导的农民起义。

当时，农奴们纷纷投奔普加乔夫，他们烧毁地主的大庄园，杀死贵族、官商和官僚。俄国幅员辽阔的大地上正在打一场国内战争。

一天，苏沃洛夫身裹士兵斗篷，乘一辆敞篷小邮车，由一支人数不多的小队护送，风风火火赶往部队。一过萨拉托夫，小邮车就被一群农民围住，其中还有一些伏尔加河中下游左岸的吉尔古斯——哥萨克。

“你们是什么人?”一个戴便帽的头目用手枪对准将军问道。

“皇帝手下的人……”苏沃洛夫赶忙抢着回答说。

戴便帽的人怀疑地把目光移到护送苏沃洛夫的士兵身上，看到他们身上带着刺刀，这是起义者通常没有的。

“我们去办一件特别重大的国事。”苏沃洛夫果断地说道，于是将军逃过此劫。

事后很久，苏沃洛夫在他的自传里承认：“……我有时用了恶人的名字，今天说来，我并不觉得惭愧。”那名放走了苏沃洛夫的哥萨克可能会后悔不已吧？因为苏沃洛夫很快便将他们的“皇帝”普加乔夫俘虏到叶卡特琳娜二世面前。

平定起义之后，苏沃洛夫又率兵进行了多次征战，为巩固叶卡特琳娜二世的统治建立了功勋。1776～1779 年，他统率驻克里木和库班的军队，策划克里木并入俄国。1782～1784 年，他指挥库班军构筑了库班堡垒。

1787 年 8 月 12 日，第二次俄土战争爆发了。此时，俄国已经建立了由鲁勉采夫和波将金统率的两支部队，前者负责后勤线，后者负责战事。然而缺乏将才的波将金在初战失利后，很快便陷入恐慌之中。主帅的绝望情绪影响到整个军队，俄国迫切地希望一场胜利来改变一切。

能够改变战局的人依旧是苏沃洛夫，他先是在金布恩地区，以不到3000人的兵力，打退7000人的土耳其大军在这一地区的登陆作战。

1789年，在福克沙尼和雷姆尼克附近，苏沃洛夫指挥2.5万名官兵打败土耳其10万大军，取得了重大的胜利，被俄国女皇封为雷姆尼克公爵。苏沃洛夫的胜利很快就对战争的进程产生了影响，俄军肃清了直至多瑙河的广大地区的敌人。然而极富个性的苏沃洛夫与女皇宠臣波将金的不和，让他仕途坎坷。次年12月，攻陷伊兹梅尔之后，苏沃洛夫被女皇变相流放到芬兰边境负责防御工事。后来，“我身上有七处伤，”苏沃洛夫说道，“其中两处是在战争中留下的，五处是在宫廷里落下的。”

但女皇四处的征战需要苏沃洛夫，1794年9月，苏沃洛夫再次被派往波兰，参加瓜分波兰的战争。10月，苏沃洛夫率兵攻克华沙。波兰远征迫使彼得堡所有那些忌妒苏沃洛夫的人都闭上了嘴。叶卡特琳娜二世对他征服华沙的奏章仅批复了三个词：“乌拉，苏沃洛夫元帅！”她降下手谕：“你知道，朕不破例晋升什么人，也不愿委屈资历老的人，但是你自己把你提升成了元帅……”苏沃洛夫获得了第一根元帅权杖。

然而苏沃洛夫虽然是贵族，是叶卡特琳娜二世的陆军元帅，获得过俄国的全部勋章，具有伯爵、公爵的爵位。但他非但不追求所有这些特权所给予他的一切，反而与这些特权格格不入，持敌视态度。他穿着缀满价值连城的钻石的元帅服，和大伙一块喝稀粥。

同时，这位“大兵元帅”也不忘继续对军队进行改革。1796年3月下旬，苏沃洛夫著名的军队战术训练细则，同时也作为军人手则使用的《制胜的科学》最终形成。苏沃洛夫用鲜明、通俗的文笔叙述了士兵要成为本领高超的战士，成为自己祖国的可靠卫士，应该学些什么，怎样学习。

1796年11月，叶卡特琳娜二世突然死去，保罗一世继承皇位。亲普鲁士的保罗一世继位伊始，便下令在军队中推行普鲁士军队的一套线式队形和线式战术。这显然和苏沃洛夫所推行的格格不入，“普军屡屡败于俄军，我们向他们学什么呢？”他对保罗一世在战术、纪律和士

兵服装方面进行的更改作了这样的总结。

1797 年 2 月 6 日，与皇帝冲突的苏沃洛夫被免职，保罗一世命令他迁居偏僻的康昌斯克村，禁止人们送行和与之通信往来。他在这里度过了两年的光阴。

两年中，保罗一世曾试图和解。他召见过这位德高望重的老元帅，并让军队为苏沃洛夫举行进攻演练。但这时的步伐已不是苏沃洛夫那著名的“俄尺步”了，进攻也没有那种白刃冲击的味道了。苏沃洛夫在各排中间跑来跑去乱钻一气，作出一副戴不住扁军帽（普鲁士军帽）的是样子，不时去抓帽檐，还老是把帽子弄掉，脸上装出一副大惑不解、诧异不止的神情，还低声咕哝着。显然，参观这次操练对沙皇和苏沃洛夫来说，都是活受罪：一个眼睁睁地看到以前的制度被彻底废除，另一个则看出自己实行的新制度明显地不受赞赏。

1799 年，保罗一世同英、奥两国结成反法军事同盟，俄国与法国一战已不可避免。两军将在意大利境内摆开战场，俄国准备起用苏沃洛夫担任统帅。保罗一世开始担心他不会接任其职，但出乎预料，苏沃洛夫却欣然应允了，因为他看到法兰西共和国节节胜利，迫切希望同年轻的拿破仑较量一番，他常说：“这小子走得太远了！该让他收敛一下了……”

任职后的元帅迅速赶往他的军队，一路上，人们纷纷慕名而来，一睹苏沃洛夫的风采。

在库尔兰首府（法国波旁王朝流亡政府）传来苏沃洛夫经过的消息后，一天清晨，苏沃洛夫元帅的行辕里就来了人。时钟敲过 8 点，大厅的门开了，一个瘦小的人穿着衬衣走出来，用苏沃洛夫的声调说道：“元帅马上就出来！”说罢便走了进去。几乎同时此人又走了出来，这时他已身着绿色制服，衣缝处镶嵌着钻石，胸前挂着许多勋章。统帅如此迅速地穿好衣服，是为了驳斥那些说他已年老体衰、毫无用处的无稽之谈。

在维尔诺，军事代表、市民以及法纳戈里亚团全体官兵在警卫本部前的广场上迎候元帅。元帅在马车上接受了检阅报告，问道：“这里有我法纳戈里亚团的老兵吗？”

马上就有 50 来名老兵走到马车跟前。他们个个身材魁梧，头发斑白，留着浓密的小胡子。

“我们的慈父！老爹！您好！”

苏沃洛夫激动万分，声音颤抖着喊道：“你们好，神奇的勇士们！我亲爱的朋友们！你们好！你们好！”

苏联苏沃洛夫勋章

“阁下！我们亲爱的慈父，你把我们带上吧！”

“这是我们的心愿！我们都这么盼望，我们亲爱的老爹！”其余的人也都随声说道。

这一请求苏沃洛夫是无法满足的，因为沙皇将法纳戈里亚团派往荷兰。但苏沃洛夫不愿伤害战友们的感情，提高声调说，以便大家都能听到：“我要将此事上奏沙皇！”

老元帅在军中所受到的欢迎何止法纳戈里亚团呢？所有俄国的士兵都相信，他们亲爱的老爹抵得上 10 万大军，他们亲爱的老爹会带领他们取得胜利，他们愿为俄国、为他们亲爱的老爹而战斗。

年迈体弱的苏沃洛夫披星戴月，很快赶到了自己的部队，整支部队的面貌也因老帅的到来而焕然一新。当时俄军正在行军途中，不成样子的俄军，每天只走 12 俄里。苏沃洛夫一到部队，立即取消了保罗

一世推行的普鲁士军队的那一套陈规旧制。俄军在苏沃洛夫的统帅下，行军速度大大加快，18 天向前挺进 520 俄里。

在苏沃洛夫没有到达之前，奥国军队已同法军交战，结果是很悲惨的。4 月底，在阿达河岸上，苏沃洛夫同法军第一次交锋。法军指挥官舍勒尔被苏沃洛夫的声东击西战术打得落花流水，俄军随即顺利地通过了阿达河。接着，他又打败了法军名将莫洛，使其一个整师缴械投降。到同年 6 月，俄军大举反攻。法军分两路分进合击，一路由莫洛指挥，一路由马克多那尔指挥。苏沃洛夫率 2 万人与法军的 5 万人大军作战。在这众寡悬殊的形势下，苏沃洛夫先发制人，攻击马克多那尔的部队。经过 3 天的激烈战斗，打得法军溃不成军。战斗快要结束之际，莫洛率兵增援，俄军部分军官主张退却，苏沃洛夫却下令坚决攻击。莫洛见马克多那尔的部队已被打败，自己独自与俄军作战已无取胜把握，便不战而退了。

在远征意大利的作战中，苏沃洛夫取得了辉煌的成就，歼灭了 3 个法国集团军，使北部意大利在短期内获得了解放。1799 年 9 月 1 日，苏沃洛夫开始了对瑞士的远征，他选定圣哥式佳山峡这个最近的道路，越过阿尔卑斯山。恩格斯说，这是“到当时为止所进行的一切阿尔卑斯山行军中的最出色的一次”。这次远征，虽然花费了较大代价，但最后还是取得了胜利。

苏沃洛夫的胜利却给俄国和奥地利带来了利益上的纠纷。1799 年 10 月，保罗一世废除了俄奥条约，俄国和奥地利的联盟破裂。苏沃洛夫奉命回国，受封为统率俄国全部军队的大元帅，他已成为当时的传奇人物。

在布拉格的一个剧院里，一次因为元帅将前来观看演出，剧院张灯结彩，人们出 3 倍的价钱争购门票。当苏沃洛夫出现在包厢时，雷鸣般的掌声响起，“乌拉！苏沃洛夫万岁！”欢呼声响彻剧场。

专为苏沃洛夫写的序幕演完后，全场又掀起一阵同样热烈的欢呼声向他表示致敬。苏沃洛夫身着奥地利元帅服，佩带着所有的勋章，高呼：“弗朗茨（奥地利国王）万岁！”作答。他几次示意观众停止呼喊他的名字无效后，他便不再做手势，只是深深鞠躬致意。大家都向他鞠躬致谢，就像对待教皇那样。

幕间休息时，一位年轻的夫人从隔壁的包厢里探出身子，要仔细看看苏沃洛夫。苏沃洛夫想同她认识一下，经人介绍之后，便向她伸出手去，可那位夫人竟窘住了，没有把手伸给他。于是，苏沃洛夫便轻轻地捏着她的鼻子，吻了她一下，逗得全场哈哈大笑。

然而此时的苏沃洛夫已身染重病，回到彼得堡之后，喜怒无常的沙皇却借口苏沃洛夫违背军令而加以指责。残酷而又不公正的现实，使苏沃洛夫心灰意冷，悲痛至极。几星期之后，这位为俄国沙皇征战几十年的老将就与世长辞了。

苏沃洛夫指挥的战役中最经典的当数雷姆尼克河会战和伊兹梅尔要塞战。

1. 雷姆尼克河会战

1789 年 9 月，土耳其宰相率 10 万部队亲自出征。他直奔福克沙尼，企图途中击溃薄弱的奥地利军团，迂回至俄军主力部队的翼侧和后方。9 月 10 日清晨，得到消息的苏沃洛夫率军赶到线形布防的奥军驻地，与驻扎在米利卡河畔的奥军左翼相衔接。合在一起的两军数量刚够 2.5 万人。

面对兵力 4 倍于己的 10 万土耳其大军，苏沃洛夫决定主动进攻。

土耳其部队驻扎在雷姆纳河和雷姆尼克河之间，离俄军最近的营地设在特尔古·库库利附近，驻扎着 1.2 万名土军先遣队；第二个营地位于克伦古·梅伊洛尔森林旁边博格萨村附近；第三个营地靠近梅尔季涅希村，宰相本人停驻在更靠南一些的奥多亚村。

苏沃洛夫决定于当日夜里隐蔽接近土军，于翌日清晨从两翼同时对土军发起攻击。俄军去夺取特尔古·库库利附近的兵营，奥军向克伦古·梅伊洛尔森林推进。

一夜的行军后，太阳冉冉升起。俄军穿过又密又高的莠草和一块块玉米地，向特尔古·库库利镇逼近。当土军终于发现了俄军方阵时，营地里乱成一片。

然而，俄军方阵向前进攻时，被特尔古·库库利前边的深凹地拦住了去路，进攻被迫停顿下来。这时，苏沃洛夫出现在队伍中间，法纳戈里亚掷弹兵听到统帅讲了一句什么笑话，突然放声大笑。

于是，在统帅的鼓舞下，步兵终于越过了凹地，而骑兵绕过沟壕从右侧向土军攻去。土军的骑兵和步兵试图打退俄军的右翼，但是，俄军坚决进行反击。在苏沃洛夫亲率的部队打垮土军侧翼后，土军只得向特尔古·库库利森林后撤退。苏沃洛夫没有追击他们，他等待着土军的援兵，并将之也一举歼灭。

奥军出动得比俄军稍晚，他们靠近了位于克伦古·梅伊洛尔森林前的另一个土军兵营。土耳其宰相看清了俄奥两军合围的意图，便决定将俄军同奥军分割开来。他从博格萨村派出2万名骑兵，分两股猛冲俄军和奥军衔接的翼侧，直到中午时分，土军精疲力竭，才向克伦古·梅伊洛尔森林纷纷退去。林内驻有新调来的1.5万名土耳其精兵。双方好像达成一种默契似的，战斗暂时停息下来。

苏沃洛夫观察地形后，决定首先占领博格萨村，而后进攻克伦古·梅伊洛尔营地。下午1时，部队出发：俄军向土军的左翼推进，奥军向土军的中央和右翼推进，巴夏宰相担心会一败涂地，就调集了4万名骑兵，亲自率部出战。奥军依照苏沃洛夫的意见，用霰弹抗击，用刺刀打退土军的突击。俄军则冒着猛烈的炮火攻打博格萨。俄军炮兵打得非常出色，迫使土军两次转移炮兵阵地，最后干脆撤走了。博格萨攻克了，苏沃洛夫没有停顿，在全速行军中变换了队形。他将方阵展开，把骑兵排在间隙里，哥萨克和阿尔巴利亚人则摆在翼侧，把奥军的膘骑兵也布在左侧。他不停地进行猛烈的炮火轰击，开始向奥地利军团接近，最后俄军同他们连接成略向内弯的一条战线。

骑兵飞马冲入惊惶失措的土耳其精兵队列，此时，战场上响起了震天动地的“乌拉!”声。随后，俄国步兵赶到，端着刺刀冲上来了。

一整天都处在战斗行动中心的苏沃洛夫向士兵们喊道：“兄弟们!不要盯着敌人的眼睛，要看着他们的胸膛。你们的刺刀要往那儿捅!”

下午4时，土军10万大军的溃败已成定局。土军向最大的兵营所在地梅尔季涅希奔逃。俄军从右面，奥军从左面绕过克伦古·梅伊洛尔森林，在一块绵延直至雷姆尼克河的7俄里谷地上，毫不留情地追杀着。

苏沃洛夫指挥下的2.5万名官兵彻底打败了土军主力。

雷姆尼克河大会战是苏沃洛夫军事学术的最高成就之一。此次会战最充分地表现了苏沃洛夫作战艺术的特点：全面估计形势，行动果断、迅速，出其不意和统帅对部队的无限影响。

2. 伊兹梅尔要塞战

1790年10月4日，波将金赶到了伊兹梅尔，但伊兹梅尔是一座固若金汤的要塞，这座要塞是按照法国工程师的设计图加固和改建的。要塞呈内接10俄里圆周直角三角形，弦边朝向多瑙河岸，高3至4俄丈，长6俄里的主围墙组成了直角三角形的直角边，围墙前还有一条又深又宽的沟壕。伊兹梅尔有250门各种口径的火炮和3.5万名守备部队守卫着。土耳其军总司令发誓，宁死也不交出要塞。

俄军在伊兹梅尔周围集中了约3万士兵，劝降未果后，波将金只得召来苏沃洛夫。

光是苏沃洛夫这个富有影响力的名字就使俄军士气大振。他到来的消息传到整个部队和舰队后，“冲击”之声不绝于耳，整个部队对战事的态度极为热切。

在进行相应的战前准备之外，苏沃洛夫还在离伊兹梅尔要塞很远的地方修筑了近似的要塞围墙和沟壕，以训练士兵。

12月10日，战斗开始。俄军分3个集群同时向要塞进攻——3个纵队从西部进攻，2个纵队从东部进攻，海军舰队的登陆部队从南部进攻。在进行强攻的各纵队前面要有带丁字镐、铁锹和斧子的作业人员。

太阳刚一升起，俄军舰队、恰塔尔岛和翼侧炮垒上的600门火炮开始猛烈炮击。凌晨3点，一发信号弹腾空而起——部队进入了进攻阵地。清晨五点半钟，在乳白色的浓雾中，各部队悄悄地开始向要塞推进，海军登陆船只也立即起航。但是，当俄军前进到离要塞只有100步远时，土耳其人的炮火开始猛烈地反击。

拉西少将指挥的第 2 纵队最先从右翼攻上去。邻近的利沃夫第 1 纵队在坚固的塔比多面石堡前受阻。法纳戈里亚和阿普歇伦两个团的官兵，占领了多瑙河炮垒。土军冲出多面堡，挥起马刀向他们砍杀过来。法纳戈里亚官兵击退土军出击后，绕过多面堡，向布罗斯大门推进。

左翼的第 6 纵队与上述两纵队同时到达要塞沟壕。第 4 和第 5 纵队则遇到了巨大的困难，这两个纵队都是武装低劣、训练很差的哥萨克，苏沃洛夫连忙将预备队投入第 4 纵队中，而第 3 纵队则成功地占领了土军在多瑙河的炮垒。

到上午 8 时，俄军占领了伊兹梅尔的全部外围工事，土军准备死守每条街道和每座房屋，苏沃洛夫不容人数众多的土军清醒过来，就命令部队进攻。

残酷的战斗继续着，子弹从房屋里向外喷射，每座客栈都成了小堡垒。俄军的伤亡越来越大，某些地段上的土军仍占优势，竟不断发起反击，甚至包围人数越来越少的俄军战斗部队。

经过六个半小时的激战，俄军完全压倒了强敌，只有塔比多而堡、两座石砌客栈等据点还被残存的最后一批伊兹梅尔守卫者盘踞着。穆罕默德·艾多兹列亲自率领 2000 名奥斯曼帝国精兵据守在一座石头房子里。佐洛图欣上校率领一个法纳戈里亚营几次试图攻取这座客栈，都未成功。最后，炮火摧毁了大门，掷弹兵冲了进去，刺死了大部分土军。土耳其军总司令被刺 16 刀后毙命。

土军一共有 2.6 万人在此战中丧命，苏沃洛夫报称俄军伤亡 4260 人，但这个数字很可能被压低了。后来有材料说有 4000 人战亡，6000 人负伤；650 名军官中只有 250 名生还。

伊兹梅尔要塞的陷落让土耳其和欧洲仇视俄罗斯的人大为震惊。土耳其在锡斯托瓦召开的反俄会议中断，外交官们匆匆散去。通往巴尔干的道路已经打通，在君士坦丁堡人们已开始议论加固首都防御，建立全民非常后备军了。

在军事学上，苏沃洛夫攻陷伊兹梅尔要塞这一战例更是史无前例。他在伊兹梅尔要塞为期仅数天的行动，对军事学术的发展有着极其重大的意义。他对伊兹梅尔实施的强攻真正改革了围攻要塞的方法。在这之前，夺取要塞必须实施花费大量时间和兵力的包围或工兵进攻。苏沃洛夫强攻前先进行炮火连轰，然后公开攻取。

苏沃洛夫所以能实现军事学术上的这一改革，是因为他在此之前早就详尽地研究了攻取当时最大型要塞方法的理论及实践问题。使用这种方法，炮兵和步兵起着决定性的作用。

加里波第

朱泽培·加里波第（1807～1882 年），生于意大利北部的一个水手家庭，1834 年加入意大利青年党。1834 年策动撒丁王国海军起事失败，出走法国，被缺席判处死刑。后流亡南美洲，参加巴西南部共和主义者的起义和维护乌拉圭共和国独立的战争，成为负有盛名的游击战领袖。1848 年意大利革命爆发后回国，组织志愿武装参加反对奥地利独立战争。1853 年建立行动党，多次在意大利发动起义。1859 年法意对奥战争爆发后，组织并指挥志愿武装——阿尔卑斯步兵团作战，胜利抵达伦巴第。1860 年 4 月组成红衫军援助西西里岛人民起义。5 月下旬，攻占西西里首府巴勒莫，不久解放全境。8 月率军渡过墨西那海峡，攻下西西里王国首都那不勒斯，推翻西班牙波旁王朝的统治。1862 年两度组织志愿军进攻教皇统

加里波第

治下的罗马，完成意大利的统一。

朱泽培·加里波第，从小生长在尼斯。风景秀丽的尼斯陶冶了他的爱国主义情操。他早年当水手的生涯使他看到了遍体鳞伤的意大利和苦难深重的意大利人民，艰苦的水手生活又赋予他以坚强的意志和排除万难的信心。所以，他在15岁时便立下了振兴罗马、拯救意大利的雄心壮志。

1832年，他从意大利青年党人库涅奥那里得知了马志尼和意大利青年党以及它的政治主张。听了库涅奥的介绍，他如获至宝，为自己久思不解的问题找到了答案，也看到了自己不幸的祖国的一线曙光。就在这一年，加里波第在马赛会见了马志尼，并加入了意大利青年党。

加里波第的出生地

作为马志尼的坚决拥护者，加里波第积极投身到革命活动中。1834年，起义失败，加里波第无法在国内立足，被迫流亡国外，直到1848年欧洲革命爆发，才重新回到国内。

巴黎二月革命和维也纳资产阶级革命胜利的消息传到意大利后，米兰首先发动起来，威尼斯等城市也紧跟着行动起来。

马志尼和加里波第打起共和派大旗，领导意大利的革命运动。1848年8月11日，威尼斯人民举行起义，以曼宁（1804～1857年）为首的马志尼派，宣布威尼斯为资产阶级共和国。8月23日，托斯卡纳人民发动起义，组成了有资产阶级共和派参加的新内阁。11月16日，罗马起义者攻入教皇宫廷，成立了资产阶级的世俗内阁。教皇无法控制“叛乱的首都”，化装潜逃。1849年2月5日，罗马制宪议会宣布教皇“丧失了罗马国的世俗政权”。3月23日，以马志尼为首的三执政掌握了罗马共和国的全权。

加里波第建议马志尼采取积极进攻的战略，以巩固革命的胜利果实，但未被采纳。与此同时，奥地利勾结法国和西班牙共同出兵，进攻罗马。

以马志尼为首的三执政决定抗击法国入侵。加里波第立即投入了保卫罗马的战斗准备。他首先组织了2500人的一个旅，其骨干力量是他的随行军官。加里波第把兵力配置在波尔泰塞门、圣潘克拉齐奥门和卡瓦莱杰里门这三个城门之间，同时控制城外的科尔西尼别墅至帕姆非利别墅一带的制高点。

4月29日，法军兵临罗马城下。30日，开始攻击罗马城。加里波第与敌人展开了一场酣战。法军装备优良，训练有素，富有战斗经验，罗马军却缺乏如此有利的条件。但是，他们满怀激情，斗志昂扬，不怕牺牲，视死如归。特别令人惊奇的是，在整个战斗过程中，罗马军队反复高奏意大利的《马赛曲》，而法军则沉默不语。

在这场浴血奋战中，加里波第指挥得沉着冷静、机智果断、用兵得当，且身先士卒，赢得了士兵的信任与敬仰。他们说：“只要一看见这位战无不胜的英雄，就会想起我们祖先的业绩”。这些英雄的战士们正是以罗马人的镇静和力量对抗着法国人。

然而，敌人太强大了，加里波第在与10倍于己的敌人进行着殊死的搏斗。到6月底时，罗马城已经危在旦夕了。

7月1日，罗马制宪议会召开紧急会议，讨论防守还是弃城的问题，加里波第被召出席会议。由于他刚从前线返回，所以他出现在议会大厅时，全身是血，衣服多处被子弹打穿或被刺刀刺破。他的剑也弯了，剑身只有一半能插入剑鞘。全体议会议员对他肃然起敬，起立向他致意。这时，加里波第再也按捺不住自己激动的情绪，明确表述了自己的观点：“任何进一步的防卫都是不可能的了，除非我们决心把罗马变成另一个遭受战斗破坏和摧残的城市。现在已无可挽回了。”这

时，罗马城防委员会主席塞尔努斯宣布："罗马已经没有武器去反抗法军了，罗马只能被敌人占领。"这样一来，议会作出决定：停止防御，同时还公布了在罗马被围期间所制定的宪法；发布了给死难烈属以抚恤金的命令，授予参加保卫城市的外国人以公民权等。

革命失败后，外国势力竭力阻挠意大利的统一，一方面赖着不撤走驻军，一方面支持各诸侯国封建复辟。意大利半岛上，只有撒丁尼亚王国受到干涉少些，成为独立的君主立宪制国家。它保存了1848年颁布的自由主义宪法，这部宪法限制了王权，采取了两院制的国会制度，并且保障了资产阶级自由。

撒丁尼亚王国内阁首相是卡米洛·本佐·加富尔（1810～1861年），他是意大利自由贵族和资产阶级君主立宪派领袖，出身贵族家庭。

加富尔一直将统一意大利作为自己的政治理想和奋斗目标。1859年1月，加富尔利用法、奥矛盾，在法国避暑胜地普隆比埃与拿破仑三世会晤，双方达成联合对奥作战的秘密协定。拿破仑三世答应参加对奥作战，帮助撒丁王国收复奥地利占领的领土，建立北意大利王国，加富尔则答应把萨伏依和尼斯割让给法国作为酬谢。为了巩固与法国的结盟，加富尔还撮合两个王朝进行联姻。伊曼纽尔把女儿玛丽·克洛蒂尔德嫁给比她大20岁的法国王子热罗姆·波拿巴。

1859年4月，对奥战争开始了。除撒丁尼亚正规军外，在加富尔的号召下，加里波第率领志愿军也参加了战斗。6月4日，法、撒联军在马进塔一役大破奥军，6月22日，把奥军逐出伦巴底。

革命战争的胜利促进了意大利中部各邦人民的斗争。托斯卡纳、莫登纳、帕尔马和罗曼那的人民起来推翻封建政权，成立资产阶级政权。

马志尼领导的资产阶级民主派也发表宣言，号召全民起来，促成意大利的统一。

在加富尔的努力下，意大利中部各邦举行了公民投票，合并于撒丁尼亚王国，意大利获得了局部的统一。

然而，加富尔完成意大利的初步统一后，害怕得罪法国，又怕民主派得势，止步不前，就对民族、民主运动采取压制政策。这招致了以马志尼为首的民主派和以加里波第为首的统一派的反对。

1860 年 4 月 4 日，西西里岛爆发了广泛的起义，起义者遭到血腥镇压后转入游击战，加里波第组织“千里远征军”前往支援。

早在 1834 年，加里波第参加意大利青年党组织的起义失败后，流亡法国，后来又转赴拉丁美洲。在那里，加里波第召募意大利侨民，组织了一支“意大利军团”。军团士兵头戴阔边帽，身穿红衬衫，被称为“红衫军”。红衫军曾为拉美人民的民族解放斗争作出过积极的贡献。

米兰大教堂广场中心的加里波第雕像

1848 年，加里波第回到国内，成为意大利统一运动中的领导人之一。加里波第在国内又建立了一支主要由工人、手工业者和渔民组成的红衫军。这支军队英勇善战，威震全国。西西里起义后，身在热那亚的加里波第迅即前往支援。1860 年 5 月 6 日深夜，他率领千人红衫军分乘“皮蒙特”号和“伦巴底”号两艘轮船，自热那亚港启航。5 月 10 日午夜，到达西西里岛。

当地游击队闻讯，纷纷加入加里波第的队伍。5 月 22 日，部队攻至西西里岛的政治中心巴勒莫城下，城中有 2 万名波旁王朝的军队，加里波第在城西南方的蒙雷阿勒一带发动佯攻，给敌人造成红衫军将集中主力从西南方攻城的错觉。5 月 24 日，敌人调集近万名兵力配置在蒙雷阿勒一带。加里波第以小部红衫军牵制这支敌军，且战且退，诱敌远离城池，亲率主力部队，在夜间穿越崎岖不平的山路，出其不意地进抵巴勒莫东南 8 英里的米集耳美里。

5 月 27 日拂晓，红衫军发起总攻，并迅速攻入城内。接着，红衫军在大街小巷同那不勒斯及波旁王朝的反动军队血战两昼夜，终于击溃了敌军，解放了巴勒莫。红衫军乘胜前进，一个月以后，攻下那不勒斯军队在岛上的最后一个据点墨西拿。西西里岛回到了意大利人的手中。

红衫军在西西里建立了临时政府，加里波第被推为西西里“专政者”。红衫军在西西里的胜利，进一步激发了意大利人民的革命热情。各地志愿兵源源来到西西里，加入红衫军。到同年 7 月，红衫军已发展成为一支拥有 2 万多人的大部队了。

这时，加里波第的不成熟性和不彻底性暴露出来。整个南意大利是在他的领导下，依靠人民武装获得的胜利，本可以建立民主共和国，然后统一意大利，马志尼也向他提出这样的建议。他却向北方的撒丁尼王国妥协。撒丁尼王国的首相加富尔派 4 万军队进入那不勒斯，向加里波第提出让南意人民实行“人民表决”，根据“民意”决定南意的归属。加里波第没有发动人民起来反对撒丁王国的君主政体，在所谓“民意”的考虑下同意进行“人民表决”。

1860 年 10 月 21 日，在撒丁政府的一手摆布下，投票“结果”把南意并入撒丁尼王国，加里波第放弃“专政者”的大权，把政权交给撒丁国王，志愿军被解散。加里波第带着他的儿子和几个战友离开那不勒斯，走时，背着一袋菜豆籽，兜里只有5法郎。

1861年3月，第一届议会在都灵开幕，宣布成立意大利王国，撒丁国王维克多·厄马努尔成为意大利国王，首都设在佛罗伦萨，意大利基本上统一了。只有威尼西亚和罗马仍然分别由奥地利和法国占领，而意大利新政府却不想将统一事业进行下去了。

为了彻底完成统一祖国的大业，加里波第又先后多次组织志愿军远征罗马。1862年7月，加里波第前往巴勒莫，号召人民武装起来进军罗马，很快便召集到3000名志愿军，于8月间渡过西西里海峡，在卡拉布里亚登陆，北进罗马。拿破仑三世十分恐慌，连忙派兵加强罗马防务，同时要求意大利国王阻截志愿军。意大利国王称这次远征是一场叛乱，派出王室军队在阿斯普罗山区袭击志愿军。加里波第一心想避免自相残杀，下令志愿军不要还击。志愿军遵令未发一弹，但政府军却开枪射击，结果打中了加里波第足踝，他不支倒地，被政府军逮捕，进攻失败了。

加里波第率领1000名红衫军统一意大利

1867年，加里波第再次组织志愿军远征罗马。9月24日政府再次将他逮捕。伊曼纽尔下令把加里波第押回卡普里岛，并派了6艘军舰包围这个小岛，以防止他出逃。10月间，加里波第在战友帮助下逃出小岛前往佛罗伦萨，并率志愿军进军罗马。伊曼纽尔与拿破仑三世沆瀣一气，法、意军队共同夹击志愿军，加里波第在指挥志愿军撤退时被本国政府军逮捕，再度被囚禁于卡普里岛。

1870 年普法战争爆发，罗马的法国驻军奉调回国参战。加里波第趁机再次组织志愿军向罗马进军，9 月 20 日占领了罗马。10 月举行公民投票，根据投票的结果，罗马教皇国被合并于意大利王国，教皇世俗权力被取消。意大利王国政府同意教皇避居梵蒂冈，每年拨款 12．9 万英镑作为教皇的经费，意大利统一完成。

意大利统一后，加里波第解甲归田，回到了他的家乡卡普雷拉岛过起普通人的生活。1882 年 6 月 2 日，病逝在那里。

加里波第为意大利的统一立下了汗马功劳，在各个重要的关头都起了决定性的作用。这位具有古代雄风的勇士，受到意大利人民的崇敬和怀念。

俾斯麦

奥托·冯·俾斯麦（1815～1898），人称铁血宰相。他在大学学习期间，逐渐形成极端保王的立场，为人桀骜不驯，脾气火暴，曾与同学做过 27 次决斗且仅受伤一次。1848 年，德意志爆发革命，俾斯麦在自己的领地上组织起军队，准备入京勤王。因其极端保王思想而为普鲁士国王腓特烈威廉四世所赏识。1862 年被任命为首相兼外交大臣，此后担任首相长达 20 年之久，领导了德国的统一大业，使德国结束了 500 多年的封建割据局面。同时，他坚持现实主义的外交政策，凭着敏锐的洞察力，巧妙地调整列强间的相互关系，避免德国过早地卷入列强殖民争端的漩涡，为德国争得了 20 年的和平发展时间，使德国从一个落后的农业国一跃成为中欧强大的工业国，史称“俾斯麦时期”。

俾斯麦

俾斯麦8岁时，被送往柏林小学读书。由于同学大多生长在资产阶级的家庭，因此大多排挤他这样一个贵族之子，令他的童年承受着极大的痛苦与压力。在他12岁时，他进入了中学，仍然受到同学排挤。但他并不感到灰心，反而勤奋向上，学会英语、法语、俄语、波兰语、荷兰语，使其成为一个多语言的天才，并为其日后的外交官生涯打下基础。

俾斯麦未满17岁时，便入读了哥廷根大学。然而，俾斯麦并不满意大学的生活。在其就读大学期间，他经常腰间佩剑，并牵着一只大狼狗。后来，他转到柏林大学入读法律系，但仍然没有满意。虽然，毕业后成为了律师，但他并不甘于此，于是投考政府的官职，当上了一个小书记员。在此时他结识了一位贵族女子，并结下婚约，可是他没钱，想以赌博赚钱却反而输掉所有金钱，并欠下很多债务，因此这次婚约取消了。其后，他结识了一位牧师的女儿，再订婚约，可惜那位女子也跟一位富有的军人走了。结果，俾斯麦只有带着欠债，回到家乡。

回到家乡后，他与其哥哥分家，当上了庄园主人，可是他并不满意这种生活，所以很快便再次进入政坛。这次步入政坛，使俾斯麦一生命运改变。他首先当上了河堤监督官，这份差事很适合俾斯麦好胜的性格，因此他当得很称职，很快便树立了正面的形象。他借此机会参加议会选举。虽然只当选为候补议员，但他却成功地以手段逼使一位议员以患病理由退出，使自己成功当选为柏林州的正式议员。这年是1847年5月，俾斯麦当时只有33岁。

1848年革命爆发后，普王被俘。俾斯麦决定亲赴柏林，打探虚实。途中，他遇上了后来的威廉一世的妻子，要求他协助其夫称王，但俾斯麦拒绝了这个请求。后来腓特烈·威廉四世成功镇压了这场革命。

威廉一世与俾斯麦

在1851年，俾斯麦出任驻法兰克福邦联会议之普鲁士代表，并于不久后升为大使，而这份差事他足足当了8年。在1857年，腓特烈·威廉四世精神失常，因此由威廉亲王摄政。威廉亲王摄政后，即时召见俾斯麦，并任命他为驻俄大使。

1861年威廉亲王登基，是为威廉一世，但他随即在扩充军备方面，与议会发生冲突。无奈之下，只有任命俾斯麦为内相，但俾斯麦并不甘于只当内相，故此并不履行。1862年春，俾斯麦回到柏林，普王因为内部的压力，并不能升他为首相。结果俾斯麦请辞，并被改派为驻法大使。在该年9月普王再与议会因扩军问题起冲突，逼于无奈下，在1862年9月23日，召回俾斯麦，并任命其为首相。

德国在历史上曾是一个长期分裂的国家，境内诸侯林立。19世纪五六十年代，德意志资本主义经济迅速发展，工业总产值超过法国，居世界第三位。当时分裂的诸邦中，奥地利和普鲁士是最强大的两个君主国。奥地利国势日衰，缺乏振兴国家的措施，而普鲁士统治者为排除奥地利的势力，大力发展农业，实力不断增强。1849年和1859年，普鲁士两次企图在自己领导下实现德国的统一，但都因奥地利的阻挠而失败。

1861年，普鲁士的威廉一世继承王位后，任命俾斯麦为内阁首相兼外交大臣。俾斯麦对于普鲁士有能力统一德意志深信不疑。1832年读大学时，在当年美国独立战争纪念日那天，他同一位美国朋友莫特利用25瓶香槟酒打赌：15年内德意志必然统一。虽然德意志统一比他估计的时间晚了10年，但毕竟在他的手中实现了。俾斯麦的哲学是："强权胜于真理。"他认定，武力是取得政治和外交成就的基石。他曾反复对普鲁工人说："当代的重大问题要得到解决，不能凭演说和议会的决议……要凭铁和血。"

俾斯麦认为："对于一个外交家来说，最大的危险就是抱有幻想。"他多次阐发自己的外交观点，认为普鲁士的外交政策不能死守正统。俾斯麦有着与众不同的外交风格和个性：他善于隐藏自己的意图，善于利用敌人营垒中的矛盾，善于玩弄外交手腕。此时，正值德意志与丹麦在石勒苏益格—荷尔斯泰因发生领土纠纷，俾斯麦决定借机先打丹麦，然后再清除奥地利。

俾斯麦把整个欧洲政治地图当成棋盘，将列强当成一个个棋子小心翼翼地掂量。因为他知道这局棋落子无悔，德意志的兴衰成败就是要靠棋手的运筹帷幄了。他认为，正如克劳塞维茨所说的"战争是政治通过另一种手段的继续"，政治和外交可以解决国际关系中的重大问题，剩下的，就交给战争完成。

在俾斯麦看来，历史从来没有什么不变的原则．没有任何国家不可以结盟，也没有任何国家不会成为本国的敌人。于是俾斯麦展现了他完美的外交手段，为德意志最终的统一事业完美地收场。当俾斯麦在议会上发表铁与血的宣言时，他的命运就和德意志的命运联系在了一起，成为了突破《威斯特伐利亚条约》的骑士。俾斯麦运用敏锐的外交家的眼光，纵横欧洲的外交战场，大胆而狡猾地利用国际纠纷协调本国利益，在要求力量均衡的欧洲，不断化敌为友，化友为敌，保持德意志只有一个敌人，只有一线作战。

俾斯麦首先是联合奥地利打败丹麦，把丹麦的势力从德国排除出去。石勒苏益格、荷尔斯泰因两公国，地处波罗的海和北海之间的日德兰半岛的南端，地理位置十分重要。根据 1852 年 5 月 8 日缔结的《伦敦议定书》，两公国不隶属于丹麦，但拥戴丹麦国王作为大公。1863 年 3 月 30 日，丹麦国王否定议定书内容，提出对荷尔斯泰因享有特权；11 月 13 日丹麦通过新宪法，准备吞并石勒苏益格。但石勒苏益格和荷尔斯泰因两邦人都拒绝归属丹麦。

这时候，普鲁士面临抉择。俾斯麦从大局出发暂时放弃对奥地利

的战争态度，转而采取同奥地利结盟的政策。奥地利为了能从中获益，接受了俾斯麦的结盟请求。1864 年 1 月 17 日下午，双方订立同盟。接着，普鲁士军队同汉诺威、萨克森军队一起进入石勒苏益格—荷尔斯泰因。在 4 月 18 日的居赔尔战役中，丹麦惨败。5 月 12 日，丹麦同普奥两国缔结停战协定。此后双方进行谈判，于 8 月签订《加斯泰因协定》：石勒苏益格划给普鲁士，荷尔斯泰因划给奥地利。

俾斯麦完成了对丹麦的战争后，他的第二步就开始了，这就是把奥地利从统一德国的序列中排除出去。而对付奥地利，是不能单纯依靠武力的，他决定依靠外交和军事的双重结合，让奥地利处于孤立地位，失去主动。《加斯泰因协定》实际上是俾斯麦设计的迷魂阵，因为奥地利管辖的荷尔斯泰因中间隔着普鲁士其他邦，这为普奥矛盾打下楔子，为俾斯麦提供了战争借口。

《加斯泰因协定》签订后，奥皇约瑟夫想用麻烦不断的荷尔斯泰因换取格拉茨省，被俾斯麦拒绝。于是双方在领土问题上摩擦不断，终于到了兵戎相见的地步。俾斯麦准备对奥战争，最担心的是法国。1865 年 10 月 4 日，法皇拿破仑三世会见俾斯麦。俾斯麦为换取法国中立，愿意把卢森堡、瑞士法语区、莱茵河左岸的德国土地等并入法国领土。而拿破仑三世的想法是，等普奥两败俱伤后，他好乘机占领卢森堡、比利时和莱茵河左岸地区。

为了迫使奥地利两面作战，俾斯麦向意大利提出结成军事同盟，遭到法国反对。于是，俾斯麦再次面见拿破仑三世，并且表明普奥战争对普鲁士来说是长期而艰苦的，是消耗战，请他安心。俾斯麦的战争政策遭到宫廷和许多民众的反对，但俾斯麦在御前会议上坚定地说：“人们常说，命运无常。我拿脑袋做赌注，哪怕我上断头台，也要赌到底。普鲁士和德意志都不能保持原状，两者都必须走（武力）这条路，别无他途！”

群众的反战情绪终于达到极点。5 月 7 日，俾斯麦从王宫回家途中正行走在街上，突然他听到身后两三声枪声。他急转身看到一个青年正向他射击！俾斯麦猛扑过去，与这个青年搏斗，后来在一个行人和两个士兵的帮助下，抓住刺客，俾斯麦安然脱险。俾斯麦坚持走回官邸，夫人约翰娜正陪客人用餐。俾斯麦没有打搅他们，而是走进书房，给威廉一世写了一个简短的报告，然后走进餐厅，吻了夫人的前额，像讲故事似的说："小宝贝，你不要害怕，一个人开枪打我，感谢上帝，我没有事!"

位于德国柏林的俾斯麦纪念雕像

重重阻力都无法阻止俾斯麦统一德意志的决心。1866 年 6 月 16 日，普鲁士军队正式对奥地利军队展开进攻。

战争开始后，俾斯麦神经紧张。他同英国大使在外交部花园里走来走去。他对英国大使说："普鲁上可能被打败。如果我们被打败，我就不回来了。"随后，俾斯麦携带着毒药走向战场。7 月 3 日，双方军队决战于萨多瓦，奥军大败，伤亡被俘共 4 万余人。战役中，威廉一世和俾斯麦就站在附近的一个小山上观看。就在俾斯麦准备乘胜追击的时候，法国开始干涉。俾斯麦意识到，必须同奥地利缔结和约，才能保住胜利果实。1866 年 7 月 20 日，普奥缔结停战协定。

俾斯麦认为，对奥战争的目的并不是灭亡奥地利，而是排除奥地利的干扰，建立一个以普鲁士为中心的北德意志联邦。德意志的未来不允许两雄并立，必须以普鲁士为中心，但奥国作为一个欧洲大国，保留下来自有其用处，因为下一步统一的主要障碍是法国，普鲁士与

奥地利同文同种，需要留下来共同对付法国。俾斯麦的高明之处，在于不以战场的胜败干扰自己的政治战略，而是正确地把握了一个“度”。历史证明，这是绝顶聪明的做法。事实上，奥地利只要不与普鲁士争雄，它就永远处于普鲁士的势力范围之内，这样做远比吞并一个奥地利好处大得多。就这样，俾斯麦以政治家和外交家的风度，与奥国在布拉格签订了和约。奥地利承认以普鲁士为中心的北德意志联邦，普鲁士获得了汉诺威、萨克森、黑森——卡塞尔、法兰克福、荷尔斯坦因、石勒苏益格，领土增加了四分之一，人口增加了500万。德国统一的第二步就这样圆满实现了。

1867年德国成立了北德意志联邦，这是俾斯麦统一德国的重要一步，但南德四邦受到法国控制，其中的巴伐利亚王国和符腾堡王国不愿加入德意志联邦。俾斯麦在统一南德四邦上表现出了足够的耐心。他说：“在我放置诱饵打鹿时，我并不放枪打第一个来闻诱饵的鹿，而是等到群鹿都来才放枪。”

随着俾斯麦加紧统一德国，普法两国矛盾越来越尖锐。1870年，普法两国因西班牙王位继承问题发生纠纷。普鲁士做了些让步，但拿破仑三世得寸进尺。当时在埃姆斯温泉疗养的威廉一世以温和的口吻予以拒绝，然后将其与法国大使会见的经过用电报通知俾斯麦，让俾斯麦对电报内容做必要的改动后发表。俾斯麦认为这是一桩对普鲁士有重大意义的事件，它提供了一个向法国宣战的机会。在与军方人士商议后，他当即篡改电报内容，使其带上侮辱法国的口吻，并相信这“将对‘高卢牛’起到一块红布的效果”。7月13日电文一发表，便引起法国政府的狂怒。7月14日晚，法皇决定宣战，翌晨法军接到动员命令。同日晚，普鲁士政府亦向北德意志联邦发出动员令。7月16日，南德诸邦也动员起来。7月19日，法国首先向普鲁士宣战，普法战争就此爆发。

19世纪中期的法国，从经济上说，资本主义显现持续发展势头，工业革命处于最后完成阶段，生产能力在资本主义世界居第二位，仅次于英国。法国强大之后，就开始采取对外扩张主义政策，频频发动侵略战争。如，1853—1856 年，法国与英国联合，为瓜分地中海东部势力范围，同俄国进行了克里米亚战争。1859 年，法国又以“援助”意大利统一为名，参加了对奥地利的战争。

法国对毗连的德国莱茵河地区丰富的天然资源早已垂涎三尺，但苦于没有机会下手。1866 年的普奥战争结束后，普法之间的关系很快便进入一个空前紧张时期。普法两国都在有意识地为赢得一场预想中的大规模厮杀而积极创造条件。60 年代末，法国由于拿破仑三世的军事独裁和反动的内外政策，加剧了国内的阶级矛盾，使一切反对拿破仑三世的力量都得到了空前加强。特别是法国无产阶级也显得十分活跃，随着 1864 年第一国际的成立，巴黎及其他城市先后成立了国际支部，领导工人群众宣传社会主义，频繁举行政治罢工，鼓动推翻拿破仑三世的反动统治。拿破仑三世面对国内这样一种十分动荡紧张的局势，为了转移人民的注意力，摆脱国内的政治危机和满足资产阶级掠夺贪欲，促使其急于发动一场对外战争。此时，俾斯麦便利用西班牙王位继承问题，预设圈套，诱使法皇拿破仑三世走上了宣战道路。1870 年 7 月 19 日，法国终向普鲁士宣战，揭开了普法战争的序幕。

在法国宣战之后，普法双方便投入了紧张的战争动员和军队调动工作。到 7 月底，法国编成莱茵军团，在法德边境的阿尔萨斯和洛林共集结有八个军，约 22 万人，由拿破仑三世任总司令，勒布夫为总参谋长。其计划在普鲁士未及动员展开之际，先机制敌，集中兵力越过国界，直取法兰克福，切断南北德意志之联系，迫使南德诸邦保持中立，全力击败普鲁士；与此同时，普军也在莱茵河中游梅斯和斯特拉斯堡之间集结了三个军团，约 47 万人，由威廉一世为总司令，毛奇（老毛奇）为总参谋长。其计划集中优势兵力，向阿尔萨斯和洛林进攻，力争将法军主力围歼于边境地区或将其驱至法国北方，继而围攻巴黎，迫敌投降。

8 月 2 日，以法军在萨尔布吕肯地区向普军发动进攻而拉开普法战

争的序幕。至8月4日，普军在威廉一世和毛奇的指挥下，进行了预先有准备的抗击，并反攻入法境。8月上旬，法军在沃尔特、斯比克伦、马尔斯拉图尔和格拉沃洛特—圣普里瓦等几次会战中接连失利。到8月中旬，法军主力部队的部署已被普军割裂。一部由法军巴赞元帅率领的左翼和中路的莱茵军团共17万人，被围困于战略要地麦茨要塞；另一部由拿破仑三世和麦克马法元帅率领的右翼3个军共12万余人，在夏龙编成以麦克马洪为司令的夏龙军团。8月30日，法军在博蒙地区与普军激战后退守色当。随即，毛奇命令普军向夏龙军团两侧运动。8月31日，普军第四军团占领麦茨河右岸至法比边界的整个地区，封锁了法军经蒙梅迪东进驰援麦茨的道路。

9月1日至2日，普法进行了此次战争中具有决定性意义的一次会战——色当会战。在这次会战中，拿破仑三世自知已无力挽回败局，率官兵向普军投降。色当惨败加速了拿破仑三世帝国的崩溃。9月4日，法国宣布成立共和国，组成了以特罗胥将军为首的资产阶级共和派政府——“国防政府”上台执政。

德国民族统一的障碍消除后，德国南部诸邦于1870年11月顺利并入北德意志联邦。但普鲁士当局并未因此而终止军事行动。9月中旬，普军向巴黎进军，并包围了巴黎。至此，普鲁士所进行的这场战争已不再具有原先的防御性质，而变成了一场地道的侵略性掠夺战争。这样普法战争进入到第二阶段，已转变成为法国进步的民族解放战争。在这一阶段中，法国除新建的北方军团和卢瓦尔军团等在战场上对普军作战外，广大的人民群众也展开了对普的游击战。这时，法国仍具有约100万人的抵抗力量。但是，由于法国资产阶级政府实行投降政策，企图与敌人勾结，阻止抵抗运动继续发展。9月23日，普军占领图勒，27日斯特拉斯堡守军投降。

10月27日，巴赞元帅率17万法军在麦茨投降。这使普军得以腾出两个集团军压向卢瓦尔和北方军团，使这两个军团在与优势的普军作战中被击败。此间，法国政府曾两次向普军求和；巴黎居民由于饥困交加，反对政府的投降政策，举行了多次起义。

1871 年 1 月 22 日，法国政府镇压巴黎居民起义后，同德军指挥部进行了最后的谈判，于 1 月 26 日签订巴黎投降的条约，1 月 28 日在凡尔赛普军大本营签订了停战三周的协定。2 月 26 日，草签《凡尔赛和约》。和约缔结后，资产阶级政府勾结民族敌人向巴黎工人发动进攻，于是爆发了伟大的巴黎公社起义。3 月 18 日，巴黎人民起义成功，巴黎公社宣告成立。1871 年 5 月 10 日，就在巴黎公社失败前不久，法国外交部长茹尔·法夫尔与德意志帝国首相俾斯麦在德国美因河畔的法兰克福城签订了正式和约。普法战争至此正式结束。

俾斯麦的安息之地

普法战争以法兰西第二帝国的垮台和法国资产阶级政府的投降而告结束。依和约规定，法国割让阿尔萨斯和洛林给德国，并赔款 50 亿法郎。1871 年 1 月 18 日，普王威廉一世在凡尔赛宣告德意志帝国成立，并自立为皇帝。至此，德国的统一终告完成。普法战争之后，由于德法两国矛盾进一步加剧，欧洲大陆变得更加动荡不定。两国在这次战争中的结怨，成为后来引发第一次世界大战的主要因素之一。

普法战争期间，恩格斯在他发表的一系列战争短评中就指出，有三个基本错误导致色当惨败；第一，法军在迎击敌人的进攻时所处的阵地，使获胜的德军能够楔入法军分散的各军之间，结果把法军割裂

为两支独立的部队，并使它们彼此不能会合，甚至不能配合作战。第二，巴赞军团在麦茨行动迟疑，结果被紧紧地围困在那里。第三，援救巴赞兵团所用的兵力和所沿的路线，简直是唆使敌人俘虏全部援军。法军所犯的三个基本错误，究其原因，除巴黎政府的错误指导外，也与前线的最高指挥官指挥失误有关。而普军总参谋长毛奇善于制造、利用法军的错误，巧妙地施展谋略，实施正确、坚定、灵活的作战指挥，使普军在战争一开始就取得主动权。

1870年底，南德四邦宣布加入北德意志联邦，从此，北德意志联邦扩大为“德意志帝国”。4月16日，新选出的帝国议会批准了帝国宪法，俾斯麦就任帝国宰相。在德国统一的过程中，俾斯麦通过“自上而下”的王朝战争终于完成了德意志民族的统一大业而使自己永垂史册，成为德国和世界历史上的巨人之一。列宁指出：“俾斯麦依照自己的方式，依照容克（德国贵族）的方式完成了历史上进步的事业。”

德意志国家的统一，结束了500多年封建割据的四分五裂局面，促进了德国资本主义的发展。到19世纪末，德国工业生产已超过英法等先进工业国家，而跃居世界第二位。德国的统一，也使德国成为欧洲举足轻重的政治大国，极大地改变了传统的欧洲国际关系格局。

威廉二世上台以后，和俾斯麦的政见不合，最终使得俾斯麦离开政坛，退休回家。

托马斯·潘恩

在世界历史上，曾有这样一个人。他出身贫寒，却凭借自己伟大的政治智慧影响了美国英国与法国的政治发展；他参加或鼓动过这三个国家的革命，三个国家却又抛弃了他；他来到这个世界时是个贫民，离去时仍是一个一贫如洗、没有亲人、没有一穴墓地的人……这个人是谁呢？他就是被称为“两个世界（美洲和欧洲）的英雄”、“人类权力最雄辩的辩护者”、“北美独立战争的号手”的托马斯·潘恩。

潘恩（公元 1737～1809 年），1737 年 1 月 29 日出生于英国诺福克郡塞特福德一个贫困的裁缝工人家庭，因家境贫寒，只读过几年书，13 岁时小潘恩就开始在父亲的作坊里当学徒。他先后做过裁缝、店员、水手、鞋匠、英语教师和地位低下的收税官等多种工作，屡次遭受失业和饥饿的威胁。1772 年，他代表收税官同政府交涉，要求增加工资，结果被作为“闹事”的“祸首”开除。1774 年底，正处于穷途末路的潘恩有幸认识了北美著名的政治活动家富兰克林，两人一见如故，谈得很投机。在富兰克林的热情劝说和帮助下，潘恩决定到北美去碰碰运气。

托马斯·潘恩

潘恩到达北美大陆的 1774 年，正是北美英属 13 块殖民地同英国关系紧张之时，一场大的反抗英国对北美殖民地过重剥削与限制的斗争正在酝酿之中。潘恩一登上新大陆，就立即投入到殖民地的独立运动之中，并帮助北美人民赢得了最终胜利。但是，随着北美独立战争的胜利，出身低微的潘恩越来越受到北美掌权者的排挤，最后不得不辞职。等到战争结束后，曾经因出版《常识》一书获得崇高地位的潘恩，却变成了一个彻头彻尾的失业游民。为生存下去，潘恩不得不在 1783 年 11 月写信给纽约州议会求助。他在信中写道：“我不懂得经商，也没有什么地产。我从另一个国家流亡出来后，并未置办另一份家业。有时我不禁自问，我比一个难民究竟好多少？最可悲的是，我这个难民曾为这个国家竭忠尽智，却得不到一丝好报。”在经过两年多漫长等待后，潘恩才拿到议会发给的3000美元补贴。他拿这笔钱在纽约市郊买了一座庄园，生活暂时有了着落。

1788年，潘恩自美国返回英国，但因在法国大革命爆发后出版《人权论》一书为革命辩护，并在书中号召英国人效法法国革命者得罪了政府，结果被以“叛逆罪”罪名通缉，只好逃往到当时正在闹革命的法国。但是，等到达法国以后，潘恩发现自己的思想已落后于此时法国革命的发展了。后来，他因公开反对处死法国国王路易十六，而被以“危害共和国”的罪名囚禁在监狱中长达10个月之久。此期间可谓是历尽磨难，九死一生，后来多亏美国驻法大使门罗多方斡旋，才没有被送上断头台。就在被关入法国监狱的同时，英国对他做出缺席判决：取消潘恩的英国国籍，宣布他从此不再受英国法律的保护；《人权论》被全部查禁。

潘恩早年在英国 Lewes 的住处

1802年9月，潘恩回到他曾为之奋斗过的美国。但此时的美国人早已将他的功绩淡忘了。因为他一再发表文章，揭露宗教和教会的虚伪性，抨击基督教的神学体系，宣扬无神论，反对信仰宗教。而此时的美国则正处在革命后宗教复兴的势头上，他因而成了到处都不受欢迎的人物。当他住旅馆时，夜里就会有人在他房间周围制造噪音，使他无法休息；当他在家时，邻居时常对他进行挑衅与围攻；当他出门时，人们则不让他乘坐马车；当他不得不徒步行走时，来往车辆又会故意地溅他一身臭泥。此外，人们还总会时不时地制造一些有关他的丑闻、绯闻，毁坏他的声誉。最严重的是，他还差一点儿被第三次取消国籍。可怜的潘恩在他生命的最后几年简直就是美国社会一切罪恶的代表。教士们以潘恩的遭遇吓唬会众，收拢人心；母亲们则经常以“魔鬼和汤姆·潘恩来了”这句话吓唬淘气的孩子，使他们就范。临终前一年，他的头发长得又长又乱，犹如乱鸡窝一般，却没有一位理发师原意为他理发，潘恩彻底被人遗弃了11809年6月8日早晨8点钟，72岁的潘恩在孤苦中含愤死去。因置办不起墓地，只是被草草埋葬在自家田地里。美国媒体除《纽约邮报》在6月10日以一种非常轻薄的笔调对他的死讯做了一个草草的报道（“昨天，他葬于西切斯特县新罗歇儿附近，可能是在他自己的庄稼地里。我不知道他的年龄，不过他活得也够长了。他做过一些好事，可更多的是坏事。”）之外，就再也没有其他任何报道。

潘恩虽然一生饱受磨难，颠沛流离，不得其所，但他却以笔为剑，为整个人类的民主运动做出了巨大的贡献。在他所生活的时代，没有一个人像他那样参与了那么多的重大事件，没有一个人的作品像他的作品那样赢得过那么多的读者。他以自己非凡的智慧和犀利的笔锋，推动了美、英、法三国革命和民主运动的发展。

在北美独立战争中，潘恩作为一名热情洋溢的革命鼓动家，以笔为枪，以笔为犁，为北美人民的独立事业创造革命的理念。战争虽已爆发，但当时的北美人却对战争的前景模糊不清，也没有下定独立的决心。他们希望英国政府能够向他们稍稍做出一些让步，只要让他们的日子过得好一点，他们就准备停止战争。只是到了1776年1月潘恩的《常识》发表后，人们才算是醍醐灌顶，真正认清了英国在北美统治的实质和英国国王的本质，才对战争的前景有了一个较为清晰的认识。

《常识》虽只有薄薄的50页纸，但它却是北美人民向英国宣战的檄文。在这本小册子中，潘恩以惊世骇俗、振聋发聩的语言指出：国王都是一些独夫民贼，“乔治三世只不过是大不列颠皇家畜生”，他是英国在北美大陆所做出的一切罪恶的源泉。英国政府在北美的统治完全是从私利出发的，如果北美人民想要从英王方面取得什么让步，那是虚幻的梦想。“和解与毁灭密切相关”，独立才是唯一的出路。独立之后，实行共和政体，而不是恢复英国留下的制度……《常识》一书将英国国王和英国议会的权威撕得粉碎，启迪了人们的觉悟，提高了美利坚民族的启尊心，为北美人民提出了明确的战斗纲领。它使当时的北美人们充分清楚地认识到，只有通过武装斗争，宣布独立，才能把13个殖民地的人民团结起来，去争取应当享有的权利。

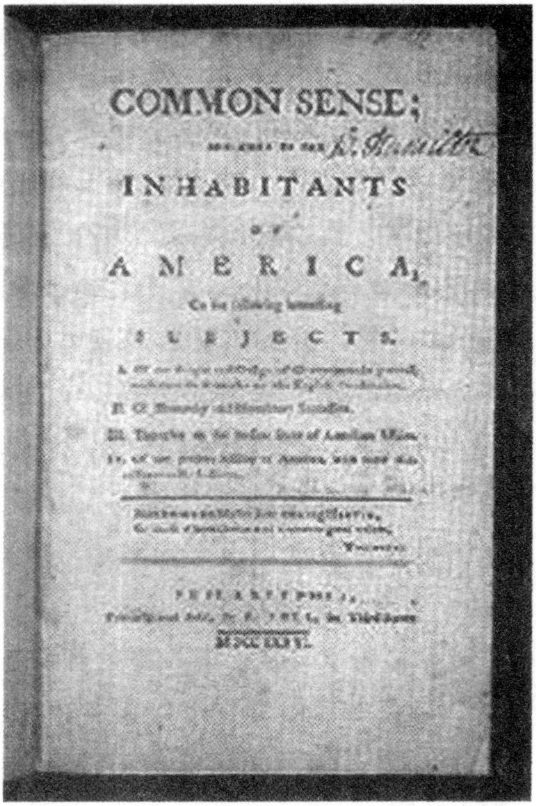

托马斯·潘恩著作《常识》

因此，《常识》一出版，3个月内卖出12万多册。人们争相传诵，几乎每一位北美成年男子都曾读过或听过别人谈论这本小册子。在华盛顿所领导的大陆军中，大多数士兵的背囊中都装有一本被读得皱巴巴的《常识》。当时一家英国报纸曾这样惊叹道："《常识》无人不读。凡读过这本书的人都改变了态度，哪怕是一小时之前，他还是一个强烈反对独立思想的人。"可以说，是《常识》唤醒了北美人民的革命热情，是《常识》激发了北美人民同英国分裂，为民主、为独立奋战到底的决心。如果没有潘恩，没有《常识》，或许就没有今天的美国。

潘恩不仅是北美独立运动的触发者，更是这一运动不断发展的加油站和推动者。在《常识》出版后，他就投笔从戎，加入格林将军的志愿部队，亲身参与到前线战斗之中。1776年8月，纽约被英国军队占领，大陆军在英军的围追堵截中一退再退，士气低落，纪律涣散，几乎到了瓦解的程度。在这一战局危急、民族垂危的生死关头，潘恩应华盛顿请求，再次拿起他的利笔。在行军旅途中，在行军鼓上、在香烟盒上，在一切能写字的东西上，他以《美国危机》为题，连续写出多篇振奋人心的战斗檄文。他以铿锵有力的笔触写道，"这是考验人们灵魂的时刻"；尽管"暴政同地狱一样是不容易征服的。但……斗争越艰苦，得来的胜利越光荣；得来的胜利越便宜，赢得的尊敬就越小"；"美利坚合众国将在世界上和历史上同大不列颠王国一样的壮丽"。这是"美利坚合众国"一词的第一次出现，"美利坚合众国"一词后来便被美国国会确认为新国家的正式名称。潘恩的文章给北美人民指明了美好的未来，更给大陆军以极大的激励，鼓舞了他们的士气。1776年圣诞之夜，在听完潘恩新完成的一篇战斗檄文后，大陆军即一鼓作气，连夜渡河作战，取得了一场此前少有的辉煌胜利。

北美革命胜利后，潘恩返回欧洲，继续在英国和法国宣传民主革命思想，号召人们起来为自由而战，仿效美国，推翻现有政权，建立共和政府。法国大革命爆发后，面对以柏克为首的保守派对革命的批评与污蔑，潘恩奋起迎战，于1791年3月在伦敦出版了《人权论》一

书，为法国大革命的合法性进行辩论。

《人权论》一书是潘恩对法国大革命最大的贡献，也是他一生中最重要的著作之一。在这本书中，潘恩批判了英国17世纪革命的保守性，强调美国革命和法国革命的先进性、合理性，鲜明地勾勒出法国大革命所具有的划时代意义。除此之外，潘恩还在《人权论》中深入骨髓地批判了长期以来为人所迷信的英国君主立宪政体，向法国人民详细解释了美国共和政体试验成功的经验，号召法国人“把代议制同民主制结合起来，获得一种能容纳和联合一切不同利益和不同大小的领土与不同数量的人口的政府体制——近代共和政体”。

《人权论》一书的出版和传播，在英国和法国激起了就像当年《常识》在美国一样的反响。在法国，各种政治性俱乐部纷纷购买《人权论》，将它散发给广大穷人；法国大革命的主要领导人之一罗伯斯比尔不仅在他自己创办的政治刊物上对《人权论》做了摘要转载，而且还热情地称赞潘恩“是一个人类权力最雄辩的辩护者”；1792年8月26日，法国议会授予潘恩荣誉国籍，法国人则亲切地称他为“人民之友”。不仅如此，潘恩还被法国的多个地方选举为它们在国民公会中的代表。《人权论》对推动法国大革命的进一步发展起到了巨大的作用。

在英国，《人权论》的出版也引起了巨大的反响。英国人“对这本书的热情是无法形容的。它被中产阶级和下层阶级广泛阅读，特别是在那些大工业城市，无论是英格兰还是苏格兰都是如此”。在谢菲尔德的磨刀匠中，有人把新词填进国歌，走街串巷地吟唱：“上帝保佑伟大的托马斯·潘恩，他的《人权论》照亮了每一个人的灵魂。他使盲人看清了被愚弄、被奴役的命运。他给全世界指明了自由之神。”到1793年底，《人权论》就已销售或免费散发了大约20万份。《人权沦》极大地激发了英国普通人的革命热情，以致当时的首相皮特曾这样说过：如果再继续“放纵潘恩的主张，我们必将有一场流血的革命”。

潘恩以他犀利的笔和充满战斗性语言的作品，极大地推动了欧洲日大陆和美洲新大陆的民主革命斗争的发展。这两个世界，因为潘恩而改变。

潘恩作为一名政治思想家，他是成功的；但作为一位政治实践家他却是失败的，其中最最重要的一个原因就是他不具有作为一个政治家的心机，在西方世界中，玩弄政治是需要有一定手腕的。

威灵顿

威灵顿是拿破仑战争时期英国的著名统帅、公爵，滑铁卢一战确立了他不可动摇的地位，别号“铁将军”。在长期军事生涯中，他冷静果断、坚韧不拔的性格得以发挥，与拿破仑的较量让威灵顿成为了欧洲知名的名将，也使他达到了自己人生的巅峰。

威灵顿公爵

威灵顿在军事领域取得辉煌成就的同时，在政治上也是英国政坛的重要人物，自 1828 年以后，因为他在军事上的杰出贡献，历任英国外交大臣、首相，并长期担任英国陆军总司令。

威灵顿手段强硬，主张以暴制暴，镇压了多次英国暴乱。他对于提高英国陆军战斗力作出了贡献，也开发了英军防卫战的传统，尽管在军事上他锐意改革，但是在政治上确实是个不折不扣的守旧派。

1769 年 5 月 1 日，威灵顿出生在爱尔兰都柏林，是莫宁顿伯爵的第五子。早年丧父，少年时性格郁郁寡欢，喜欢孤独地散步，其寡母认为他“只能去当炮灰，做不了别的事”，便把他送往法国昂热军事学院学习。他 18 岁即从军，给爱尔兰总督当副官。后袭特里姆的席位，1790～1797 年任爱尔兰国会议员。他花钱在第 33 步兵团买了个中校军衔，1794～1795 年在法兰德斯服役，从长官们的失误中汲取经验。由于求文职不得，1796 年自愿被派往印度。

他在印度采取一种节制饮食和乐天知命的养生之道。由于长兄理查德前来当总督，他得以发挥自己的才能。他指挥一个师去进攻迈索尔的提普苏丹，后任迈索尔总督和对马拉塔人作战的总司令。因为连连胜利，特别是 1803 年在阿瑟耶大捷，他率 7000 人奇袭击败了 4 万人的迈索尔军队（由法国人训练，装备 100 门火炮和骑兵）由他亲自谈判订立了和约。他认为这此战役对他个人来讲比滑铁卢战役更辉煌。他日后在欧洲各战场上所显示出来的一切取胜的特质都是在印度培养出来的，包括：能决断、有常识、注意细节；爱护士兵、注意给养；与老百姓保持良好关系。后来拿破仑笔下只把他说成是一个“印度士兵将军”，那是不明智的。1805 年威灵顿封爵士后返回英格兰。

威灵顿的新差事是令人失望的：他率驻哈斯丁斯的一个旅远征汉诺威，以失败而告终，但他这时已经是公认的大人物了。1806 年，当年拒绝他的凯瑟琳小姐的家人来向他提亲，当年小副官心中高不可攀的美丽女神 13 年后已经变成一个发胖的老姑娘了。他答应了婚约，只是低低地埋怨了一句“她变丑了”。同年，威灵顿进入国会以驳斥激进派对其兄在印度政绩的攻击。他以托利党首席秘书的身份在爱尔兰停留两年。在为期很短的对哥本哈根的军事远征（1807 年）中，打败丹麦军队。1808 年葡萄牙人起来反对拿破仑时，威灵顿奉命前去支持。

与拿破仑的较量，是威灵顿一生的亮点。与拿破仑初次交手，威灵顿不打算“战争还未开打就输掉一半”——这是拿破仑的霸权对欧洲大陆各国军队的通常效果。他希望以“坚如磐石的军队”阻挡住法军的攻击。他所统率的英国步兵“浅红队列”在维米耶罗确实击败了号称“风暴”的朱诺将军的纵队，这是拿破仑的战术体系第一次完败。

1809 年，威灵顿在此带兵与拿破仑交战，这是对欧洲极为重要的一个决定。他在里斯本登陆，奇袭苏尔特元帅，攻占奥波多，以极少的伤亡击破法军 13000 人，把法军赶回西班牙。然后威灵顿率军退回葡萄牙，精心构造自己的防御。

威灵顿在滑铁卢战役中

威灵顿那一步一步壮大起来的军队直到 1812 年才有足够的力量攻占西班牙要塞罗德里戈城和巴达霍斯。7 月 22 日在萨拉曼卡以少击众击败马尔蒙元帅 40000 名法军，仅在 40 分钟之后，威灵顿进入马德里。由于围攻布尔戈斯未成，他的军队再次撤回葡萄牙；1813 年 5 月从这里出发，最后一次向西班牙进军。他率兵急速横跨半岛千里之后，在维多利亚盆地把约瑟夫国王率领的 5 万法军逼入绝境，击溃他们，并缴获他们的全部辎重，造成法军在西班牙的统治全面崩溃。

维多利亚大捷鼓舞欧洲反拿破仑联盟，为此乐圣贝多芬专为此战谱写了胜利交响曲来庆祝。旱季来临时，威灵顿在盟军中第一个攻入法国本土，跨过一道道河上防线，直至1814年4月10日攻入土鲁斯才结束半岛战争。当时他已经是侯爵和陆军元帅，这回又封公爵，由国家赐给50万英镑，后来又赐给他汉普夏的斯特拉特费尔德—萨耶，以保持他的地位。

拿破仑流放厄尔巴岛时威灵顿被任命为驻复辟的波旁王朝路易十八世宫廷的大使。1815年2月他代替外交大臣卡斯尔雷子爵出席维也纳会议，但代表们还未能结束调停争端的工作，拿破仑便已从海岛逃走，3月1日登陆法国，开始他的百日统治。威灵顿以及普鲁士陆军元帅布吕歇尔6月18日在滑铁卢的胜利使他成为欧洲最著名的英雄。“我向上帝祈祷，希望我今后不再打仗。”他为阵亡将士一边流泪一边说：“老打仗是一件很坏的事情。”他的希望实现了。作为驻法占领军总司令，他反对签订惩罚性的和约，拒绝布吕歇尔提出的枪杀拿破仑和焚烧巴黎的建议。他组织贷款以解救法国的财政危机，并提出在三年后撤出占领军。这几项政策使他赢得和会的感激，1818年带着六个外国授予的司令杖回国。

威灵顿在国外的经历使他永远无法成为一个党派政治人物。他虽然加入利物浦伯爵的托利党内阁担任军械总监，但不因此就反对此后的辉格党政府。他说：“派系斗争大大损害国家的利益。”当曼彻斯特举行要求国会改革的示威而发生彼得卢惨案以及出现企图谋杀内阁成员的加图街阴谋时，滑铁卢战役后的群众不满情绪已达到沸腾的地步，这时，威灵顿更加贴近了维护法律和秩序的党。

1822年颇孚众望的坎宁继卡斯尔雷子爵任外交大臣。尽管坎宁反对和会的体系，威灵顿却亲自驳回乔治四世对坎宁的个人反对意见，而相信时至今日，和会的体系已经稳如磐石不可动摇。当坎宁收回英国对欧洲的一切承诺时，威灵顿唯有痛苦地自责而已。1822年召开维罗纳会议时，他极力平息欧洲各盟国之间的争端未果，1826年在俄国又未完成外交使命，这两次失败更增加了他的苦恼。威灵顿是一个直言不讳的人，他不适合于执行坎宁的狡猾政策，但是国外却认为他为人诚实而敬重他。

1825年威灵顿转向爱尔兰问题，归纳为这样一个左右为难但必须着手解决的基本矛盾：只有允许天主教徒参加国会的要求才能结束政治性的暴力行动，但必须保持新教作为国教的优越地位。他私下研究了一种解决方案，认为罗马教皇必须与英国君主订立协约，最低限度要保证天主教神职人员不滋事，以此作为他们“解放”的先决条件。但是，当坎宁这位不合格的解放者于1827年4月出任首相的时候，威灵顿感觉到新教的优越地位已经岌岌可危。他和皮尔带领一大批人退出政府，辞去统率军队的职务。这一行动被解释为对国王选择他的对手当首相的不满。在否定这种议论的时候，威灵顿冲口说出，他是一个军人，如果认为自己适合当首相，那简直“比发疯还糟”。同年8月坎宁去世后，他重掌军务。不到5个月，坎宁的继任者戈德里奇子爵即挂冠而去，1828年1月9日英王召见威灵顿公爵。

阿萨耶之战中的威灵顿

威灵顿不情愿地再次辞去总司令一职，邀请以赫斯基森为首的坎宁派出仕，而抛开托利党极端分子，因为他们与自己的温和政策不兼容。对于右翼如此敬而远之，左翼又开始发生矛盾。反对派要求大规模改革，而赫斯基森集团表示同感。

威灵顿明智地作出让步。首先是教会问题，他自动改革宣告非国教徒有罪的《宣誓条例》和《社团条例》；其次是《谷物法》（禁止输入外国贱价粮食）问题，他实行了比他本人和农业利益期望中更开明的改革。但不久以后，在国会改革问题上他与赫斯基森派发生正面冲突，紧接着出现了另一场危机：在爱尔兰克莱尔的补缺选举期间，继赫斯基森大臣职的维齐·费兹杰罗极力保持他在国会中的席位，却被爱尔兰的天主教领袖奥康内尔击败。维齐·费兹杰罗本是一位赫赫有名的亲天主教人士，他的落选给威灵顿公爵敲下警钟：只要不给于“解放”，任何托利党人都休想在南爱尔兰获胜，大有发生内战的可能性。

1828年8月，威灵顿遂承担起其戎马一生最费力的政治职责，劝说乔治四世、当时下院领袖皮尔以及大多托利党人同意天主教解放，这些人过去一直认为此项改革无异于革出教门。经过半年不屈不挠的秘室商谈，才取得国王的首肯。皮尔的立场也同样令人棘手。他是个公开声明的新教徒，因而坚持只有让他当后座议员才能支持解放。但是，威灵顿的耐性和皮尔的义气终于占上风，皮尔同意继续领导下议院。托利党的一些极端分子竟“向后转”，公然违抗威灵顿的最后命令，但是该党大多数人则表示服从。因此，1829年4月尽管托利党已经分裂，但天主教解放变成了法律，这是威灵顿公爵在政治上最大的胜利。

有时，人们批评威灵顿没有定见。现在看起来，他只是秘而不宣，不愿意过早地公开他的想法。他要进行某种形式的“解放”的愿望可能在1825年左右已明白透露。

人们对于进一步实行改革的要求已经受到威灵顿本人成就的鼓舞，由于1829—1830年的农村饥馑而如火如荼；辉格党领袖格雷伯爵趁机掀起国会改革的新浪潮，其方案是允许伯明翰一类的工业城市在国会中有代表，以取代贵族和士绅私人操纵的选区。1830年乔治四世去世而由威廉四世继位后举行大选时，就有了对威灵顿在贫困和失业问题上的听天由命态度表示不满的机会。同年的法国资产阶级革命（七月革命）大大鼓舞了英国的改革派。虽然威灵顿的内阁继续存在，却已经软弱无力，而赫斯基森的突然死亡又破坏了暂时性的和解计划。威灵顿认为国会改革不是一种灵丹妙药，而是立宪制度的自戕。他在国会召开前两星期写给一位朋友的信中斥责改革是破坏性的，并表示他反对改革的决心不变。11 月 2 日他发表一篇坚决反对任何改革的宣言，使得国会大吃一惊。改革派与报仇心切的托利党极端分子纠合一起，15 日将他击败。次日皮尔迫使他辞职，由格雷继任。

下野后的威灵顿公爵继续反对格雷要使上议院通过改革法案的企图。威灵顿的窗户两次被激进的暴徒捣毁，他的铁制百叶窗有助于塑造一位“铁公爵”的形象。激烈的斗争在 1832 年 5 月达到最高潮，眼看要产生法国七月革命那样的结局。国王拒绝册封新贵族以战胜敌对的上议院议员。格雷辞职了，威灵顿拼凑一个轮替的政府班子没有成功。面对着混乱不堪的局面，威灵顿依然反对改革，然后为了国家的利益而撤退，劝说他的追随者在 6 月改革法案成为法律之前与他一同不出席国会。然而，在“滑铁卢日”他受到愤怒群众的袭击。

威灵顿的葬礼

威灵顿的弃权拯救了上议院，在领导上议院托利党期间，他继续控制他们不与下议院发生灾难性的冲突。只要有可能，他就支持国王的政府。1834 年威廉四世以政变方式解散辉格党，召请威灵顿组阁。但是，65 岁的威灵顿公爵会推选皮尔为首相，对一个政治人物来说，此种让贤的举动极为罕见。他在皮尔内阁中任职。他还担任牛津大学名誉校长、伦敦塔总管、汉普夏治安长官和领港协会十三主持会员之一。另外，维多利亚女王尊之若父。他犯下的错误是在余生 10 年中一直担任军队总司令，因为他已不再实施后来迫切需要的各项改革。但是，当宪章派即将起事的时候，由于他的冷静处理，防止了任何骚乱行动。他在1848年将旧本领又重演了一番，由于他再一次命令上议院议员“向后转”，得以使皮尔将此法废除。1846年起威灵顿退出公职生活，但仍向各派提供咨询意见。海德公园街角的阿普斯莱府是他的城内公馆，人称“伦敦门牌1号”。

1852年9月14日，威灵顿公爵在自己喜爱的住所沃尔默城堡因中风去世。死后举行盛大的国葬，这是英国最后一次显示各种纹章的葬礼，埋葬场所为圣保罗大教堂。

圣马丁

何塞·德·圣马丁（公元1778～1850年），19世纪初南美南部西班牙殖民地独立战争的杰出领袖和民族英雄。他积极参加并领导了阿根廷及南美洲的独立运动和解放战争，帮助巩固了阿根廷共和国，领导建立了智利共和国，并为秘鲁共和国的建立奠定了基础。在拉丁美洲的民族解放事业中，圣马丁做出了不可磨灭的贡献。

圣马丁

1778年，圣马丁出生在阿根廷东部连特省一个军官家庭。父亲曾任亚佩尤的副都督，1786年，奉命调回西班牙。圣马丁跟随父母来到马德里并进了一所军事学校学习。以后又在西班牙军队中服役，前后达22年之久。在这期间，他参加过西班牙人民反对法国占领军的斗争。由于他是殖民地的土生白人，因而在西班牙受到歧视和排斥。

1810年，整个拉美独立战争开始，五月革命在拉普拉塔区爆发了，西班牙总督的统治被推翻，土生白人“独立派”在布宜诺斯艾利斯组成了临时政府。西班牙殖民军进行反扑。正在这时，圣马丁宣布脱离西班牙军队，返回阿根廷，并参加了主张祖国独立的秘密爱国组织“劳塔罗”（劳塔罗是16世纪时南美一个领导反抗西班牙统治的印第安青年的名字）。

1812年，圣马丁回到了布宜诺斯艾利斯城，临时政府任命他组织一个兵团。他精心挑选，严格训练，使这个团成为独立军的中坚，全团战士都是“劳塔罗”的成员。这个团为南美独立事业先后贡献了19名将军和200名军官，最后一次战斗结束时，原有官兵只有7个幸存。

1813年2月，圣马丁率骑兵团在拉普拉塔河口附近的圣洛伦索村痛击西班牙殖民军的反扑，保卫首都的安全。为解除敌军在阿根廷北面的威胁，临时政府任命圣马丁为北方军总司令。但圣马丁认为，南美各地的解放斗争是休戚相关的，西班牙殖民统治的堡垒在秘鲁，只有先摧毁这个堡垒，才能保障阿根廷的独立，推动整个南美的民族解放运动。要达到此目的，就要翻越安第斯山高峰。为此，他辞去了北方军总司令的职务，担任了阿根廷和智利交界处的安第斯山麓库约省的军事长官，在省会门多萨城，做了艰苦的准备工作。他宣布解放奴隶，精心训练军队和组织后勤，连他的夫人也捐献出自己的金银首饰作军费。

圣马丁和“劳塔罗”组织还推动阿根廷议会于1816年7月9日正式宣告独立。18t7年初，圣马丁率领由5000名战士组成的“安第斯山军”，在智利著名独立领袖沃伊金斯的积极配合下，用了24天的时间，翻越了高达12000多英尺的安第斯山高峰，一举歼灭山麓对面的敌军，解放了圣地亚哥。圣地亚哥解放后，圣马丁不愿接受政府职务，他推

举沃伊金斯为智利军政长官。人们为了感谢圣马丁，赠给他一小口袋黄金，但是他把金子送回圣地亚哥，指示用来建造一座公共图书馆。

1820 年 8 月，他又率领在智利组织的拉美第一支海军舰队——“解放智利军”，开始了解放秘鲁的征程。在当地人民的有力配合下。经过一年的征战，秘鲁被解放。当圣马丁入城时，人们欢呼：“将军万岁。”圣马丁连忙回答说：“不，不！秘鲁独立万岁！”1821 年 7 月 28 日，秘鲁正式宣告独立，圣马丁被推举为秘鲁的“护国公”。

1822 年 7 月 25 日至 27 日，圣马丁和玻利瓦尔在厄瓜多尔的著名港口瓜亚基尔举行会谈，共商拉丁美洲独立战争事宜，会谈未能达成协议。圣马丁把南部独立军的指挥权交给了玻利瓦尔，然后回到秘鲁辞去秘鲁护国公职务，之后又回到智利，不久又回到阿根廷。1823 年，圣马丁带着年轻的女儿，由阿根廷乘船到了欧洲，定居于巴黎郊外一所简朴的别墅中，过着隐居的生活。1850 年病逝于法国。

圣马丁把一生的主要活动贡献给了祖国阿根廷和拉丁美洲的独立革命事业，为阿根廷、智利、秘鲁的独立，作出了重大贡献。

关于圣马丁激流勇退的原因，有各种说法，但最直接的原因，是举世闻名的“南北巨子”瓜亚基尔会谈。一种说法是：在与玻利瓦尔会谈时，双方在根本问题上产生了争执。玻利瓦尔当时 39 岁，血气方刚，可能对圣马丁态度强硬，寸步不让。而圣马丁当年 44 岁，由于 32 年的戎马生涯，身体严重受损，所以自动让出统帅之位，让玻利瓦尔独自率军扫清殖民残余势力。另一种说法更为世人所公认：当时圣马丁与玻利瓦尔的部队面临与殖民军的“过渡港之战”的前夕，圣马丁所率部队有许多病员，又因其他原因，使阿根廷、智利政府不能全力支持他，而他迫切希望增援，所以，便在瓜亚基尔与玻利瓦尔会谈，希望得到玻利瓦尔的帮助。如果玻利瓦尔在另一线牵制殖民军，就有可能取得胜利，否则，圣马丁以少攻多，势必会出现敌我双方的对峙，这样的话，就会延缓拉美独立的进程。结果，经过与玻利瓦尔密谈，他明白了两人之间的分歧，那就是：一山不容二虎。为了南美的未来，为了人民的利益，他痛苦地选择了放弃权力的做法，而不是等待将来与玻利瓦尔兵戎相见。

克劳塞维茨

克劳塞维茨，全名卡尔·菲利普·戈特弗里德·冯·克劳塞维茨（1780～1831）德国军事理论家和军事历史学家。其家世勉强可以算是普鲁士小贵族阶级，甚至于不无冒牌之嫌。克劳塞维茨的祖先都是文人，从事宗教和教育事业，不过其父曾参加七年战争并以尉官退役。克劳塞维茨为家中幼子，性情内向孤僻，好学不倦，严格说来，就家世和个性而言，他应该是丈人而非军人。

克劳塞维茨

克劳塞维茨1792年参加了普鲁士军队。1795年晋升为军官，并自修了战略学、战术学和军事历史学，著有《战争论》一书。1803年从

柏林军官学校毕业后，任奥古斯特亲王副官。1806 年 10 月随亲王参加奥尔施泰特会战时，被法军俘虏，翌年底获释。1809 年初调普军总参谋部工作，任总参谋长兼军事改革委员会主席沙恩霍斯特的办公室主任，协助沙恩霍斯特从事军事改革。1810 年秋任军校教官，并为王太子讲授军事课。1812 年春，主张联合俄国抗击法国，因不满普鲁士国王同拿破仑一世结盟而辞职，转到俄军，在骑兵军和步兵军司令部中任职。1814 年回归普军。翌年任布吕歇尔军团第三军参谋长，参加利尼会战。1818 年 5 月任柏林军官学校校长，9 月晋升为少将。任校长职 12 年，潜心研究战史和从事军事理论著述。1830 年任炮兵第二监察部监察。1831 年 5 月任驻波兰边境普军参谋长，同年 11 月卒于布雷斯劳。克劳塞维茨去世后，他的妻子于 1832—1837 年整理出版了《卡尔·冯·克劳塞维茨将军遗著》，共 10 卷，1—3 卷为《战争论》，其余为战史著作。

12 岁的克劳塞维茨在 1792 年进入陆军成为步兵士官。从 1793 年到 1795 年，他参加对抗法国革命的第一次联盟战争。在以后六年的和平阶段中，这位年轻的尉官都一直驻防在一个名为新鲁平的小镇中。那里有菲特烈大王之弟亨利亲王所创设的图书馆，藏书极丰，使这位好学的青年获益匪浅。克劳塞维茨对于学问具有多方面的兴趣，不仅限于其本行（军事），更把哲学、政治、艺术、教育等方面都包括在内，所以其学术基础相当宽广。直到 1801 年他才离开这个小镇，因为他获准到柏林进入新开办的“战争学院”进修。

这是一所由沙恩霍斯特所主持的学校，克劳塞维茨此时 19 岁，进入该校，实为其一生事业的真正起点。沙恩霍斯特在德意志建国史中是一位关键人物，他把作为思想家、政治家和军人的三种优异成就汇集于一身。他对于政治改革和军事改革都有重大贡献，但从战略思想史的观点来看，其最大的贡献就是他发现和培养了克劳塞维茨。

克劳塞维茨在沙恩霍斯特培育之下过了三年学校生活，对于他来说真是受益无穷。他和沙恩霍斯特建立了极亲密的师生关系，吸收其思想，并且也变成其事业上的重要伙伴。同时，克劳塞维茨的学识也变得更渊博，眼界也变得更开阔。在1803年以第一名的成绩毕业后，他就开始踏上走向军事和政治核心的旅途。对未来抱着满怀希望的克劳塞维茨，真是雄姿英发，哪知造物弄人，其前途的坎坷出人意料。

1804年克劳塞维茨奉派为奥古斯特亲王的侍从官，由于此种关系遂认识布流尔伯爵的女公子玛丽，她是一位有良好教养的女孩，深受路易王后的宠爱。两人一见钟情，但由于克劳塞维茨的家世比不上女家，而他本人又受到职务的牵制，直到七年后始结婚。这一门亲事对于克劳塞维茨有非常重大的贡献，因为他的著作都是由玛丽，在其身后为其出版，否则今天我们也许就无法得知其思想的全貌。此外，在他们别离的阶段中，克劳塞维茨写给她的信不仅成为写其传记时的重要资料来源，而且克劳塞维茨的某些理论观念也只确从这些信件中才能找到其如何形成或发展的线索。

从1803年到1805年，克劳塞维茨在柏林与沙恩霍斯特过从甚密，他已成军事改革集团中核心人物之一，并且也认识了许多精英分子，其中有一人就是赖希劳，克劳塞维茨一生中与他的关系电极为重要，也许只仅次于沙恩霍斯特。沙恩霍斯特又把克劳塞维茨介绍给著名的军事期刊主编，使其第一篇文章在1805年得以刊出。文章以批评毕罗的战略理论为主题。虽然克劳塞维茨一向喜欢舞文弄墨，但这是他第一次正式发表自己的著作。

当时毕罗是大名鼎鼎的军事学家，但克劳塞维茨却表现出初生之犊不畏虎的勇气，毫不客气地批评毕罗在思想上的混乱和错误。他在其论文中提出三点主要批评：

（1）毕罗的治学方法有瑕疵，其对战略和战术所作的界定都不适当；（2）毕罗的战争观念缺乏现实感，其分析仅以地理和数学为基础，而忽视敌方的行动和心理因素；（3）毕罗的理论并未能把与战争有关的一切重要因素都包括在内，凡不能利用数学分析来处理的因素，例如部队的士气、将帅的决心，都一律避而不谈。此文发表后，克劳塞

维茨的声名也随之而大噪，他这第一炮总算是打响了，这固然表示他已学有所成，但仍应感谢沙恩霍斯特提携之力。此外，这篇文章的论点和风格上也暗示出克劳塞维茨在其以后著作中所将采取的途径。

1806 年在普鲁士国王菲特烈威廉三世委曲求全的努力终告失败之后，普鲁士与法国之间的战争又起。克劳塞维茨像其他青年军官一样，怀着迫不及待的心情走向战场，但一切都不理想，战争并未能替他带来好运和荣誉。他以上尉官阶陪同他的营长（奥古斯特亲王），参加奥斯特德会战。在普军惨败之后，他与他的营长同时为法军所俘。他们被送往法国收容，虽备受礼遇，但直到 1807 年底才被释放回国，所以克劳塞维茨也就来不及和沙恩霍斯特同享普军在艾劳战役中获胜的喜悦。这一次耻辱的经验使他终身难忘，并强化了他对于一切与法国有关事物的仇恨心理。

返国之后，他立即与沙恩霍斯特恢复合作，在此后四年中，他都是沙恩霍斯特的得力助手，帮助他推动军事改革的工作。1810 年，他升任少校，并在新军校中充任教官，10 月间又充任五世子的军事侍讲，其所用的讲义以后编印成书，即所谓《战争原则》。几个月之后，他又奉派参加草拟陆军新教范的编辑委员会。所以，这几年应该是他最忙碌和最得意的阶段。他的工作也使他对于战略领域获得全面的了解，包括教育、技术、组织、政治等方面都在内。

1812 年，普王居然同意与法国缔结同盟，并派兵参加拿破仑征俄之役。这种政策使克劳塞维茨十分气愤，于是他与三十几位其他的军官一同辞去军职，前往俄国向俄皇亚历山大一世投效。克劳塞维茨虽不通俄语，但仍能以其所长在俄军大本营中从事于各种顾问性的任务。他曾参加布罗地诺会战，并曾亲眼看到法军在柏也及纳河上的撤退，而且非常巧合，约米尼也正在其对方参加这次撤退行动的指挥工作。1813 年春季，普王终于背弃拿破仑，回到反法的阵线，于是克劳塞维茨也返回柏林，再行加入沙恩霍斯特的集团。

当 1813 年战役开始时，克劳塞维茨非常希望能够获得一个指挥官的职务。但国王对于其投效俄国的行为始终不谅解，不肯恢复其军职。所以在莱比锡战役时，克劳塞维茨还是只好穿着俄国的军服，替普军总司令布吕歇尔元帅充当顾问。到 1814 年克劳塞维茨才终于被准许恢复普鲁士的军籍，但仍然受到歧视，被派驻防德国北部，与在法国的主战场完全隔离。直到 1815 年才被准许再加入普鲁士参谋本部，并奉派为第三军的参谋长，其军长为提尔曼将军。在最后阶段的战役中，第三军位置在联军战线的极左端，面对着法军的强大压力苦战到底，对联军的胜利颇有贡献。但从一般人眼中看来，胜利是由威灵顿和布吕歇尔在滑铁卢所赢得。所以，克劳塞维茨感觉到他这一次又只好认命了。同时，他也无法参加对敌军的追击，因此，其在战场上赢得荣誉的最后希望终于化为泡影。

克劳塞维茨所著《战争论》

此时，克劳塞维茨的恩师早已逝世，普鲁士军事改革派的领袖由赖希劳继承，他现在也就成为克劳塞维茨的唯一靠山。战后普鲁士沿着莱茵河获得了一些领土，赖希劳奉派为在此地区中的驻军司令，克劳塞维茨就做了他的参谋长，他们把司令部设在科布伦茨，相处甚欢。但这样的好景没有维持太久，因为在柏林的中央政府现在完全控制在保守派的手中，对于代表激进派的领袖人物具有高度的不信任感，所以赖希劳不久即被召回柏林。不过，克劳塞维茨仍在科布伦茨留任原职达两年之久。

1818 年，克劳塞维茨 38 岁，奉调接任战争学院的院长，也就是沙恩霍斯特曾经担任的职务，并晋升少将。他对于此一新职并不感到高兴，因为现在院长只管行政，对于普鲁士军官团的思想几乎毫无影响作用可言。他就职之始也曾提出改革的建议，但在未经获准之后，也就心安理得地墨守成规，不作任何非分之想。这样的冷板凳一坐就是 12 年之久，可以说是毫无建树。但历史却说“不”，因为还有《战争论》在。

拿破仑战争结束之后，克劳塞维茨从 1816 年起就开始花费大量时间从事研究和写作，此后 15 年内几乎从未中断，其范围可以大致分为历史和理论两方面。的确，若从著作数量上来衡量，则克劳塞维茨作为史学家的成分应该是多于作为理论家的成分，但他在此一学域中的成就却几乎已为人所遗忘。他从 1819 年起才开始写《战争论》，在此后 8 年之内完成了其所计划要写的 8 篇中的前 6 篇，并且也完成了最后两篇的初稿。此时已经是 1827 年，他突然感觉到他所写成的部分，对于其所持的两项基本观念未能作足够澄清的表达，于是决定要把已经完成的原稿从头到尾再作一次彻底的修改。不过，他并未立即开始工作，反而把大部分时间用在战史研究方面，这一方面的文稿已收容在其全集之中，全部达 1500 页之多。他之所以这样做，也许是想从历史中为其新理论架构寻求证明。结果使他对《战争论》只修改了少数几章，而他自认已经可以完全定稿者则更只有第一篇第一章而已。这样就到了 1830 年，克劳塞维茨也许是以为来日方长，所以，他似乎并不紧张，也不感到有时间压力的存在。

不料外在环境却开始发生改变，克劳塞维茨调任西里西亚炮兵总监新职迫使他必须暂时放下其修改《战争论》的工作。当他刚刚到差时，1830 年的法国革命又带来另一项新变化。他的老友赖希劳奉命恢复现役，出任普鲁士所动员兵力的指挥官，于是赖希劳遂邀请克劳塞维茨再度充当他的参谋长。不久由于法国新政权采取谨慎温和的外交政策，而波兰又对俄国发动反抗行动，所以危机遂由西面移向东面，赖希劳军团的兵力也就开始沿着东普鲁士的边界部署，以来防止波兰人的越界行动，以及东欧霍乱病疫的蔓延。第一个任务是很容易执行，但第二个任务却不是战略家所能解决。此种传染病继续流行，1831 年 8 月，赖希劳变成其受害人之一。在克劳塞维茨回到其原职不久后，11 月 16 日，他也不幸突然病逝在布里斯劳任所，享年仅 51 岁，其死因可能是由于轻微的霍乱感染而引起的心脏衰竭。

乔治·克里孟梭

乔治·克里孟梭（1841—1929），法国政治家、新闻记者、第三共和国总理，法国近代史上少数几个最负盛名的政治家之一。政治生涯延续了半个多世纪，号称“老虎总理”。

1841 年 9 月，克里孟梭出生于法国旺代省一个偏僻乡村，兄妹六人，家有祖传庄园，12 岁进入南特公立中等学校，青年时期是在农民中间度过的。其父邦雅曼为当地医生，由于接触先进的科学技术，思想比较开明，拥护共和，不信宗教。

克里孟梭继承父业，19 岁时开始学医。自幼受父亲影响，克里孟梭富有正义感，主张共和、民主与新闻自由。从学生时代起，他便在报上撰写政治评论和文艺评论，并积极参加反对第二帝国的活动，1362 年为此锒铛入狱 73 天。1865 年底，他以《时报》通讯记者身份赴美国实地考察共和制，对美国共和制深为赞赏，主张在法国实行“不存在劳工问题”的美国式共和制。他在美国住了四年，在那里和他的学生玛丽·蒲拉莫结了婚，婚后第五天回国，在巴黎无产阶级住区之一——巴黎第18区蒙马特尔开业行医，不久成名。1870年9月4日，巴黎爆发革命，宣布恢复共和，随即成立了临时政府。克里孟梭被任命为蒙马特尔区区长。1871年2月，克里孟梭当选为激进派议员。当时普法战争性质已经转化为法国自卫的反侵略正义战争，而临时政府则一心想卖国投降，割地求和。在国民议会讨论同德国缔结割让阿尔萨斯和洛林东部并赔款50亿法郎的法德初步和约时，克里孟梭投了反对票，辞去议员职务，以示抗议。

克里孟梭

1871年3月18日，伟大的巴黎无产阶级革命在蒙马特尔爆发。当反动政府派来的士兵拒绝向手无寸铁的捍卫大炮的群众开枪，并掉转枪口击毙反动军官时，他反对群众使用暴力，曾上前拦阻。但他对巴黎公社起义抱有同情之心，与其他人一起奔走于公社与凡尔赛之间，幻想进行调停，以避免“内战”。他作为起义发动地区的区长，不参与反革命镇压而采取“中立”立场。巴黎公社被镇压后，他辞去了区长职务，在蒙马特尔重新开业行医。

1871 年，克里孟梭被选入巴黎市议会，1875 年起担任市议会议长，1876 年当选为众议员，不久便成为激进派领袖。他一贯拥护共和，反对复辟帝制。在资产阶级政治家中，克里孟梭是最早把社会经济改革的要求列入自己政纲的人物之一。他主张按比较彻底的资产阶级民主精神修改 1875 年宪法，反对设置保守的参议院，主张实行省和市镇的地方自治，实行分权管理，废除官僚机构；经济上，他提出按收入实行累进所得税等主张；他不信教，主张政教分离。他的这些主张在巩固共和制、推动社会改革方面起过一定的进步作用，因而使他赢得了很高的政治威望。这一时期，他不断抨击温和派政府。他在议会质询时，发言咄咄逼人，富有煽动性，导致了数届内阁总理垮台，从而获得了“倒阁能手”和“老虎”的绰号。

克里孟梭在议会发表演讲

克里孟梭于 1880 年 10 月在马赛发表了被马克思称之为“半社会主义”的演说。他反对茹费里政府 1881 年对突尼斯进行殖民军事远征，以及随后对非洲、印度支那等地的殖民扩张政策。他认为，用暴力征服“不开化”民族，只会降低法兰西民族的道德威望。政府不应把法国大量人力物力用于殖民远征而应用于国内急需的各项改革。在他看来，殖民事业只有利于少数人发财致富，而不符合法国的利益。

巨大的政治力量和尖锐的批判能力使他树敌太多，1893 年的选举中，由于受到四面八方的攻击终于落选。从 1893 年到 1902 年的 9 年间，克里孟梭在政治上很不得意，主要从事报界活动。报纸成为他从事政治活动的重要基地和有力武器，这种作用突出表现在德雷福斯事件过程中。1894 年，法国犹太军官德雷福斯蒙冤，以叛国罪被判处无期徒刑。后来虽然发现了真正的罪犯，但由于政府和军队当局竭力掩盖真相，引起了群众的公愤，以至于发生了一场要求重审此案的、声势浩大的社会运动。克里孟梭最初支持对德雷福斯判刑，但当他了解了真相后便大力为之奔走呼吁，先后在《震旦报》等报纸撰文 800 多篇，有力地揭露军国主义和教权主义反动势力，为德雷福斯伸张正义。重审运动使克里孟梭的威望大大提高，成为他东山再起的开端。1902 年，克里孟梭再度当选为参议员，成为参议院中左翼联盟的领袖。

1906 年 3 月，克里孟梭在萨里昂内阁中任内政部长，同年 10 月萨里昂内阁垮台后出任总理兼内政部长。他在内阁中设置了劳工部，这在法国历史上是第一次。他的施政纲领中列人了几项社会改革措施，如 8 小时工作制、征收累进所得税等。不过，他的所谓社会改革措施多数未曾兑现，只通过了一项退休法令，规定只有 65 岁以上的老年工人才能享受。工人们称之为“死尸的退休金”，因为当时工人备受剥削、摧残，很少有人能活到这个年龄。克里孟梭在野时一贯反对新闻检查，上台后却下令压制新闻自由。他的所作所为博得了资产阶级右翼的全力支持，成为他们对付无产阶级和人民群众的“铁腕人物”。他主持的这届内阁延续了 33 个月之久，是第三共和国时期寿命最长的几届内阁之一。

克里孟梭对外奉行联合英、俄以对付德国的政策。本来，他是反对同沙皇俄国结盟的，但是出于反德考虑，他不仅不废除法俄条约，而且在 1904 年英法协约的基础上，竭力促成 1907 年英俄协定的缔结，从而使法、英、俄“三国协约”最后形成，与德、奥、意三国同盟相对立。他上台前强烈反对对外殖民扩张政策，上台后却继续推行前届内阁的帝国主义政策。

1909 年，由于受到有势力的代尔卡塞的攻击，克里孟梭被迫辞职，游历海外。1911 年，他再度当选为参议员。第一次世界大战期间，他大力进行沙文主义和军国主义宣传，鼓吹扩大军火生产和征集更多人力，向国内绥靖妥协思想作斗争，主张对德国进行复仇战争以保卫法国安全。

1917 年，法国前线失利，伤亡很重，士气低落，俄国退出了战争。法国政府内部以前总理卡约为代表的一派，主张立即议和，实现“没有胜利者的和平”。在这种紧急情况下，主战的雷蒙·普恩加莱总统决定请克里孟梭组阁。当时克里孟梭已 76 岁高龄，身兼总理与陆军部长重任。他历来独断专行，再度执政后更加突出，实际上是在保留议会的情况下实行了个人独裁。他杀伐果断，威重令行。他多次亲赴前线，重振士气，在国内强力镇压反战力量，并对他们一概斥之为“失败主义分子”。他还以此为借口，大肆镇压工人运动，前内政部长马尔维和前总理卡约等也以企图秘密议和罪名遭到逮捕。

1917 年底，英法军队对德作战，战局出现了有利于协约国的转变。在紧要关头，克里孟梭提出联合军事司令部的建议，取得协约各国政府的同意，建立以福煦为首的统一司令部。1918 年 11 月，德国投降的消息传来，77 岁的克里孟梭老泪纵横地高喊：“我总算等到了这个复仇的日子！”法国参议院一致通过法令，确认了他的功绩，指出：“乔治·克里孟梭作为公民、总理兼陆军部长，为祖国立下了伟大的功勋”，克里孟梭从此被人称为“胜利之父”。

1919 年，克里孟梭代表法国出席了巴黎和会。他力主肢解德国，最大限度地削弱德国，以便法国称霸欧洲大陆。由于英、美的反对，他不得不作出一些让步，1919年6月28日签订的《凡尔赛和约》就是克里孟梭的杰作。但是，他并没有因此而得到法国人的普遍赞赏，右派报纸攻击他只会跟在威尔逊屁股后面转，福煦称他的妥协是背叛、是投降，雷蒙·普恩加莱骂他是“被国家敬之为神的疯子”。和约签字的一个多月前，克里孟梭再一次下令向5月1日的游行队伍开枪，这使他在战争中表现出来的坚强刚毅性格完全为粗暴残忍的独裁者形象所代替。

克里孟梭雕像

1919年底，克里孟梭抱着必胜的信心参加总统竞选，想一举打败雷蒙·普恩加莱并取而代之，没想到惨遭失败。于是，他从1920年起退出政坛，离开了巴黎，返回了离别数十年的故乡旺代省。从1920至1929年，克里孟梭除了每日整理花园、看报、写回忆录之外，偶尔外出旅游、打猎，并在回来后写些散记。期间，他写了《德摩斯梯尼》（1927年）、《我的思想的黄昏》（1929年）以及一本未完成的《胜利的光辉和痛苦》（1930年）。1929年11月24日，克里孟梭在孤独中死于旺代省故居，终年88岁。

提尔皮茨

阿尔弗雷德·冯提尔皮茨（1849 年 5 月 10 日—1930 年 3 月 6 日），生于勃兰登堡的科斯琴，他的父亲是一个普通的公务员。

提尔皮茨

提尔皮茨是一个冷酷和狡诈的领导者，也是一个忠实的军国主义者和右翼分子。但作为德国远洋舰队之父，他当之无愧。提尔皮茨是一个极有胆魄的人物，他不但决意为德国创建一支真正的远洋舰队，而且还希望这样一支舰队能与英国皇家海军相匹敌。显然，对提尔皮茨所提出的扩充德国海军舰队的计划，这位毫不掩饰自己对马汉的崇拜的德国皇帝是十分的热心和渴望。威廉二世对提尔皮茨的胆略和雄心十分欣赏，对提尔皮茨寄予了深厚的信赖，全力支持他的扩充计划，并在不久后封他为伯爵。这种信赖是如此的深厚，以至于提尔皮茨最后获得了“永远的提尔皮茨”这样一个称呼。这个称号是因为当他身边的人如走马灯一般来来往往时，提尔皮茨始终保持权力。即使是皇帝的兄弟海因里希，他在和提尔皮茨争吵之后也出乎意料的以一个有名无实的晋升的方式被调离岗位。

提尔皮茨 1865 年加入普鲁士海军，成为基尔海军学校的一名军校生。他随后于 1869 年被任命为一个小型鱼雷舰队的指挥官，后来他成为这个舰队的监察长。在任职期间，他对于潜艇在战争中的潜在威力产生了浓烈的兴趣。到 19 世纪 80 年代，他已成为德国海军中的主要鱼雷专家。1892 年，提尔皮茨担任海军参谋长，进入了海军高级指挥层。在 1895 年成为海军少将之后，提尔皮茨于 1896—1897 年间在东亚指挥远东巡洋舰队。

1897 年提尔皮茨被任命为帝国海军大臣，这次任命标志着提尔皮茨与威廉二世亲密合作关系的开始。当时的德国海军只是一支近海防御力量，实力上仅和瑞典、丹麦相当，或者略强少许。对了野心勃勃的德皇而言，具有优良传统的德国陆军不值得担忧，他所唯一不放心的是海军。当时的英国皇家海军正处于全盛时代，不但拥有规模庞大的舰队，而且全英国最优秀的人才都被吸引到海军，这支舰队守卫着从加拿大到澳大利亚，从印度到南非的几千万平方公里的殖民领地。英国皇家海军的战斗力对德国具有绝对优势。德国要想实现其野心，必须认真考虑这一严酷的事实。

以 1898 年第一舰队的组建为标志，提尔皮茨公布了他所组织完成的新的《海军法》，开始了重新组建海军的过程。第一舰队包括 17 艘战列舰、9 艘大型及 26 艘小型巡洋舰和其他小型舰只。这个规模的建设计划将使德国舰队与法国比肩，初步具有挑战英国的能力。随后的

1900年，提尔皮茨再次修订海军法，开始了第二舰队的组建。他计划在17年之内使德国海军成为一支包括2艘旗舰、36艘战列舰、11艘大型和34艘小型巡洋舰的舰队。提尔皮茨雄心勃勃，毫不掩饰他想建设一支足以与英国皇家海军匹敌的舰队。他同时声称："新建这支大海军的目的，是要使最伟大的海权国家都不敢向它挑战，否则就有使自己优势遭到破坏的危险。"

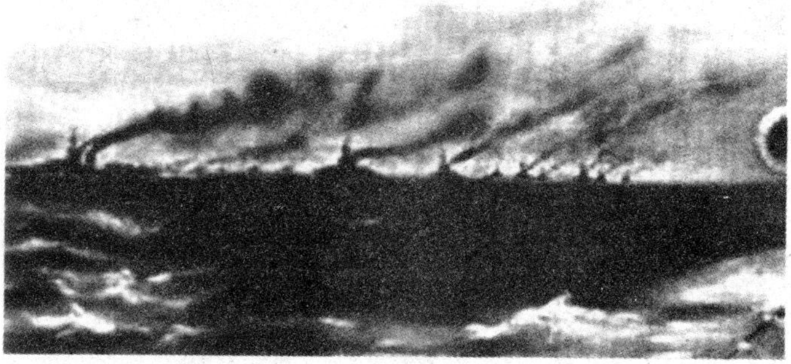

日德兰大海中提尔皮茨的功劳不可抹煞

需要指出的是，该计划过于好高骛远，提尔皮茨的组建计划因此被批评为建立在不现实的期望上。这个备战计划极大的刺激了英国，并引发了新一轮的海军军备竞赛。英国人本来计划在1906年下水了新式"无畏"号主力战列舰后，稍稍放缓步伐，减少对财政的压力。但面对咄咄逼人的提尔皮茨，温斯顿·丘吉尔如此评论道："大陆上的最大的军事强国决心在同时成为至少占第二位的海军强国，这是世界事务中一个具有头等重大意义的事件。"英国人决心保住它的海上霸主地位，也开始加速自己的舰艇制造计划。

面对英国新开发的无畏战列舰，德国也不甘示弱，提尔皮茨看准了海军发展的潮流，决心步英国的后尘。他再次修订了造舰计划，计划使德国海军力量在1914年达到拥有13艘无畏级战舰、5艘战列巡洋舰、22艘老式战列舰、31艘巡洋舰、114艘驱逐舰和30艘潜艇的规模。同时他在威廉二世的大力支持下，加强舰艇的建造工作。

手持三叉戟的提尔皮茨

就在英国无畏号下水一年后，德国也下水了4艘无畏级战列舰，其标准排水量为18873吨，主炮口径为280毫米，航速为19.05节。与英国的超级战列舰相比，德舰在航速和主炮口径上有一定差距，但德舰显著的特点是侧重防御，宁肯牺牲航速和火炮口径也在所不惜：它的指挥塔装甲厚达400毫米，水线部分300毫米，明显高于英国军舰。除此之外，根据提尔皮茨的建议，建成的德舰全都舱室狭窄，重重设置水密门，水线以下的一切隔板都不开联络门，以防区域进水后脆弱的联络门被压破。德舰的贮煤舱尽量设计在舰体两侧，起防护作用。显然，面对英国海军的优势，提尔皮茨追求舰艇在战斗中的生存性和稳定性。他的努力收到了效果，在一战中，德国战舰较英国战舰而言在生存能力上明显占有上风。当贝蒂和希佩尔在日德兰海战中交锋时，德军采用近战以很小的代价便击沉了“不懈”号和“玛丽女王”号两艘战列巡洋舰，还重创了贝蒂的旗舰“狮子”号。这一战果中希佩尔的指挥固然重要，但提尔皮茨的功劳更加不可抹煞。1911年，提尔皮茨被提升为公海舰队总司令，并晋升为元帅军衔。

值得指出的是，提尔皮茨并不希望和英国交战，而是相信通过极大的加强德国海军实力，能够让英国人在采取敌对行动时三思而后行。提尔皮茨的努力没有成功，随着1914年战争的爆发他的期待化为泡影，而且他还受命担任德国海军总司令。这时，德国已经能集合29艘战舰来对抗英国的49艘，其中无畏舰的对比为13：20。在这样的力量对比下，提尔皮茨明白英国在海军军事力量上远远领先，德国舰队显然不能在公开行动中有效的克制英国舰队，他对于两军舰队作战的结果保持悲观态度。这种悲观态度，加上德皇过于担忧心爱的战舰受到损失，以至于日德兰海战成为整个战争期间唯一著名的舰队行动。

提尔皮茨从此把作战的重点放在无限制潜艇战上，他试图采用隐蔽的消耗手法对付英军舰队，以达到平衡两军舰队力量的日标。然而，德军的无限制潜艇作战的策略受到严重质疑，尤其是认为这一策略对当时还保持中立的美国的影响考虑不足。由于发现自己的政策执行得束手束脚，甚至到了他无权控制潜艇部署的地步，提尔皮茨于1916年3月委婉的提出辞呈以表示抗议。多少有点出乎提尔皮茨的意料，威廉二世接受了他的辞呈。面对过于强大的敌人和期望过高的皇帝，“永远的”提尔皮茨最后还是失去了宠爱，被排挤和冷落。1919年，提尔皮茨出版了他的自传《我的回忆》。

提尔皮茨对战后社会民主党人所组成的温和政府非常不满。他争取到施特雷泽曼的支持，并成为战后的右翼祖国人民党的领导人。1924—1928年，提尔皮茨担任该党在魏玛共和国国会的代表。1925年，他成功的劝说固执的保罗冯·兴登堡接受魏玛共和国总统的职位。之后，早已失去原有的大部分影响力的提尔皮茨再也没有成为一个引人注目的政治角色。

1930年3月6口，阿尔弗雷德·冯·提尔皮茨死于伊本豪森，并被埋藏在慕尼黑的一个公共墓地。

贝当

贝当，法国元帅，维希法国元首。第一次世界大战中，先后参加马恩河战役和阿拉斯、香槟等战役，取得凡尔登战役的胜利，1918 年晋元帅，率法军参加协约国军队的进攻。1940 年 5 月德军入侵法国后，先后任副总理、总理，主张对德投降，退出战争。同年 6 月 22 日法国败降后，任维希法国政府元首，默许总理赖伐尔实行法西统治，镇压法国爱国力量。1945 年 4 月被盟军逮捕，8 月以通敌罪被法国最高法院判处死刑，后改判终身监禁。卒于法国西海岸的约岛。

有 60 余年军事生涯的贝当，在第一次世界大战中曾被誉为“法兰西救星”，但在第二次世界大战中，他却当了傀儡，与德国法西斯合作，大战结束后，他以卖国投敌罪被判处死刑，缓期执行。他的一生，有功有过，耐人寻味。

贝当

贝当于 1856 年 4 月出生在加勒海峡省的一个农民家庭。早年丧母，由外祖母和舅舅抚养成人。1867 年，他在寄宿学校读书。当时欧洲正处在烽火战争年月，贝当忧虑国家命运，立志从军报国，遂考入圣西尔士官学校，21 岁军校毕业，被分配到第 24 轻步兵营任少尉军官。32 岁时又考入陆军大学，毕业后在国家射击学校任教官，后在陆

贝当建立了法国傀儡政权

军大学当步兵技术助教。第一次世界大战前夕，贝当还只是驻阿腊斯的一名步兵团的上校团长。

时势造英雄，不同时代的战争把不同时代的英才推到前台。第一次世界大战的战火造就了一批将才，贝当就是其中的名将之一。战争初期，贝当升任为旅长，其后又因在比利时等地作战获胜而晋升为将军。之后，贝当一路顺风，由第6师师长、第22军军长很快升至第2集团军司令，并于1916年2月26日受霞飞的指派，指挥了名噪一时的凡尔登战役。当时，法国苦心经营的凡尔登防线在德国陆军的猛攻下，形势十分危急，法军的防线岌岌可危。贝当受命于危急之时，来到凡尔登担负起了统一指挥、挽救危局的重任。他首先激励士兵，提出了“他们（敌人）不准通过”！的战斗口号。这句话很快成了法军人人皆知的格言。同时，他迅速调集援兵，并主张前线部队合理轮调，使法军很快恢复了战斗力。之后，贝当凭借大纵深的防御，组织顽强抵抗。当时，法军仅有一条从巴勒杜克城通向要塞的狭长公路补给线，远远解决不了数十万大军的后勤补给问题、贝当迅速采取措施，开辟了“神圣路线”，解决了部队的补给问题. 使整个部队保障系统在极其艰险的情况下仍能发挥出高效能，不仅确保了前线的需要，而且大大振奋了法军的士气。此后，在半年的时间里，法军经过艰苦卓绝的反击作战，收回了凡尔登，使这场被称为“大战中的大战”宣告结束，贝当因其优异的组织指挥才能，以“凡尔登胜利者”的称号扬名于法国。

1917 年 5 月，贝当接任法军总司令。当时法军中的反战运动日益高涨，两年间就有 2 万名士兵开小差，仅 1917 年 5 月 20 日至 6 月 7 日，法军中就发生了 80 多起集体叛逃案件。为了改变这种危急的状况，贝当视察了法军将近 60 个师，向将士发表训言，积极采取措施，改善部队生活，减轻士兵的操作劳役。同时，他还实行严厉的镇压手段，从而使整个部队保持了相对的稳定，基本上改变了法军的不利局面。贝当还在协调英法联军的防御，调解美军司令潘兴和法国元帅福煦的争端等方面，发挥了一定的作用。1918 年 11 月，贝当因劳苦功高而被升任法国元帅，担任最高军事会议副主席和陆军总监。在这期间，贝当战绩赫赫，贡献大大，是当之无愧的“法兰西救星”。

第二次世界大战爆发后，法国在军事上节节败退，国内政局混乱。1904 年 1 月，贝当奉召担任法国内阁副总理。但是，出乎总理雷诺预料，贝当不是一个主战派，而是一个认为继续与德军作战“只是一个玩笑而已”的失败主义者。贝当和当时的法军总司令魏刚站在一起，鼓吹战争已经打败，停战是唯一出路，并在法国内阁会议上，激烈反对雷诺提出的坚持抗战和政府迁至北非法属殖民地的主张，并逼迫雷诺辞职。这样，1940 年 6 月 16 日，贝当担任了法兰西第三共和国第 99 届政府的总理。当任总理的第二天，他就命令法军全线停火，并通过西班牙政府向德国提出了谈判要求。6 月 21 日，希特勒亲自来到贡比涅森林接见法国代表团。这个地方正是 1918 年法国接受德国投降的地点，而且还是当年签字的那个火车车厢，举行的受降方式，对于德国来说，一扫昔日之耻辱，对于法国和贝当来说，这无疑是一个极大的讽刺。但是，贝当接受了比这更令人难堪的东西，他同意了德国提出的非常苛刻的、使法国丧权辱国的停战协定。协定规定：法军全面投降，交出武器；法国五分之三的领土（主要是北方工业区）由德军占领，称为占领区；占领军的每日费用 4 亿法郎，全部由法国负担。

骑在马上的贝当

1940年7月1日，贝当政府迁到维希，当时的国民议会授权贝当制定亲政宪法。按照这个宪法，成立了“法兰西国家”以代替原来的“法兰西共和国”。贝当被授予“国家元首”称号，并兼任政府总理，被赋予行政立法、召开国民会议、指挥军队、任命和撤换部长等多项大权。当时的军队、法官、政府官员都必须宣誓效忠于贝当。其后，贝当还建立了仿效德国党卫队的“维持秩序部队”，以及保安部队，以配合德国占领者残酷镇压国内的抵抗运动和爱国人士。贝当政府还从提供原料、商品、劳工，直到命令在北非的驻军与同盟国作战等各个方面，为德国法西斯效劳。成了一个彻头彻尾的卖国贼。

贝当的坟墓

贝当的下场是十分可悲的。1944 年，他看到战局对德国越来越不利，便试图和戴高乐将军秘密联系，但被德军当局察觉，于 1944 年 8 月 20 日，贝当被德国占领军拘禁，直到德国战败。1945 年 4 月被盟军逮捕，8 月以通敌罪被法国最高法院判处死刑，后改判终身监禁。卒于法国西海岸的约岛。

鲁登道夫

埃里希·冯·鲁登道夫（1865—1937），德国陆军元帅，1908 年任陆军总参谋部处长，在总参谋长小毛奇领导下对修改“施里芬计划”曾起到重要作用。该计划的核心是：占领比利时，从侧翼包抄法国，并一举击溃之。

1923 年 11 月参加希特勒发动的“啤酒店暴动”。1924—1928 年任魏玛共和国纳粹党议员，主张恢复德国军事实力、建立法西斯专政。

埃里希·冯·鲁登道夫1865年4月9日生于普鲁士波森（波兹兰）附近一个中等地主家庭。由于父亲的破产，他过早体验到了人生的不幸。12岁时便成为军校学员，并显示出极强的吃苦耐劳精神。

鲁登道夫

鲁登道夫这个姓氏在德国不属名门望族，其家族成员要想在等级森严的德国上流社会，尤其是容克贵族一统天下的德军总参谋部据有一席之地，绝非易事。但自幼勤奋好学、聪明绝顶的他却偏不信那个邪，硬是凭着柏林军事学院教官那“头脑明晰，足智多谋，待人接物，遵仪守本”的评语，在而立之年（1895年）赢得了身佩朱红绶带的权利，跨入了每个德国青年军官都梦寐以求的总参谋部的大门。他个头不高，身躯粗壮，蓄着一把淡黄色的小胡子，嘴唇略显下垂，长着一脸横肉，与德军总参谋长施里芬那种身材魁梧、仪表堂堂的贵族风度形成了鲜明的对照。但他敏锐的判断力和超凡的洞察力使他在人才济济的总参谋部站稳了脚跟，受到施里芬的器重。在一代战略大师施里芬的精心指导下，埃里希·冯·鲁登道夫逐渐成长为总参谋部最出类拔萃的参谋军官。到1906年小毛奇继任总参谋长时，鲁登道夫已能独当一面。他一直把施里芬视为自己的恩师，对他制订的“先法后俄”战争计划和坎尼战合围战略的正确性坚信不疑。1908—1913年，他出任总参谋部动员处处长，为保证“施里芬计划”得以顺利实施而进行了卓有成效的工作。1912年他组建“德国防卫协会”，呼吁扩充军备，建议增编常备军30万人，扩建3个集团军，受到德皇威廉二世的重视。在柏林期间，鲁登道夫结识了已离异并是4个孩子妈妈的家庭妇女玛加丽塔·佩尔内，并与她结为伉俪。

1913年，以德国和奥匈帝国为首的同盟国同以英国、法国和俄国为核心的协约国两大军事集团磨刀霍霍，紧锣密鼓地加紧备战，战争阴云笼罩着欧洲大陆。鲁登道夫从即将到来的血战中看到了自己一层身手的机会。他满以为战争到来时，作战处长一职将非他莫属，但天有不测风云，不知哪一次因办事不当而得罪了权倾朝野的陆军大臣黑林根将军，不但没有当上作战处长，反而被撵出了总参谋部，被发配到斯特拉斯堡任旅长。生性坚韧的鲁登道夫并没有因此次调动而灰心丧气，他坚信战争需要他，皇帝和总参谋长需要他，德意志容克统治集团更需要他。果然，1914年8月大战爆发后，刚刚调任第2集团军参谋处长的鲁登道夫便在比利时列日要塞围攻战中崭露头角。当时正赶上某旅指挥官阵亡，鲁登道夫接任该旅旅长，下令调来420毫米的重炮一举攻占要塞。此战使他晋升为该集团军军需总监，并获得了国家最高荣誉勋章。但真正使他青云直上、飞黄腾达的还是东线战事。

根据德国战争计划，负责防守东普鲁士的德军第八集团军必须在战争初期顶住俄军的进攻，直到从西线凯旋的部队前来增援为止。然而，当俄军两个集团军以优势兵力攻入东普鲁士后，德军第八集团军司令普里特维茨将军立刻惊慌失措起来，一再请求统帅部派兵增援。此时此刻，西线决战正酣，总参谋长小毛奇手中援兵确实没有，但用兵打仗、决胜沙场之才倒是有一位。8月22日，列日英雄鲁登道夫在炮火隆隆的比利时那慕尔要塞城下接到了德军副总参谋长施泰因代表总参谋长小毛奇写给他的信：

你也许能挽救东线的局势，我不知道哪一个人曾得到我这样的完全信赖。德皇也完全信任你。我相信，以你的能力足可防止最糟糕的情况发生，当然，你无须对东线已经发生的情况负责。

鲁登道夫阅后大喜，心想自己多年来苦读兵书、发愤图强，今日总算有用武之地了。不过，美中不足的是，他名义上的职务仅仅是第八集团军的参谋长，集团军司令则是67岁的退休军官、姓氏前冠有

“冯”字的兴登堡将军。军事历史上最成功的搭档之一从此开始了他们合作指挥德军的生涯。兴登堡的冷静沉着和高雅举止，正好弥补了鲁登道夫才华出众但容易冲动的个性。

鲁登道夫协助希特勒发动啤酒馆暴动

鲁登道夫和兴登堡的合作立竿见影。他们利用俄军两个集团军协同不力的弱点，制订了“中路牵制、两翼迂回”的计划，首先集中兵力歼灭俄萨姆索诺夫集团军。由于位于北翼的连年坎普夫集团军按兵不动，德军得以从容不迫地在乌斯道地区全歼俄萨姆索洛夫集团军，萨姆索诺夫本人饮弹自杀。鲁登道夫以乌斯道北面的一小镇坦能贝格命名此次会战，称其为坦能贝格会战，意为这一战为日耳曼人报了“九世之仇”，因为公元1410年波兰人和立陶宛人曾在此地打败了条顿骑士团。坦能贝格战役后，鲁登道夫迅速调兵北上，大败连年坎普夫集团军，迫使俄军全部撤出东普鲁士地区。

1914年11月，兴登堡和鲁登道夫被分别提拔为东线德军总司令和参谋长，担负整个东线战场的指挥职责。他们先后组织实施了罗兹战役、华沙—伊万哥罗德战役、奥古斯图夫战役和戈尔利采战役，为奥地利收复了加利西亚，将俄军逐出波兰突出部，并给俄军以重大杀伤。1916年8月，德军在凡尔登战役的失败，促使德皇决定任用兴登堡和鲁登道夫负责指挥德军所有的军事行动。兴登堡名为总参谋长，但实际上重大战略决策均由身为第一军需总监的鲁登道夫作出。

鲁登道夫（左）与兴登堡

1917年是大战的第4个年头，鲁登道夫作出的一项重大战略决策是不顾美国的反对，恢复实施无限制潜艇战。此举直接导致了美国的参战。但在战术上，鲁登道夫积极总结战地指挥官的经验教训，创造出新的攻防战术，并在各条战线上予以推广。在防御上，德军在西线广泛采用“纵深防御战术”（也叫“弹性防御战术”），即将主力部署在纵深，通过不断的反冲击来粉碎敌军的进攻。在进攻上，德军发明了渗透战术或叫“古特尔战术”（因古特尔首次在里加战役中使用该战术而命名），即在进攻时，经过短暂、密集的炮火准备后，主力绕过敌防御坚固的据点，直接向其纵深渗透和迂回，始终使对手处于慌乱状态。在鲁登道夫的指导下，德军在西线成功地进行了防御作战，在东线和意大利战线实施了大规模进攻，成效显著。

1918年春，鲁登道夫决定乘美军尚未大规模投入战争和东线俄国退出战争之机，发起最后的大规模进攻，企图迫使法国投降。德军的进攻组织得非常出色，占领了法国大片土地，但到这时德国的战争资源日渐枯竭，德军已是强弩之末，进攻的结果不过是在绵亘的战线上形成了几个突出部而已。协约国军队渐渐稳住了阵脚，并且组织起大规模反攻。德国败局已定，鲁登道夫为推卸责任而于 1918 年 10 月辞职，最后逃亡瑞典撰写回忆录。

流亡期间，他写了不少文章与书籍，渲染德军的辉煌战绩，更发表著名的刀刺在背传说，宣称德军被左派政客出卖：他们以革命之刀，插入德军之背，最终令他们战败。不过，鲁氏本人其实也要为德国的战败负责。鲁登道夫认为德国所打的是防卫战争，也指出威廉二世未能在战时组织有效的反宣传与有效领导国家战斗。他强烈谴责社会民主分子与左派出卖德国，尤其是接受凡尔赛条约。另一方面，他又注意战时国内经济环境，宣称尤尤其以犹太人为主的商人借着操控生产与金融事业牟利，而非为国家着想。他研究德国在战争末段时的罢工，发觉“国内战线”比德军阵线还要早崩溃，让国内动荡影响前线军士的士气，触发很多士兵“暂时休假”。更重要的是，鲁氏觉得德国人低估了战争对他们的威胁：他断定三国协约的战争目的就是要打败与肢解德国。

鲁登道夫曾写道：“德国人以德国之革命，使其变为众国中之贱民—无以赢得盟友，只得为外国人与他们的资本为奴为婢，尊严尽丧。廿载之内，德国人将会咒骂那些为发动革命而自豪的人。”（我的战争回忆，1914—1918 年。）此话在后来似乎实现了。

1920 年，鲁登道夫以右翼政客的身份重返德国。1923 年，他企图协助希特勒发动啤酒馆政变，结果失败。1924 年，他代表纳粹党在国会获得议席，任期至 1928 年。1925 年，他参加总统选举，但败于以前的上司兴登堡。

纳粹党夺权之前，魏玛共和国计划把鲁登道夫与几位出名将领送到中国，协助国民党重整国民革命军。但由于《凡尔赛条约》的限制，以及将领非常知名、不宜受聘于人，故计划中断。

1928年后，鲁登道夫与纳粹党不和，最后他退出政坛。对于世界的问题，他断定一切都是基督徒、犹太人与共济会成员的错。他与第二任妻子创立了一个隐秘的会社，会社到今天仍然存在。有传言指，他晚年时思想奇怪。1935年，希特勒想让他担任陆军元帅，但被拒绝。1937年，鲁氏逝世，获得国葬的礼待。希特勒有出席葬礼。

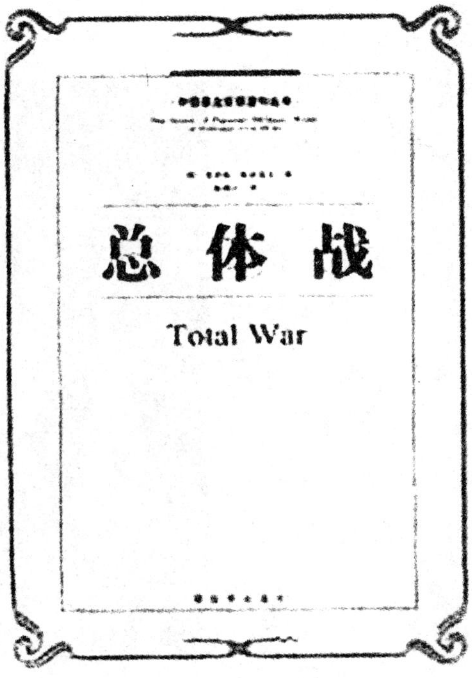

鲁登道夫军事战略专著《总体战》

鲁登道夫著有《总体战》和《我对1914—1918年战争的回忆》等书。《总体战》是他的代表作，系统阐述了总体战理论。这一理论要求国家生活的各个方面在平时就应服从战争准备的需要，主张采取一切手段甚至是极端残暴的手段进行战争，因而适应了德国法西斯对外侵略扩张政策。

内维尔·张伯伦

内维尔·张伯伦（1869～1940 年），英国政治家，1937 年到 1940 年担任英国首相。由于在第二次世界大战前夕对德国实行绥靖政策而备受谴责。

内维尔·张伯伦出生于英国的一个政治世家，父亲乔·张伯伦曾担任伯明翰市长、内阁殖民大臣，6 岁时母亲因病去世。养母克拉拉非常年轻，张伯伦从小就没有从克拉拉身上找到来自家庭的慈爱。但在那个家族关系错综复杂的家庭中，他是一群小妹妹和堂兄妹的天然领袖。张伯伦爱好音乐，热爱大自然，一见受苦的人就深表同情。8 岁那年，第一次离家到索恩波特的一所小学校去的时候，他是十分心满意足的。但是他却痛恨他后来被送进去的那所预备学校，拉格比公学。

张伯伦

（一）伯明翰的张伯伦

1911 年 9 月，张伯伦被定为他父亲所在的西伯明翰选区内众圣选区的自由党联盟主义候选人，并于 11 月当选，然后，他立刻就担任了新成立的城市规划委员会的主席。张伯伦满怀热情，迅速着手执行他的新任务。他作为委员会主席于 1912 年 5 月向市参议会提交了他的第

一份报告。他提出了对昆顿、哈伯思和埃奇巴斯顿所作的规划，这些规划是全国首批得到1909年的住房和规划法案核准的规划，张伯尔担任参议员的这几年是圆满的，幸福的年头，虽然他的主要兴趣是城市规划委员会和公共卫生和住房委员会，但是在城市生活的每一个方面他都十分活跃。1914年11月，他被选为高级市政官，第二年夏天就任市长。他当了三年的市参议员，一年的高级市政官，可同他父亲迅速提升到同样的职位相媲美。

张伯伦在他的“伯明翰时期”里是以一个保守党民主主义者的面目出现的，尽管他自己不会承认这个术语。他对外交和帝国的政策有着清楚的、坚定的看法，对社会问题有着激进的解决办法。对他来说，最后一切都转向社会改革。没有哪个当过首相的人有他那样多卫生、住房、教育和城市规划，以及其他所有地方管理方面的知识。对他来说：人民的福利是最高的法律。但是，同他的父亲一样，他的眼界超出了伯明翰。在那些年里，记述详尽的旅行日记记载了他对印度和缅甸、阿尔及尔和埃及、意大利和法国的印象。此外，对年轻的张伯伦来说，要学习帝国和外交事务，不可能有什么学校比海伯里学院更好。在那些年里，他当地方派是他有意识的选择，他的联系似乎是在伯明翰，但是，事实上他就要在更广阔的舞台上大显身手了。

（二）国民役务部主任

1916年12月7日，英国政坛上的明争暗斗暂时平息了下来。阿斯奎斯下台了，劳合·乔治上了台。这对于张伯伦家族来说是个喜讯，整个家族兴高采烈。当时，内维尔·张伯伦暂时还没有受到劳合·乔治对他的不信任（一种彼此的不喜欢），不守以后这种不信任将在很大程度上影响内维尔·张伯伦的政治生涯。

劳合·乔治上台后发现政府机关中有一个空缺难以填补。这就是当时的一个急待解决的人力问题。对此，劳合·乔治决定设立一个新的劳工部和一个国民役务部来管理这种混乱的局面。他首先委派了工党的首要议员约翰·霍奇当新劳工部部长；又把第二个职位委派给了上届政府的军火部长埃德温·蒙塔古。然而，埃德温·蒙塔古拒绝出任此职。在国民役务部主任的职务仍然空缺的情况下，担任了三个月的人力委员会主席的实斯汀把张伯伦的名字推荐给了劳合·乔治。接着，内维尔几乎马上被带到了首相面前。当天，首相在众议院宣布了对张伯伦的任命。

不论是无意还是有意，任命国民役务部主任的计划没有通过。

1917 年 7 月 20 日，张伯伦递交了辞呈。从此，内维尔·张伯伦同劳合·乔治之间结下了仇恨，并有增无减，一直贯穿于他们的整个政治生涯。

（三）威斯敏斯特斗争生涯

张伯伦清楚地认识到自己在国民役务部期间所犯的主要错误。下议院已经把他打败了一次，他决心不再低估它的力量：“……如果我要在必须做的重建工作中有所作为的话，我就必须先在下议院里呆一段时间，为的是在议会生活及其程序方面获得足够的经验。”他为自己确定了方向，并急不可待地开始了工作。要做的事情很多，他又回到了伯明翰，回到了市议会，并担任了副市长，他等待着大选到来，等待着大选的胜利，在议会中的成功成为他唯一的目标。

大选于 1918 年 12 月 14 日举行，两星期以后选票结果出来了，张伯伦赢得了伯明翰所有的席位，1919 年 2 月初他在威斯敏斯特就职，6 个月以后到下议院休会时，他已经在下议院确立了地位。3 月 12 日他在下议院委员会里关于房租限制法案作了首次讲话。他的发言被《伯明翰邮报》评价为：“一次令人钦佩的讲演，内容好、组织得好、讲得也好。他没有讲稿讲了 10 分钟，支持一项修正案。总检察长本来已经拒绝过这一点，现在却又站起来讲话，在法案里增添一些词句，以便同张伯伦的论点相适应。首次讲话很少能取得什么效果的，但是他的首次讲话却是一个希望的开端，最终还得到了一个令人满意的结果

——他虽不在内阁中，却担任了相当于内阁一级的职务，他还成了枢密顾问官。”

（四）曲折的政治生涯

由于博纳·劳的身体情况不佳（患了喉癌），鲍德温继任了新首相，他首先确认了张伯伦卫生大臣的任命，而且考虑到卫生部的工作繁重，他明智地提出让下议院的尤斯塔斯·珀西当卫生部的政务次官。新首相在内阁人员的调整上总是顾此失彼，致使最后鲍德温找不到人担任财政大臣了，只好自己暂时兼任，他决心物色一位新的财政大臣人选，结果目光落到了张伯伦身上。“当首相那样恳求时，即使按照对上司的一般的忠诚，我也不能坚持拒绝支持他……”就像几年前他勉强就任国家役务部主任一样，这次他又勉强就任了财政大臣。

张伯伦度过了飞黄腾达的一年，在12个月内，他从一个联合内阁的后座议员，继而担任邮政总长、主计长、卫生大臣，直到财政大臣。看起来他的地位终于相当稳固了。

张伯伦手持《慕尼黑协定》向人群宣扬和平

（五）首相生涯

作为首相继承人和代理首相的地位，由于他在一次群众性集会上代表鲍德温讲话而得到最后的确认。他在日记中写到："我召唤下属，又尽力办理公事，俨然是实际的首相一样。"命运安排了一次机会，这次机会"把张伯伦推向其政治生涯的顶峰"。

1936年元月20日，国王乔治五世逝世。张伯伦以毫不掩饰的焦虑心情企盼新君主的统治。在1937年5月举行的加冕典礼之后，首相即将更换。本应由爱德华八世继位国王，可这个风流君主却因为一个女人而放弃了王位，留下了"要美人不要江山"的名声。直到1937年6月3日，爱德华八世的婚礼才在法国举行，三周之后，他的弟弟举行加冕典礼。在此后的第六天，内维尔·张伯伦吻了国王的手而成为首相。

1937年，内维尔·张伯伦担任首相时已经67岁了，他是20世纪首次入住唐宁街10号的最年迈的政治家。虽然他已经到了大多数人开始考虑退休的年龄，可他仍然体魄健壮，不知疲倦，自从皮尔卸职以后，几乎没有哪一位首相像他那样辛勤操劳的。他是下议院领袖，又是外交事务方面的人物，为所有重要的国内政策提供咨询意见的内阁委员会都由他亲自主持；他对内阁成员提出的每个问题都像自己的问题似地深入研究……这个人就是首相。

工作之余，张伯伦的主要兴趣是户外运动，而且常常是剧烈运动。他的射术平平，但酷爱射击运动。他善钓而又慷慨，他还通晓博物学。由于他生性耿直，从不假装爱好。他拒绝去赛马场和板球场露面，他对跟着他大献殷勤的记者极为反感。由于他腼腆自重，在私人生活和公共活动之间筑起了一道壁垒。尽管他博览群书，几乎却可以说从来不在讲演中旁征博引以显示才华；尽管他听到贝多芬的曲调和旋律时如醉如痴，他讲演时却音色干涩，语调呆板，很难使人相信他是一位音乐爱好者；他缺乏有声有色的渲染，更不会言行哗众取宠。他的秉性不善于表达深沉的情感，既不会拨动听众的心弦，又不会激起人群的狂势，因此，除了他的亲人和为数不多的知己密友，他在人们心中留下的印象比实际要平庸阴暗得多。

他对自己的缺点并非一无所知。1937 年，他在一部电影中看到自己的形象后说："今天在银幕上演讲的那个人，要不是过去见过，我一定会说这家伙盛气凌人，自以为是，说话小心翼翼，慢得令人难以容忍，真是个讨厌的人物!"这种批判性的自我分析以及那极为珍贵的自我嘲讽能力不止一次地在他的私人信件中闪现。可惜能看到这些信件的人太少了。在公共生活中，只有与他最接近的那些人才对他有真正的了解。

在议会里，他针锋相对的论争过多，和解妥协的口气太少，常常以尖刻辛辣的反诘使他的支持者兴高采烈，却很少用温和的回答使他的反对者平息怒气。

在他担任首相期间，谁也没有像他那样坚定不移地为社会进步而大声疾呼。他指出，出路在于"促进教育"、"充分就业"和"保障老年人无忧无虑地度过晚年"。在一次集会上，他讲得更加具体："当我讲改善生活条件时，我所想的不只是物质条件。我并不相信人人应该收入相同，因为那并不能保证人人都幸福。幸福来自内心，而不来自外界，但是外界条件既可能培育幸福，也可能扼杀幸福。我们大家都在为建设一个模范国家而奋斗，我们希望看到这个国家有条件使全体臣民能够为自己制造幸福，但要实现这些条件，人民必须健康强壮，他们在发生事故或染上疾病后，应能得到最先进的治疗；他们应能支配足够的收入，以保证自己和家庭享有最低标准的安乐；他们应有空闲时间和娱乐休息时间；他们应有培养欣赏自然景色和艺术珍品的能力并能充分吸收包藏在书籍中的丰富知识；他们应该不受恐惧、暴力和不公正待遇的祸害；他们应能表达自己的思想和满足精神上的、道德上的需要而不受挫折，不遭迫害。"

（六）绥靖政策

张伯伦鉴于第一次世界大战造成的灾难，极端希望以任何代价在欧洲维持和平，他认为可以通过谈判避免战争。张伯伦是受传统欧洲政治体系教育的人，他的政治对手都承认他是一个诚实的人，他的思路与时代不合，因此他不顾自己内部的反对，尤其来自丘吉尔的反对，力图和希特勒达成和平，他自己称之为执行一个“绥靖政策”。

1938 年 9 月 12 日，希特勒扬言要对捷克斯洛伐克采取军事行动。德国军队开始大规模地向边境集结。捷克斯洛伐克政府立即实行军事动员，欧洲战争大有一触即发之势。张伯伦按捺不住内心的恐惧，9 月 13 日晚，他迫不及待地向希特勒发出一份“特急电报”：“鉴于局势日益严重，我提议立即前来见你，以寻求和平解决的办法，我提议乘飞机来，并且准备就在明天启程。”

1938 年 9 月 15 日，张伯伦得到法国同意，拖着衰老的身躯，生平第一次乘飞机抵达慕尼黑。张伯伦到达的当天，就同希特勒举行会谈。希特勒气势汹汹地恐吓张伯伦，说什么如果因苏台德区问题而引起冲突，他将“准备迎接任何战争……决不会后退一步”。他询问张伯伦，“英国政府是否同意割让苏台德区?”张伯伦当即表示赞成苏台德区脱离捷克斯洛伐克，并表示把这个意见带回英国，争取内阁批准，并和法国磋商。他再三乞求希特勒不要使用武力，希特勒同意在“两人再次会晤前，德方不采取任何军事行动”。1938 年 9 月 16 日，张伯伦从慕尼黑飞回伦敦，当晚就召开内阁会议，他在同僚面前大肆鼓吹，只有把苏台德区割让给德国才能避免战争。9 月 18 日，法国总理达拉第和外交部长庞纳应邀到伦敦会谈。在张伯伦建议下，英法两国政府制订了一份要求把“凡是苏台德区日耳曼籍居民占百分之五十以上的全部领土，都直接转让给德意志帝国”的联合方案。9 月 19 日，英法两国政府向捷政府发出照会，强迫贝奈斯接受这个方案。由于捷人民的强烈反对，9 月 20 日，捷政府拒绝了英法建议。对此，英法政府十分恼火，威胁贝奈斯政府说，如不改变态度，就要负起“挑起战争的责任”。英国以不给捷援助、法国不履行法捷条约相要挟，终于迫使贝奈斯政府就范。9 月 21 日下午，捷政府照会英法政府，“以沉痛的心情接受英法两国的建议”，并对捷人民发表广播说：“我们没有别的选择，因为我们被人抛弃了。”

1938年9月22日，这位自命为欧洲“和平使者”的张伯伦，违背捷克斯洛伐克人民意愿，无视世界舆论的责难，带着英法联合方案，登上飞机，第二次飞往德国，继续与希特勒进行肮脏的政治交易。这次会谈在莱茵河畔戈德斯堡举行。会谈一开始，张伯伦就滔滔不绝诉说他如何经过一番艰苦的努力，使英法政府和捷政府接受了希特勒在上次会谈时提出的要求，他以为这样希特勒就该表示满意了，但是法西斯的欲望是难以填平的。希特勒又向张伯伦提出了更高的要价：在几天之内，捷克斯洛伐克军队和警察立即撤出苏台德区，由德国对苏台德区实行军事占领，捷克斯洛伐克境内其他所有操德语的地区也要统统归并德国。希特勒威胁说，如果这些要求遭到拒绝，“只好寻求用战争解决问题的途径”。张伯伦以“调解人”身份答应把希特勒提出的戈德斯堡备忘录转交给捷克斯洛伐克，并要求在进行“调解”期间，德国不要使用武力。

1938年9月25日，捷政府拒绝了希特勒提出的新要求，坚持同意9月18日的英法联合方案。9月26日，张伯伦同法国总理达拉第和外交部长庞纳进行商谈，发表了会谈公报，声称两国政府在所有问题上意见一致。当捷政府拒绝戈德斯堡备忘录后，9月26日，希特勒发表演说，再次进行战争威胁，大叫什么“如果到10月1日，苏台德区还没有交给德国，我希特勒将亲自作为第一个士兵去同捷克斯洛伐克作战。”9月28日，张伯伦给希特勒又写了一封信，表示愿意再次去柏林，并建议召开英法意三国代表参加的国际会议，努力使希特勒不经过战争，就能实现自己的要求。9月29日，张伯伦为了完成出卖捷克斯洛伐克的肮脏交易，第三次飞往德国。29日深夜，四国首脑举行慕尼黑会议，在捷克斯洛伐克代表被排斥在外的情况下，按事先达成的交易很快起草出会议文件，决定将捷克斯洛伐克的苏台德区及与奥地利接壤的南部地区割让给德国。次日凌晨，四国首脑在慕尼黑协定中宣布“原则上同意”为维护欧洲和平而将苏台德区并入德国的计划。几个小时以后，捷克斯洛伐克政府被迫宣布接受“慕尼黑协定”。30日早晨，疲惫不堪的张伯伦与希特勒继续会谈，签署“英德宣言”，宣布两国“彼此将永不作战”，“决心以协商办法”解决一切争端。张伯伦对这一纸互不侵犯的宣言十分满意，回到伦敦即得意忘形地对欢迎的人们挥着那张有希特勒签字的宣言，宣称：“从今以后，整整一代的和平有了保障。”“现在我请你们回去，在你们的床上安心睡觉吧！”但是，受到纵容的侵略者总是欲壑难填。慕尼黑协定墨迹未干，希特勒即下令出兵占领整个捷克斯洛伐克。此后不到一年，希特勒又向波兰开刀。张伯伦政府在国内人民和世界舆论的压力下，于1939年9月3日对德国宣战。德国入侵波兰后，英国和法国表面上在履行保障波兰安全的诺言，实际上并未出兵援助波兰。英法军队按兵不动，宣而不战。希特勒利用这种“奇怪的战争”所提供的大好时机而于1940年4月9日对丹麦和挪威发动闪电攻击，英国远征军在随后发生的挪威战役中遭到失败。在5月7日至8日英国下院就远征军的失败及其对形势的影响举行的议会辩论中，艾默里议员朝张伯伦高喊：“看在上帝的面上，走吧！”德国5月10日又出动大军进攻比利时、荷兰、卢森堡，直逼英法本土，英国舆论哗然。

同日，张伯伦辞去首相职务；6月16日，他的日记第一次记下他“腹部剧痛”；7月24日，X光透视发现肠道狭窄，随即进行了试探性手术；9月9日，他返回住所时，已是“一个半残废的人了”，自知引起腹症的恶性肿瘤既不能手术也无法治愈。10月3日，他退出了政治生活。11月9日张伯伦去世。14日，战时内阁成员抬着他的棺木，将他埋在威斯敏斯特教堂里。

温斯顿·丘吉尔

温斯顿·丘吉尔是20世纪英国最负盛名的政治家之一。“二战”期间，他临危受命，在英国面临生死存亡的关键时刻出任首相，领导英国人民与德国进行顽强的战斗，为反法西斯战争的胜利作出了不可磨灭的贡献。

（一）“最难管教的孩子”

1874年11月30日，丘吉尔出生于英国牛津郡一个贵族家庭。童年时，他一直生活在保姆埃夫列丝太太的溺爱之中，所以，顽皮成性的丘吉尔也经常被他的妈妈称为“最难管教的孩子”。

温斯顿·丘吉尔

丘吉尔的祖先约翰·丘吉尔，早年曾是英国皇家骑兵团的一位上校。18世纪初由于他平定叛乱，战功显赫，被安娜女王封为公爵，从而成为马尔伯勒家族的第一代公爵。丘吉尔的父亲伦道夫·丘吉尔是马尔伯勒家族第七代公爵的第三个儿子。按英国法律，爵位和领地应由长子继承，因此伦道夫无权继承爵位，只有另寻出路。他大学毕业后，打算从政。伦道夫是个野心勃勃的人，而且急于求成。他以公爵之后做后盾，凭着自己的坚强意志和雄辩之才，成了一位著名的政治家——保守党领导人之一。1885年保守党上台后，他被任命为财政大臣兼下院领袖，但5个月后即辞职离开内阁。伦道夫闪电般地结束了他的政治生涯。

丘吉尔的母亲詹妮·杰罗姆是美国人，她父亲莱纳德·杰罗姆是纽约的一名从事房地产和股票投机的富商。早在美国南北战争初期，他已是一位著名的百万富翁。

丘吉尔小时候长得并不十分漂亮。他说话有缺陷，有点口吃，而且发音不清。但他非常自信和固执己见。长大后，凭着他那股倔强劲，克服了口吃的毛病，而且成为一名著名的演说家。

丘吉尔从小就与众不同，他不愿像别的孩子那样按父母、老师的要求去学习。他虽然记忆力很好，但他只记感兴趣的东西，他不喜欢数学、拉丁文和希腊文等经典语言，只喜欢历史和地理。

1881 年 11 月丘吉尔年满 7 岁，被送到圣乔治学校住读。那是一所配有电灯、游泳池、足球场、板球场等先进设备的贵族子弟学校。学校校规极为严厉，教学方法非常死板，对不听话的孩子经常进行体罚。

丘吉尔在家里自由惯了，他在这里感到很不自在。他性情孤僻，性格倔强，他不愿遵守学校的规章制度。他的学业无大成就，成绩总是排在最后，只有地理和历史课还不错。他上课经常迟到，不用心学习，成了学校一名“低劣生”。所以，学校发的报告单上经常出现“常惹麻烦”，“极端恶劣”等字样。

由于丘吉尔的身体日益衰弱，两年后转到布赖顿的预备学校就读。这期间他生活得比较愉快，学业也有所进步。他学习了法语、古典文学、绘画、历史，并能背诵许多诗歌。此外，他还学会了游泳，尤其喜爱骑马。

1888 年，丘吉尔结束了布赖顿 3 年的学习生活，被送到哈罗公学学习。他在这里从入学考试开始就碰到了许多麻烦。按学校规定，考生必须用拉丁文写一篇作文，丘吉尔在两个小时的测试中只写了一个字。同时，数学考试不及格。尽管如此，学校还是看他父亲的面子而录取了他。他被编在四年级学习成绩最差的一个班，最末的一个组。

从此，丘吉尔“名声大振”，成了全校被人耻笑的倒数第三名。

丘吉尔在学校的表现，使他的父母非常苦恼。他们认为儿子既顽皮又愚蠢，无法从事政治。那么他能干什么呢？丘吉尔非常喜欢同自己的小弟弟约翰玩打仗游戏。他有1500个锡兵，会独出心裁、花样翻新地指挥锡兵打仗。有一次他父亲看到这种情形就问丘吉尔：“你将来想干什么？”儿子答道：“当兵！”这就使父母下了决心，决定让他去报考英国有名的桑赫斯特皇家军事学院。

丘吉尔为考军校虽然做了充分的准备，但还是两次都名落孙山。为此，他父亲把他送到詹姆士上尉办的补习学校学习。这所学校是专门为了帮助那些才疏学浅的青年人能够考取军校而办的。

丘吉尔经过充分准备，于1893年8月终于考取了桑赫斯特皇家军事学院。但可惜的是没有像他父亲希望的那样进入步兵学科，根据丘吉尔的考试成绩只够进入骑兵学科。为此，他父亲十分生气，怒气冲冲地写了封信给丘吉尔，警告他今后必须刻苦努力，否则有可能堕落成为“社会废物”。

丘吉尔来到桑赫斯特皇家军事学院后，生活、学习非常愉快，因为在这里再也不用学习那些令他讨厌的课程。他喜欢骑射，跑马场上的训练给他带来极大的乐趣。这位未来的骑兵军官渴望像他的祖先约翰·丘吉尔那样，驰骋疆场，从事戎马生涯。但他唯一感到遗憾的是，世界上尚未发生大规模的战争，他没机会大显身手、出人头地。他希望有朝一日到印度或非洲去征战，像英国殖民大臣和军事统帅克莱武当年那样青云直上，一直爬到最高统帅的位置，指挥千军万马，让温斯顿·丘吉尔的名字永远镌刻在大英帝国的纪念碑上。

他的理想是：“只要有地方打仗，就去参军”，一旦仗打完了，就要搞政治。”

丘吉尔在桑赫斯特皇家军事学院学习期间，他父亲的健康状况日益恶化。1895年1月24日，因病医治无效，溘然去世。父亲的死，对丘吉尔是个沉重的打击。他觉得父亲这个靠山倒了，今后应当奋发图强，走自己的路。由于他的努力，学业有很大提高，他在桑赫斯特皇家军事学院的最后一次考试成绩是，在150名毕业生中名列第8。

骑兵学科毕业后，丘吉尔想到第4骠骑兵团服役。经他母亲的斡旋，英国陆军总司令坎布里和团长布拉巴宗上校同意他在这个团任中尉。这样，丘吉尔开始了自己的戎马生涯，踏上了坎坷不平的人生旅途。

（二）仕途沉浮

丘吉尔于1895年当上英国第4骠骑兵团军官。骑兵团的日子过得比较轻松，平日练习骑马，闲时打打马球。他发现在军队内循规蹈矩地服役，缓慢地逐级晋升不是他要走的道路。他是个求名心切的年轻人，他急不可待地要尽快获得成功。

丘吉尔认为时势造英雄，渴求轰轰烈烈地干一番事业。但1895年整个欧洲比较平静，似乎没有爆发大规模战争的迹象，只有古巴爆发了反抗西班牙殖民统治的民族解放运动。这时，丘吉尔正好有5个月的假期，他便决定同他的伙伴巴恩斯中尉一起到古巴闻闻火药味。他一方面请英国驻西班牙大使沃尔夫爵士帮忙，请西班牙陆军部长写封介绍信给古巴前线的指挥官；另一方面他同英国的《每日纪事报》谈妥，作为随军记者为其写稿。金钱对他来说固然重要，但更重要的是他想借记者之笔扬名四海。

1895年11月丘吉尔同他的伙伴借道纽约来到古巴，受到西班牙殖民当局的热情款待。丘吉尔要求亲临战场，随西班牙的一个后备纵队在古巴丛林中进行“清剿”活动。就在丘吉尔21岁生日那天早晨，纵队遭到了古巴游击队的袭击，丘吉尔第一次经受了炮火的洗礼。几天后，又碰到一场战斗，炮弹从他眼前飞过，幸而他安然无恙。但他生平第一次看到活生生的人被射杀的场面。

他把在古巴的见闻前后写了5篇报道刊登在《每日纪事报》上。不

久他就离开古巴回国了。他和巴恩斯被西班牙政府授予红十字勋章，以表扬他们的勇敢。

这次战地采访，使丘吉尔大出风头，从而更加激起了他的写作欲，他决心用记者这支笔开创他通往政坛的道路。

回国后，丘吉尔凭借一时的名气出席各种宴会和舞会，结识许多社会名流。但他并不满足，还在进一步寻找机会。

1896 年秋，丘吉尔又随骑兵团来到印度，被编入班加罗尔驻防部队。丘吉尔在团内奉职轻松，还有许多人侍候，他感到无所事事。但他认识到要在报纸上扬名，扩大自己的知名度，就必须具有丰富的知识和高超的写作技巧。为此，他写信给母亲，请她寄些历史、哲学、宗教、经济等方面的书。在这期间，他每天用四五个小时的时间阅读吉本、麦考利、柏拉图、叔本华、马尔萨斯、达尔文等人的大量著作，并从中汲取了大量的精华，丰富了自己的知识，为以后成为著名的国务活动家、雄辩的演说家、闻名的著作家奠定了基础。

在印度呆了 9 个月后，他获准有 3 个月的假期。于是丘吉尔经由意大利回到伦敦。一天，丘吉尔在报上看到印度西北部边境马拉坎德山口附近的一个帕坦人部落起义，布莱德将军率军远征，丘吉尔大为高兴，觉得大显身手的机会又来了。经他的请求，获准以伦敦《每日电讯报》和加尔各答《拓荒者报》随军记者的身份参加远征。

丘吉尔骑着马来回采访，有时也参加战斗。印度起义者拼死作战，使英国人蒙受重大损失。尤其是玛芒特谷之战，给他留下了难忘的印象。

这次丘吉尔以“一个年轻军官”署名的报道刊登后，受到读者的广泛关注。这进一步激励了他的写作欲，于是他开始利用战时搜集的材料写书。

1898 年 3 月，丘吉尔仅用两个月就完成了他的第一本著作《1897

年马拉坎德野战部队纪实》。这对于一个学历浅、年仅 23 岁的中尉来说，是一大成就。这本书使丘吉尔跻身于新闻界并有了名气。

丘吉尔在班加罗尔利用冬季时间从事第二部书小说《萨伏罗拉》的创作。不久，《萨伏罗拉》问世。

这部书的出版，引起了政治界和文化界的注视。它既是一部传记体著作，又是作者的政治宣言。在书中，丘吉尔借主人公之口，表达了他的政治志向。“他不喜欢也不能忍受安逸、舒适的生活。他的天性是狂暴的，强悍的，勇猛的，充满抱负、动荡不安的生活才是他唯一可以接受的生活。他应该一往无前。”书中的主人公萨伏罗拉为了满足自己的虚荣心而舍弃了生活的快乐，准备踏着艰难的道路勇往直前。正是这种虚荣心成了丘吉尔一生前进的动力。

丘吉尔完成这部小说后，决定参加苏丹战争。他这次来到苏丹，照例不仅为了打仗，主要是为了报道战争情况。丘吉尔及时赶到前线，参加了 1898 年 9 月的决战。尽管苏丹军队人多且英勇顽强，但装备和战术相当落后，最后在英帝国主义的残酷镇压下失败了。这次战争造成了一场大屠杀。丘吉尔在短暂的时间内向《晨邮报》提供了 13 篇战争报道。

战争结束后，丘吉尔乘轮船沿尼罗河下行来到开罗，着手考虑写他的第三部著作《尼罗河上的战争》。为了撰写这部书，丘吉尔不仅亲自参加了战争，而且还在开罗广泛搜集了战争素材。经过艰苦努力，这部书于 1899 年 10 月出版了。

两卷本的《尼罗河上的战争》一书的问世，立刻轰动了伦敦，震惊了全国。这部书表现了丘吉尔的才华和对历史的兴趣。

在书中，丘吉尔尖锐地批评了他的上司基奇纳将军的残暴，揭露了英国殖民主义的可憎面目，在某种程度上抒发了一个英国青年的正义感。书中的一些言论引起了英国官方和军界的不满。为了不影响他今后的发展，1902 年该书再版时，丘吉尔删掉了一些过激的言论，将

两卷本改为一卷本。即使这样，这部书仍畅销不衰，大大提高了丘吉尔在新闻界、政界的知名度。

1899年秋，英国政府发动了布尔战争，往南非调兵遣将。丘吉尔再去南非冒险，他这次是以《晨邮报》特派记者的身份前去南非，并由报社支付一切费用。

丘吉尔一到前线，就迫不及待地随部队参加了一次侦察行动。他们乘装甲列车深入布尔人占领区，遭到了狙击，几节车厢脱了轨，机车和几节车厢受阻。丘吉尔冒着枪林弹雨抢救伤员，并将装甲列车上的人员带到安全地带。但英军撤退并不顺利，许多官兵被俘，丘吉尔也成了布尔人的俘虏。

俘虏们被解往比勒陀利亚，关在国立师范学校里。这里只有40名南非警察看守。丘吉尔同关押的英国官兵密谋越狱，可是在越狱时，只有丘吉尔一人首先趁哨兵不备，迅速地爬过了围墙。他在墙外等了一会儿，不见其余的人出来，只得独自逃生。几天后，布尔人发出通缉令，悬赏25英镑捉拿他，而且不论死活。丘吉尔四处躲藏，后在几位英国人的帮助下，搭乘一辆货车到达葡萄牙的殖民地洛伦索·马奎斯（今莫桑比克首都）。接着，他找到英国领事馆，然后乘轮船南下，于12月23日抵达英国控制下的德尔班。

丘吉尔在德尔班像凯旋的英雄受到热烈的欢迎。港口悬挂着许多旗帜，军乐队和前来欢迎的人群挤在码头上。海军大将、陆军军官、市长都上船和他握手。世界各地的电报纷纷而来，向他表示祝贺、慰问。一时间，丘吉尔成了一位富有传奇色彩的英雄，各大报刊纷纷刊登他的冒险经历。

南非的经历给丘吉尔带来了巨大的政治资本。他一获得自由，就立即向《晨邮报》发了一篇描写他从战俘营逃跑的详细报道。这篇报道吸引了公众的广泛注意，进一步提高了丘吉尔的声誉。

丘吉尔从南非前线回来后，又开始埋头写书。这部书的基本材料是他为《晨邮报》写的战地报道。书中主要描写英布战争的情景，并详细地叙述了他个人的冒险经历。该书于1900年出版。丘吉尔在不到3年的时间先后出版了6部著作，成为举世瞩目的最年轻的著作家。

丘吉尔的南非之行，收益很大。他不仅完成了两部著作，而且名声大振，这为他进入议会铺平了道路。英国首相索尔兹伯里于1900年解散了议会，宣布举行下院选举。

丘吉尔的父亲伦道夫勋爵曾是保守党的重要人物，当过保守党内阁大臣，同保守党有着深厚的渊源。因此丘吉尔成为保守党人，似乎是理所当然的。

在这次大选中，丘吉尔作为保守党的候选人之一参加竞选。在竞选中，保守党人对他在南非的英勇表现进行大力宣传，为他编写诗歌，谱写歌曲，歌唱家为他大唱赞歌。尽管竞选十分激烈，但丘吉尔在各方面的支持下，终于以130票的多数获胜。这样，丘吉尔以年仅26岁的青年议员的身份，开始了他的政治生涯。

二战结束后，丘吉尔在访问美国期间发表了著名的铁幕演说

保守党人为了自己党的利益，充分利用了丘吉尔的声誉。这位“战斗英雄”在各个选区发表演说，为保守党候选人拉选票。丘吉尔利

用这个机会，大大提高了自己的威望。

丘吉尔在进入议会的最初几年中，多次反对保守党的政策，实际上成了自由党的代言人，他的做法引起保守党领袖们的不满。

1903 年 5 月，保守党的权威人物内维尔·张伯伦在伯明翰的一次演说中提出了关税壁垒的主张，放弃行之有效的自由贸易政策。丘吉尔抓住时机，竭力维护自由贸易政策，反对张伯伦的关税壁垒政策。自由党也发动猛烈抨击，以维护他们一贯主张的自由贸易政策。这次斗争，使丘吉尔扬名全国。同时，他与保守党的关系也无法维持下去。1904 年 4 月，丘吉尔正式与保守党断绝了关系，参加了自由党。

1905 年 12 月 4 日，巴尔弗首相因外贸政策问题上的失误而被迫辞职。第二天，由自由党领袖坎贝尔·班纳曼组织政府，并宣布解散议会，于 1906 年 1 月举行大选。

坎贝尔·班纳曼组阁时曾考虑让丘吉尔任财政部财务次官，可丘吉尔要求到殖民地事务部去担任副大臣。他明白自己对财政事务一窍不通，但对殖民地有相当丰富的经验。

1906 年 1 月，丘吉尔到曼彻斯特西北选区参加竞选。他在竞选演说时把重点放在坚决主张自由贸易上，他的主张得到选民的赞许。结果他以 1241 票的多数继续当选为议员，不过这次是自由党的议员。在这次大选中，自由党赢得了 400 个议席，保守党所得不及半数，仅 157 席，遭到惨败，从此，自由党人连续当了 17 年的英国首相。

1908 年 4 月，首相坎贝尔·班纳曼因病辞职，由原财政大臣阿斯奎斯继任首相。丘吉尔被任命为贸易大臣，原贸易大臣劳合·乔治担任财政大臣。34 岁的丘吉尔成了内阁大臣。

丘吉尔在贸易部得心应手，既管贸易，又管劳工。他在这一时期，致力于社会改革，制定了一系列法案。他提出“血汗劳工”法案，规定了工人的最低工资标准；他建立职业介绍所，以缓解工人的失业问题；制定失业保险法，为老年人规定了养老金，还规定了疾病保险、残废保险。

在1910年丘吉尔任内政大臣期间，最使他伤脑筋的是职工运动和日益加剧的阶级斗争。这时他对社会改革短暂而肤浅的兴趣已荡然无存。不久前，他还建议自由党人要优待和关心工人，可此时他变得非常憎恨工人，他多次采取暴力手段残酷镇压工人罢工，甚至动用军队来对付工人，命令士兵向手无寸铁的游行者开枪，造成工人大量伤亡。

丘吉尔在工人群众中的名声愈来愈坏，但英国上层社会却认为，丘吉尔是一个在复杂情况下善于采取果断行动的人，一个“富有坚强毅力、决心和组织才能的人”。尽管有时“行为古怪和过分热心”，但在上层社会的心目中，丘吉尔的威望无疑是提高了。

1911年，国际形势日趋紧张。这年夏天，德皇威廉二世乘一艘炮舰来到摩洛哥的阿加迪尔附近，企图侵占摩洛哥部分领土。丘吉尔获悉此消息后大为震惊，他预感到英、德两国将要发生一场战争。丘吉尔作为内政大臣，对国家的安全负有主要责任。在此期间，他越来越关心对外政策问题，注重研究英国同欧洲各国的关系，不断地拜访外交部和陆军部，询问军事形势，并于1911年8月13日写出了一份关于《本大陆军事行动问题》的备忘录呈报首相。丘吉尔认为，未来战争中的主要战役将在法德两国领土上进行，提出向法国派遣13个师的英国远征军。

丘吉尔的这份备忘录受到内阁和首相的赞赏。由于丘吉尔在军事问题上表现出来的聪明才智，阿斯奎斯首相决定任命他为海军大臣。

在丘吉尔任海军大臣期间，他大刀阔斧地对军队实行了一系列改革、调整。他创建海军参谋部，撤换一大批年老资深的将领，参谋部归自己管辖。这一做法，虽遭一些将领的反对，但他仍我行我素，强令贯彻执行。他还将军舰上13.5英寸口径炮改换为15英寸口径炮，将军舰所用燃料由煤换为石油。丘吉尔采取的这些措施明显地加强了海军的装备。随着战争的日益迫近，丘吉尔的战备工作显得尤为重要。

1914 年 7 月 28 日，奥匈帝国以皇太子被杀为借口，对塞尔维亚正式宣战，8 月 1 日对俄宣战。8 月 3 日对法宣战，第一次世界大战全面爆发。英国鉴于形势，于 8 月 4 日对德宣战。

丘吉尔对大战的爆发非常高兴，他认为显示他“统帅英才”的机会到了。他在给妻子的信中写道：“万事有艰险，万物皆毁灭。我感到有兴趣、快乐和幸福。这不可怕吗？对于我来说，参战完全是引人入胜的事，让上帝原谅我这些丑恶而轻率的情绪吧！”

1914 年 8 月 4 日深夜，丘吉尔命令军舰驶入北海，进入作战状态。丘吉尔决心在北海海域与德国进行决战，力图一举歼灭德国海军力量。为此，英国海军于 1914 年 8 月和 1915 年 1 月在北海发动了两次海战。虽然英军取得了胜利，但战斗规模不大，丘吉尔的进攻计划未如期实现，于是在北海转为对德国封锁，海战中心移到了近东。

1915 年 1 月，土耳其公开加入德国对俄作战。俄军陆军总司令请求英国在近东地区采取行动，减轻土耳其军队对高加索俄军的压力。伦敦决定发动达达尼尔战役，并由重要大臣、元帅和海军上将组成战时委员会。虽然战时委员会规定由海、陆军协同作战，但英国陆军迟迟不动。丘吉尔求战心切，且不愿和其他人分享，未等陆军达到，便迫不及待地于 1 月 19 日率舰队单独攻打达达尼尔海峡地区的土耳其要塞，但遭到土耳其军队的顽强抵抗。3 月 18 日，丘吉尔下令再次进攻，遭到惨败，共损失 7 艘军舰，军队损失过半。

保守党抓住机会，利用报刊对丘吉尔发动了猛烈的攻击，并力求把他赶出内阁。当时《晨邮报》刊登了一组题为“不求甚解的怪人”、“不求甚解的海军将领”的文章。保守党领袖鲍纳·劳声称：“如果丘吉尔不辞职，保守党人拒绝参加联合政府，拒绝支持阿斯奎斯领导的内阁。”迫于形势，自由党只好免除了丘吉尔海军大臣的职务和战时委员会成员的资格，只给他保留了一个不管部大臣的官衔。“不管大臣”是个报酬高但无实权的清闲职务。这对丘吉尔来说是个沉重的打击，为此他感到十分沮丧，他对李德尔勋爵说："我是一个没有发展的人。我有过很高的地位，这一切都变成了泡影，可我正是为了这一切才活着。"

当政治上的升迁对丘吉尔来说已无希望的时候，他决定去前线，要从军事上获取新的荣誉。于是，他辞去了"不管大臣"的头衔，奔赴法国参加陆军作战部队。

根据丘吉尔的要求，总司令派他去近卫师见习。近卫师的官兵对他冷眼相待，表示出不欢迎的样子。丘吉尔在这里被冷淡，还受到嘲弄。丘吉尔非常气愤，但他还是十分谨慎从事，努力搞好和同事们的关系。一个月后，总司令弗伦奇准备任命丘吉尔为旅长，但由于伦敦方面的反对，丘吉尔被分配到苏格兰步兵营当营长。一开始，他像在近卫师那样，同样遭到白眼，部队官兵称他为"万恶的政治家"，但丘吉尔想方设法和战士们打成一片，与他们同甘共苦，很快他就赢得了士兵们的爱戴。

1916 年 3 月，丘吉尔从前线回到伦敦。他以议员的身份参加政治活动，力图恢复自己的名声，寻找机会重返政府。

1917 年 7 月，劳合·乔治冲破种种阻力，最终任命丘吉尔为军需大臣。虽然这个职务不是内阁成员，但还是遭到保守党人的反对。当时，保守党代表团 40 人提出抗议，反对丘吉尔加入政府。一些代表声称，任命丘吉尔"对国家有危险"。有的大臣还以辞职相要挟。7 月 18 日的《晨邮报》的评论文章讥讽道：这一任命表明"我国虽未发明一艘不沉的舰艇，却已发现了一位不沉的政客。"职位虽然比较低，但对于"流浪"了 20 个月的丘吉尔来说，能够重新进入政府，至少是个安慰。他决心抓住机会，大显身手，为进入内阁铺平道路。

丘吉尔的确是位实干家，他在新的岗位上作出了显著的成绩。他改组军需部的机构体制，健全财务监督制度；研制、生产坦克，被称为"坦克之父"；经常穿梭于伦敦和法国前线之间，及时保证了前方作

战部队的军需供应。

由于英、法、美等协约国的共同作战，历时 4 年，终于战胜了德军。德国于 1918 年 11 月 11 日在停战协定上签字，宣布无条件投降，第一次世界大战宣告结束。

1918 年 12 月，英国举行大选，自由党、保守党组成的“联合派”获胜，仍由劳合·乔治任首相。1919 年 1 月，劳合·乔治重组内阁时，任命丘吉尔为陆军大臣兼空军大臣，丘吉尔又重新成为英国内阁中的核心阁员。

丘吉尔任陆军大臣后，利用手中的权力，更加肆无忌惮地干涉俄国革命。他四处游说，动员资本主义世界的力量，反对苏维埃政权，想把新生政权扼杀在摇篮之中。为了达到他的目的，向俄国的反政府军提供了数百万英镑的军火和装备。

丘吉尔的做法，激起了英国人民的强烈反对。英国国内掀起了“不许干涉俄国”的群众运动，士兵起义、工人、知识分子的游行事件不断发生。正如 1919 年 7 月 29 日的《每日快报》上一篇评论所写：英国人民“决不希望在俄国打一场大仗……让温斯顿·丘吉尔这个自大疯狂的好战赌徒见鬼去吧！把我们的士兵都招回家园！”

英国对苏俄的武装干涉失败后，丘吉尔被调往殖民地事务部任职，处理英殖民地事宜。

1922 年底，劳合·乔治下台，联合内阁寿终正寝。保守党领袖鲍纳·劳任首相，并宣布解散议会举行大选。当时，丘吉尔刚动过阑尾手术，卧床疗养，不能亲自进行活动，但他派人在选区内做竞选准备。他曾坐着轮椅对选民发表演说，但选民对他敌意很大，根本不听他的讲演。投票结果，丘吉尔落选。这是自 1900 年以来，丘吉尔首次被排除在议会之外。后来，他回忆起当时的情景时伤心地说：“我甚至未来得及眨眨眼，就失去了工作，失去了议会中的席位，失去了党，也失去了盲肠。”

当鲍尔温出面邀请他任财政大臣时，丘吉尔因意想不到而极感惊讶，继而抑制不住强烈的激情而热泪盈眶。因为仅仅数月之前，他既没有党，在议会中也无一席之地，政治上几乎绝望了，而现在却出现了这种无法预料的转机。财政大臣一职正是他父亲在事业顶峰时担任的职务，也是他从小立志的目标。原来似乎远不可及，如今居然近在眼前，丘吉尔终于登上政府内第二把交椅，怎不令他欣喜若狂？由此，他想起了迪斯雷利的话："政治上风云变幻的乐趣是领略不尽的。"当时自由党的报纸《曼彻斯特卫报》对丘吉尔新的任职评论道："他已经是第二次离开沉船了，因为他有宝贵的本能，不仅能第二次浮上来，而且得到了高官厚禄。"

还有一家报纸曾尖锐地批评道："他换一个党就像换一个舞伴那样轻率。他只忠于他真正相信的一个党，这个党就是温斯顿·丘吉尔牌号的党。"

这一时期，殖民地民族解放运动和英国国内工人运动蓬勃高涨。1926 年，英国发生了历史上著名的工人大罢工，丘吉尔公开咒骂罢工工人是"民族的敌人"，宣称要对他们采取强硬措施。他还主张对印度、爱尔兰及中东地区争取独立和解放斗争进行镇压，并对保守党领袖们在印度问题上的"软弱"表现极为不满。

由于保守党政府推行反对工人运动和仇视苏联的政策，对工人的失业等问题漠不关心，它在英国人民心目中威信扫地。在 1929 年 5 月的大选中，保守党丧失了 141 席，遭到惨败。按选举结果，由工党组织政府，丘吉尔也就自然丧失财政大臣的职位。从此，他离开政府达 10 年之久。

20 世纪 30 年代，德国、意大利、日本法西斯加紧扩军备战，发动咄咄逼人的侵略扩张，国际局势日益紧张，一场世界大战即将爆发。丘吉尔非常关注国际形势，意识到"第二次世界大战的可怕信号就要出现了"。

当时，英国一些缺乏远见的政治家们不仅不主张加强国防，还要求法国裁减他们的实力。丘吉尔深信英国即将面临一场战争的考验，他多次向政府提出警告，但未引起政府的重视。即使如此，丘吉尔还是鼓足勇气，冒着“战争贩子”的罪名，大声呼吁，要求政府立刻醒悟，建立各种防卫力量，加强与盟邦合作，共同行动，制止法西斯的侵略，“如果我们不及时注意这个警告，也许有一天会成为它的牺牲品。”

丘吉尔对德、意法西斯崛起后复杂多变的国际形势有比较清醒的认识，具有比较远大的战略头脑，他坚决反对张伯伦推行的绥靖政策，主张对法西斯侵略者实行坚决遏制和抗击的强硬政策，从而成为当时英国政界一致公认的对德强硬派的领袖。

丘吉尔对张伯伦政府的绥靖政策提出了尖锐的公开批评。他说：“我们未经战争就遭到了一次失败，其后果将对我们有着深远的影响。”“现在欧洲的平衡被打乱了。不要以为这件事会从此结束，这不过是算账的第一步。这不过是以后每年还要递给我们的苦酒的第一口，第一次尝尝味道罢了。除非我们振作精神，恢复我们的战斗活力，我们才能像往日一样重新站起来，为保卫自由而战。”然而，丘吉尔并非在朝之臣，他的话并没引起英国政府的关注，张伯伦仍执迷不悟地奉行他的绥靖政策。

1939 年夏天，一些保守党人产生了让丘吉尔入阁的念头。如果战争不可避免，国家就需要这位杰出的政治家兼斗士。7 月 3 日保守党的喉舌《每日电讯报》在一篇社论中称丘吉尔是“一个不仅从长期同国家大事的密切接触中增强了责任心的，而且对战争导致的紧迫问题尤其是高级战略方面，拥有无可比拟的实际知识的政治家。”甚至有人打出“丘吉尔必须回到内阁中来”的标语。一些知名的自由党人还联名上书，要求恢复丘吉尔的大臣职务，但遭到张伯伦的拒绝。

1939 年 9 月 1 日，德军大举进攻波兰。随着战争的爆发，张伯伦的绥靖政策彻底破产，丘吉尔的许多预测也得到了证实，从而提高了他在政治界的威信，成为拯救英国的唯一人选。

1939年9月3日上午，英、法两国向德国正式宣战。下午，张伯伦召见丘吉尔，请他担任海军大臣，为战时内阁成员。丘吉尔欣然同意，他终于又回到了阔别了24年的海军部。

从1939年9月至1940年5月，英法政府宣而不战，西线出现了“静坐战”的奇怪局面。英政府中有人还主张同德国议和，丘吉尔对此坚决反对。他认为在当时情况下议和无异于对敌投降，他主张“把战争打到底”。同时，他领导下的海军在大西洋对德国进行了认真的战斗。

丘吉尔上任后，为改变英国海军的被动局面，几乎昼夜工作，每天工作长达十八九个小时。在他任职的第一个月内，建立了护航制度，加紧武装商船，使之具有自卫能力。同时，抓住机会对德国潜艇进行反击，从而改变了海上作战情况。除本职工作之外，丘吉尔还关心其他的问题。他相信自己肯定会当上首相，必须熟悉各方面的情况。他在海军部建立了一个情报统计处，由他的好友、科学问题顾问林德曼教授领导，及时向丘吉尔提供可靠的情报。

到1940年初，在西线陆地上英法军队和德军没有进行实质性的战争，出现了漫长而沉闷的间歇期。张伯伦错误地认为，英法两国已充分动员了一切资源，力量的对比变得对同盟国有利，英国对德战争的胜利已有了保证。就在他声明胜利有了保证的5天后，即4月8日晚，德国向丹麦和挪威发动了“闪电战”，迅速占领了这两个国家。英国想用自己的海军、空军和陆军在挪威抵抗德军的尝试以失败而告终。

挪威的军事失利在英国国内引起很大反响。在议会中，反张伯伦的情绪愈来愈高。在5月7日下院举行的关于挪威之战的辩论中，下院中执政党和反对党的许多议员相继发言，以严厉和激愤的态度批评政府，尤其是政府首脑。最后，对政府进行信任投票，张伯伦只得到81

票。许多保守党党员投了反对票或弃权，对他们的政府也表示不满。

这时，德国在西线发动了进攻。5 月 10 日清晨，德国袭击了荷兰、法国和比利时，盟军节节败退，溃不成军。形势的发展对张伯伦不利，人民拥护同德国进行坚决的斗争，而在当时的英国政治舞台上，只有丘吉尔具备领导这场战争的卓越才能。正如著名的英国社会活动家詹宁斯·普里特所说：“丘吉尔无论遭到何种挫折和失败，始终是一个强者，他善于鼓舞民众并且毫不妥协地敌视德国人。”

由于形势所迫，张伯伦只好于 1940 年 5 月 10 日辞去首相职务，解散政府。当天下午 6 时，国王紧急召见丘吉尔。丘吉尔抵达白金汉宫后，国王以锐利和探询的眼光注视着他，然后问道：“我想你还不知道我为什么找你吧?”丘吉尔以同样的神态答道：“陛下，我简直想不出为什么。”国王笑着说：“我要请你组织政府。”丘吉尔表示欣然领命。当时，国王还真的以为丘吉尔不知为何被召见。其实，丘吉尔心里非常清楚。他时刻关心政治，对执掌全国大权也早有准备，为此他等了整整 30 年。现在，这一时刻终于到来了，时年 66 岁。

丘吉尔从白金汉宫回到海军部后，立即以首相的身份组织联合政府——战时内阁。大约在晚上 10 点钟左右，丘吉尔将战时 5 人内阁名单呈交国王。这 5 人分别是：首相丘吉尔、工党领袖艾德礼和格林伍德、保守党领袖张伯伦和自由党的哈利法克斯。紧接着，丘吉尔又对至关重要的陆、海、军三部大臣做了任命。艾登主管陆军部，工党的亚历山大主管海军部，自由党的辛克莱主管空军部。同时，丘吉尔兼任国防部大臣的职位，并对国防部的范围和职权不打算做具体规定。

后来，丘吉尔在回忆起 1940 年 5 月 10 日他被授权组阁的心情时写道：“在这场政治危机最后的多事之秋，我在大约午夜 3 点钟上床时，强烈地感到自己如释重负。我终于获得了指挥全局的大权了。我觉得我是幸运的人，我以往的全部生活不过是为了这个时刻，为了承担这种考验而进行的一种准备罢了。”

5月13日，下院召开特别会议，要求对新政府举行信任投票，丘吉尔在会上发表了出任首相后的首次施政演说。他说：“我没有什么可以奉献，有的只是热血、辛劳、眼泪和汗水。摆在我们面前的，是一场极为痛苦的严峻考验。在我们面前，有许多漫长的斗争和苦难的岁月。你们问：我们的政策是什么？我要说，我们的政策就是用我们全部能力和上帝给予我们的全部力量在海上、陆地和空中进行战争，同一个在人类黑暗悲惨的罪恶史上，所从未有过的穷凶极恶的暴政进行战争。这就是我们的政策。你们问：我们的目标是什么？我可以用一个词来回答：胜利——不惜一切代价去赢得胜利；无论多么可怕，也要争取胜利；无论道路多么遥远和艰难，也要争取胜利。因为没有胜利，就不能生存。大家必须认识到这一点：没有胜利，就没有大英帝国的存在，就没有大英帝国所代表的一切，就没有促使人类朝着目标前进的那种时代要求和动力。……我要说：起来吧，让我们把力量团结起来，共同前进！”

丘吉尔的讲话，赢得了与会议员的暴风雨般的掌声，全体议员一致投赞成票，其结果是381票对零票，丘吉尔组织的新内阁得到了全国的一致支持。从此，他团结、领导全国人民，同仇敌忾，奋勇抗击德国法西斯。

丘吉尔是在英国面临生死存亡的关键时刻出任首相的，他必须在惊涛骇浪中把握航船、渡过难关。在大战期间，他的非凡魄力和出众人格得到了大显身手的机会。

5月15日，德军对盟军发动了大规模的进攻。在德军强大攻势下，英法联军一退再退。5月20日，约有40万英法联军退缩到敦刻尔克海滩上，陷入了重围。前面是波涛汹涌的大海，后面有如狼似虎的追兵，盟军丢盔弃甲，溃不成军，盟军面临覆灭的危险。丘吉尔见情况紧急，立即命令海军调集所有的船只，为英国远征军和其他盟国军队撤离做准备。5月26日晚上，丘吉尔命令海军部执行“发电机计划”，即敦刻尔克撤退计划的代号。英远征军司令戈特将军一面部署3个步兵师抵抗德军的进攻，一面组织撤退工作。由860多艘各种类型、各种动力的船只编成的舰队，集中在敦刻尔克协助大撤退。从5月27日～6月4日共撤回英军、法军338226名，从而创造了震惊世界的海上突围的奇迹。

6月5日，德军在松姆河上对法国又发动了大规模的进攻，法军节节败退。6月14日，德军占领了巴黎。6月18日丘吉尔在下院发表讲话时曾说："法兰西之战已告结束。不列颠之战就要开始……因此让我们勇敢地承担起我们的责任，而且我们应当鞠躬尽瘁，死而后已，英帝国就是存在一千年之后，人们还能说：'这是他们最光辉的时刻。'"6月22日，法国同德国签订了停战协定。英国从而失掉了所有的盟国，只好孤军作战。但丘吉尔并未退缩，反而更加坚决果敢。

在这历史的紧要关头，丘吉尔临危不惧，他断然拒绝了德国的"和平"建议，号召全体英国人民：

"我们不能消沉，不能失败，要坚持到底。我们要在法国战斗，在大海大洋上战斗，以不断增强的信心和力量在空中战斗。我们要保卫自己的海岛，不管代价会有多大。我们要在海滩上战斗，在登陆点战斗，在田野里战斗，在大街上战斗，在山地里战斗。我们永不投降！"

这些大无畏的讲演充分体现了丘吉尔的性格和气质，对于唤起全体英国人民去认识自己极端危急的处境及命运并立即全力行动、抗击侵略者起到了至关重要的作用。

法国沦陷后，英国立即陷入孤立无援的境地。得胜的德军洋洋自得，大批集结军队及装备，准备对英国作最后一击。为防备德军入侵，丘吉尔做了大量的准备工作。丘吉尔号召全民皆兵，保家卫国，并从735万（20～40岁）男性公民中组建一支拥有300万人的后备队。他带领最高统帅部的参谋人员到东部、南部沿海地区视察，检查登陆防御工事，视察前沿指挥部，建立并加固陆、海、空联合防线。丘吉尔还命令军需大臣加紧研制和生产反坦克炮、坦克登陆艇、作战飞机及各种常规武器，从而保证了武器装备的供应。经过两个多月的紧张备战和全面动员后，局势有了好转。丘吉尔确信，英国的国防力量正日益加强。

1940 年 7 月 16 日，希特勒发出“关于准备在英国登陆作战”的第 16 号指令，即所谓“海狮计划”，叫嚷要“清除英国本土对德作战的基地，并且必要时，全部予以占领。”要实施“海狮计划”，入侵英国，必须首先取得大不列颠的制空权，以摧毁英国的防御工事，消灭英国空军，并钳制皇家海军，为德军登陆铺平道路。

摧毁英国空军的计划于 8 月 10 日开始，德国每天派出 1000 多架飞机轮番轰炸英国，英国皇家空军的飞机也一批又一批地升空迎战，双方飞机的损失都很严重。8 月 15 日德英双方展开了第一次大规模空战，双方在长达 500 英里的战线上进行了 5 次大的战斗，德国损失 96 架轰炸机，英方损失 34 架。从 8 月 24 日～9 月 6 日，英国空军损失严重，被摧毁或受伤的战斗机 446 架，死伤皇家空军驾驶员 231 名。到 11 月 3 日德国空军又对伦敦进行狂轰滥炸达 57 个夜晚，每天出动约 200 架飞机。尽管遭到巨大破坏，但英国军民的士气并未瓦解，反而愈战愈勇，常常给法西斯以痛击。伦敦久攻不下，德国只好改变空袭目标。从 1940 年 11 月～1941 年 5 月主要空袭伯明翰、利物浦和考文垂等工业城市。由于英国军民的英勇反击，德军损失惨重，加之德国加紧入侵前苏联的准备，对英国工业区的轰炸时断时续，直至 5 月 10 日停止轰炸。“海狮计划”遭到彻底失败，英德空战以英国胜利而宣告结束。

在德国空军轰炸伦敦期间，丘吉尔始终没离开过，他在作战指挥室里亲自指挥这场战斗，他还经常视察被轰炸的地方。有一次，他正和财政大臣洽商公事，忽听见泰晤士河对岸的伦敦南区发生巨大的爆炸声，他和财政大臣立刻前往出事地点察看，发现一枚大炸弹炸毁了二三十幢三层的小型住宅楼，在瓦砾堆中，已插上了许多小小的英国国旗，整个场面使人百感交集。当老百姓认出了首相的车时，约 1000

多人从四面八方聚集过来，围着丘吉尔欢呼，丘吉尔见此情景，感动得掉下了眼泪。这时一位老太太说："你们看，首相真关心我们，他在哭呢！"丘吉尔说："我这不是悲哀的眼泪，而是赞叹和钦佩的眼泪。"

1940 年 9 月底，保守党领袖张伯伦因健康状况恶化而辞职，不久便去世。保守党人请丘吉尔担任保守党党魁，这在过去是不可想象的，因为他曾脱离过保守党而投向自由党，而且党内对他长期不顺从表示不满。可是，近几个月的发展使许多人对他有了新的认识。他在领导战时内阁和领导这场关系到英国生死存亡的战争中所显示出来的勇气和活力、镇定和刚毅，给人们以深刻的印象。尤其是他的演讲和辩才，往往既显得诚恳坦率，又显得生动有力，从而鼓舞了人民的斗志，增强了人们对他的信任。因此，他的个人威望大大提高了。在这种情况下，大家非常清楚，只有丘吉尔能够胜任。当时《星期日泰晤士报》上写道："丘吉尔是我们的秘密武器。在这个伟大的时刻，我们在伟大领袖的英明领导下战斗，感到无比幸福。今天，温斯顿·丘吉尔不仅是英国精神的化身，而且是我们的坚强领袖。不仅英国人，整个自由世界都对他无比信任。"

抗击法西斯的入侵、并最终取得战争的胜利，除动员本国的人力、物力等一切资源外，必须设法争取新的盟友。随着战争的发展，丘吉尔愈来愈认识到争取盟友的重要性。丘吉尔非常清楚，新的盟友必须具备同德国旗鼓相当或者超过它的实力，当时只有美国和苏联具备这样的条件，丘吉尔希望与它们结盟，共同抗击法西斯。

战争一开始，丘吉尔就特别注意美国的动向。他知道，只有赢得美国这个"民主国家的弹药库"的支持和参与，英国才能生存下去，因此一直谋求与美国的联合。

早在 1939 年丘吉尔任海军大臣期间就同美国总统罗斯福建立了直接联系。当时罗斯福已预见到，英国政治的未来是属于丘吉尔的。在第一次世界大战期间，他俩曾有一面之缘。在一次晚宴上，年富力强、仪表堂堂的罗斯福就给丘吉尔留下了深刻的印象。9月11日，丘吉尔收到罗斯福总统的私人来信，丘吉尔立即给罗斯福回了信，署名“前海军人员”。从此开始了同罗斯福的长期通信，一直持续到1945年罗斯福逝世为止，双方通信达千封之多。

丘吉尔任首相后，深感本国武器不足，尤其缺乏驱逐舰和新式作战飞机。在征得内阁同意后，丘吉尔于1940年5月15日起草了自任首相以来向罗斯福紧急求援的第一封电报。为了保持他们通信的非正式性质，丘吉尔仍以“前海军人员”署名。5月18日，罗斯福复电，对他们继续私人通信表示欢迎，同时表示他愿尽最大努力使英国政府顺利地得到它所需要的武器、设备。为进一步加强联系，双方还决定互派军事代表团，以便进一步加强战争中的合作。

丘吉尔积极设法说服罗斯福，要他相信英国的胜利对美国有益，而德国取胜将会给美国带来不幸的灾难。他千方百计地鼓动美国参加对德战争，并争取美国的支持。丘吉尔曾于6月份致电英国驻美大使洛西恩勋爵，让他转告罗斯福总统支持英国的重要性，并再次提出借用50艘驱逐舰的问题。过了一个月，毫无结果，丘吉尔不得不于7月31日致电罗斯福。他在电报中说：“自从我上次冒昧以个人名义给你拍发电报以来，已经有些时候了，其间发生过许多事情，有好事，也有坏事。现在已经到了非常急迫的时候，请你让我们获得我们以前所要求的驱逐舰、汽艇和飞艇。”紧接着，他将最近10天英国海军损失的情况通报罗斯福。最后，丘吉尔说：“我已将我们目前的处境坦率地奉告，我深信，现在你已洞悉我们的情形，一定会竭尽所能，立即给我们送来50或60艘你们的旧驱逐舰。”8月3日，丘吉尔为尽快获得驱逐舰，提出了用租让海军基地去换驱逐舰的办法。

经过丘吉尔的多次交涉，华盛顿方面进行了深入细致的研究，最终于8月的第一周同意用停泊在东部海岸各海军军坞中经过修理的50艘旧驱逐舰交换英国在西印度群岛的一系列基地。这一交易不仅加强

了英国的海军力量，更重要的是推动了美国参战的进程。

在丘吉尔看来，这些军舰既陈旧而且效能又低，而美国获得的这些海岛基地带给它的战略上的安全则是永久的，所以两者之间的真正价值是无法比较的。但是，入侵的威胁以及英吉利海峡对军舰的要求，使英国无法顾及得失，争取到大量的驱逐舰是当时英国最紧迫的事情。更重大的意义在于：美国将 50 艘驱逐舰移交英国，标志着美国已从中立国转为非交战国。这一行为，使美国更接近英国，更接近战争，这是丘吉尔梦寐以求的。

11 月 6 日，罗斯福再次当选为美国总统。丘吉尔欣喜若狂，因为他认为没有人会像罗斯福那样更好地援助英国。为此，丘吉尔即刻致电罗斯福，对他的当选表示热烈的祝贺。他在电报中说："我们正面临的显然是一场旷日持久、日益扩大的战争的阴暗局面，我盼望能够本着我在战争爆发时供职于海军部时，就在我们两人之间建立起来的互相信赖和以诚相见的精神同你交换意见。事情正在发展，只要地球的任何一个角落还有说英语的人，就不会对这些事情置若罔闻。"这里丘吉尔以"我们"字眼相称，已把美国放在了参战国的位置，似乎美国已成了对德战争的盟国。同时，丘吉尔称美国和英国同属于一个英语民族的大世界，更加拉近了两国之间的距离。丘吉尔注重措辞，注意语言艺术，这也是他取得成功的因素之一。

1940 年下半年，英国向美国购买了大批军火弹药。按美国国会立法的规定，双方实行现款交易，一手付钱一手取货，为此英国不得不动用黄金储备和美元资产。截止到 11 月，英国付清了所购军火的款目，共支付了 45 亿美元的现金，还卖掉了价值 33．5 亿美元的美国股票。可是有限的黄金美元储备满足不了英军对军火的大量需求，所以必须想出更好的办法来解决这个问题，此办法就是争取美国的全面而无偿的支持。

经过内阁讨论，丘吉尔于 12 月 8 日给罗斯福总统撰写了一封长达万言的书信，全面陈述了英国的抗战形势，特别详述了英国在经济上的困难。

罗斯福接到信后绞尽脑汁，苦苦思索，寻求解决办法。经过和财政部、外交部等有关部门长期酝酿之后，提出了“租借法案”。

丘吉尔一直都十分关注德国和苏联的关系问题。当1941年6月中旬得知德国正在苏联边界集结军队时，他认为德国进攻苏联的日期已屈指可数。丘吉尔早已意识到，英国必须依赖苏联的支援，他希望同苏联结盟共同抗击法西斯。丘吉尔冀希苏德早日开战，英国只有在苏德开战的情况下才能争取到强大的盟友，才能在对德斗争中生存下来，并取得斗争的胜利。丘吉尔在高兴之余，也有点忐忑不安。他担心的是，德军在苏联边境地区的集结会不会仅仅是对苏联施加一点军事政治压力，苏联会不会不经战斗就向德国投降。丘吉尔同罗斯福总统还交换了意见，一致同意苏德开战后将尽全力援助苏联。

这时，丘吉尔非常了解自己国家的根本利益所在，了解当时条件下维护国家利益的最佳处置方法。他头脑清醒，明辨是非，深明大义，表现出一个伟大的国务活动家的风度。丘吉尔比英国其他政治家更早更清楚地懂得同美国和苏联建立军事同盟的重要意义。

苏德战争，从根本上改变了世界局势和敌我双方力量对比。7月12日，英苏两国政府签订对德战争采取共同行动的协定。丘吉尔在关键时刻所做的“联苏抗敌”的政策，成为他一生“光辉时期的杰作之一”。

8月，丘吉尔与美国总统罗斯福在纽芬兰签署了《大西洋宪章》。苏德战争爆发后不到两个月，长期以来屡遭挫折的国际反法西斯统一战线终于初步形成，丘吉尔对此发挥了极为重要的积极作用。

1941年12月7日，日本对美国在太平洋上的海军基地珍珠港进行突然袭击，美国海军蒙受重大损失。就在日本袭击珍珠港的当天晚上，丘吉尔正在别墅同美国大使共进晚餐。饭后，他们从新闻节目里收听到日本袭击珍珠港的消息，这时丘吉尔马上从桌旁站了起来，走到办公室，以最快的速度接通了美国总统的电话。

1941 年 8 月，丘吉尔与罗斯福的历史性会见

丘吉尔非常关切地问：“总统先生，这件关于日本的事是怎么回事?”

“十分确实。日本已经在珍珠港向我们进攻。现在，我们大家是风雨同舟了。”罗斯福答道。

“事情至此就变得简单了。我祈祷上帝保佑您!”

说完，丘吉尔放下电话，心里暗暗高兴，“日本做了件多么愚蠢的事！既然美国参战，战争一定会胜利。”

丘吉尔此时才真的松了口气，感到莫大的欣慰。英国不仅和武装力量强大的苏联结盟，现在又将和美国结盟，这也是丘吉尔盼望已久的。他认为，只要三国同心协力，生死与共，就具有强于敌人两倍甚至于三倍的力量。

12 月 8 日，英国战时内阁立即授权对日宣战。但是如何协同作战抗击法西斯，成为亟待解决的大战略问题。为此，丘吉尔一行约 80 人，包括三军参谋长，搭乘主力舰“约克公爵”号横渡大西洋，于 12 月 22

日抵达华盛顿，与罗斯福总统共商协同作战计划。丘吉尔在美国受到罗斯福总统的热情款待，两位领导人进行了卓有成效而不拘礼节的工作会谈。双方同意共同干涉法属北非，还同意在华盛顿设立一个英国联合参谋部委员会。为便于联合作战，还决定在太平洋地区建立ABDA（美国、英国、荷兰、澳大利亚）联军司令部，由英国韦维尔将军任总司令。丘吉尔除了和罗斯福一起参加在白宫举行的圣诞活动，还于26日向美国国会两院发表了演讲。他的演讲受到全体议员的热烈欢迎。两位领导人还就建立反法西斯同盟的问题广泛地交换了意见，并做了大量的准备工作，同时拟定了《联合国家宣言》。

1942年1月1日上午，罗斯福、丘吉尔、李维诺夫、宋子文分别代表美国、英国、苏联、中国，在罗斯福总统的书房签订《联合国家宣言》。宣言的签订，标志着世界反法西斯同盟的形成，有力地巩固和发展了反法西斯统一战线，从而加速了法西斯的灭亡。

1942年7月，丘吉尔和罗斯福举行会谈，着重研究开辟第二战场问题。他们决定1942年不在欧洲登陆，而在北非。他们详细制订了进攻北非的计划，并称之为“火炬”计划。

为同苏联通报上述决定，丘吉尔于8月绕道开罗访问莫斯科。当他于8月12日抵达莫斯科时，在机场受到了全部军事礼仪的接待。他被安排住在城外一华丽的别墅，舒适的休息环境使他非常高兴。在访苏的4天中，丘吉尔同斯大林举行多次会谈，会谈并非风平浪静。斯大林要求英美尽快开辟欧洲第二战场，丘吉尔则强调部队和供应不足等客观困难，认为1942年内无法开辟欧洲第二战场。他在谈到实施“火炬”计划进攻法属北非的打算时说：“假若能在今年年底占领北非，我们就可以威胁德意欧洲的腹部；这次战役应该被认为是同1943年的战役相配合的。”斯大林听后，对之半信半疑。两人的会谈有时非常激烈，但有时也显示出友好。在以后的三年中，他们一直保持着“密切而又严肃”的关系，他们相处之中，常常为争论某一问题而面红耳赤，有时

又非常亲密，谈笑风生。

丘吉尔从莫斯科回国后，即着手实施“火炬”计划。他建议罗斯福总统任命艾森豪威尔将军任总指挥，亚历山大将军担任副总指挥。参加作战的英美联军共13个师，665艘军舰和运输舰，分别编成“西部”、“中部”、“东部”三个特混舰队，11月8日分别在法属北非的阿尔及尔、奥兰、卡萨布兰卡地域登陆。在英美联军的强大攻势下，德意法西斯军队节节败退。到11月底，盟军已占领了摩洛哥、阿尔及利亚，并进入突尼斯境地。英美联军经过充分准备后，于1943年3月下旬对困守在突尼斯的德意军队发动最后进攻。德意军队终于招架不住盟军的攻势，于5月13日宣告投降。至此，在北非的德意军队全部被肃清。“火炬”战役的最终胜利，从根本上改变了地中海的形势，为尔后在意大利的西西里岛登陆创造了良好的条件。还可以肯定地说，这次战役挽回了非洲大陆的局势。

中国在反法西斯战争中作出了重大的民族牺牲和贡献，为了加快战胜德国和日本法西斯侵略者，1943年11月22日至26日，中国、美国、英国三国政府首脑在开罗举行会议。会议签署《开罗宣言》。宣言声明：“对日作战的目的在于制止并惩罚日本侵略，将日本攫取的中国领土，如满洲、台湾、澎湖列岛等归达中国。……”另外，苏、美、英三国首脑决定举行德黑兰首脑会议。11月26日斯大林抵达德黑兰，丘吉尔、罗斯福于27日飞抵德黑兰。这是第一次“三巨头”会议，主要讨论和决定未来的共同行动计划。会议决定英美联军要于1944年5月间实施“霸王”作战计划，在法国南部登陆，开辟第二战场。

德黑兰会议后，丘吉尔多次与罗斯福会晤。详细安排“霸王”作战计划，任命美国陆军上将艾森豪威尔为西北欧盟国远征军司令，英国空军上将泰德为副总司令。早在这个司令部成立之前，丘吉尔曾令摩根中将负责研究和制定作战计划，筹集兵员和各种军事物资。由于准备工作没有按时完成，登陆时间由1944年5月初改为6月初。“霸王”计划实施的前夕，丘吉尔每周都召集会议，由他亲自主持，讨论作战的细节。到登陆前，英美在英国集结部队达287.6万人，6000多艘船舰和1.3万架飞机，登陆工作准备就绪。

1944年6月6日，盟军在法国南部的诺曼底地区登陆，登陆取得了极大的成功。当天下午，丘吉尔把这一情况电告斯大林。他在电报中写道：“一切开始都进行得很顺利。水雷、障碍物和地面的炮台大多已被克服。空降很成功，而且规模很大。步兵登陆进展迅速，许多坦克和自动推进火炮已运上岸。”

斯大林收到电报后，十分高兴，立即回电表示祝贺。电报说：“得悉‘霸王’作战行动业已开始，并获成功。我们同感欢欣，并祝获更大成就。”

盟军自诺曼底登陆后，战果逐步扩大，逐渐向纵深发展，德意面临着法国和比利时等西欧国家丢失的局面。同时，苏联红军在东线发起猛攻，德军腹背受敌，节节败北。在盟军的强大攻势下，法国迅速解放了。8月25日，困守巴黎的德军宣布投降。巴黎的解放标志着诺曼底战役的结束。诺曼底战役的胜利，加速了德国法西斯的灭亡。

在“霸王”作战计划实施的过程中，苏联、美国、英国三方的统一协作达到了顶峰。随着胜利的日益临近，三国为了各自的利益在许多问题上发生了分歧，三国关系中合作的成分逐渐减少，互相之间的争夺日趋表面化。

苏联红军自1944年夏季展开攻势以来，不仅将德军驱回本土，而且先后解放了芬兰、罗马尼亚和波兰。之后，苏军挥师西进，长驱直入多瑙河流域，到达匈牙利、南斯拉夫边境，为大军西进及解放维也纳作好了准备。

苏军夏季攻势，势如破竹，丘吉尔对此不是欢欣鼓舞，而是忧心忡忡，忐忑不安。丘吉尔从红军的胜利中意识到，经过这场残酷的世

界大战，苏联不仅不会像有的人在战争初期所预料的那样被击败或被削弱，反而是愈战愈强。他认为，苏联在国际事务中的地位将会随着战争的胜利而逐渐提高；强大的苏联必然要消灭法西斯主义，随后很可能在欧洲和世界各地出现蓬勃发展的革命运动。这是丘吉尔所不愿看到的和感到不安的事情。

为此，丘吉尔千方百计地阻止苏军扩大战果，遏制苏联扩大影响。他曾顽固地反对在西欧打击德国的战略设想，坚持通过巴尔干从南面打击敌人的战略计划。

其目的，一则可以占领东南欧和中欧地区，并阻挡苏联红军西进；二则帮助巴尔干地区的国家恢复旧秩序，同时加强英国的统治地位，扩大其影响。丘吉尔的计划遭到苏联和美国的反对，他非常勉强地同意了盟国从西欧攻打德国的计划。

随着第二次世界大战的胜利发展，当德意日法西斯的覆灭已成定局、战后划分势力范围的问题提到议事日程上来时，丘吉尔反苏、反共、反对民族解放运动的政治立场就越来越明显地表现出来，英国同苏联及美国之间的矛盾和斗争也日益突出。

他再三拖延在法国开辟对德作战的第二战场，力图把战争重担更久地压在苏联身上，尽可能地削弱苏联的力量。为了阻止苏联控制东欧，恢复英国在巴尔干地区的传统势力范围，丘吉尔竭力主张在所谓“欧洲柔软的下腹部”即巴尔干地区开辟第二战场，并试图在南斯拉夫、希腊、波兰等国恢复旧政权的统治。

1944 年 10 月，丘吉尔在访苏期间向斯大林提出了瓜分巴尔干势力范围的方案。同时，他竭力反对其他国家染指英国殖民地。

1944 年底，德军利用同盟国在德国边界地区发动攻势的机会，在阿登地区进行反扑，西线吃紧。

这种情况迫使丘吉尔在 1945 年 1 月 6 日向斯大林告急求援。斯大林即刻答应并于 1 月 12 日在东线向德军发起大规模的进攻，迫使德军部队调往东线，中止西线的攻势。在此后的三周内，苏军向前推进500公里，进入奥得河地区，距柏林只70公里。

西线的战争在1945年初进行得也十分激烈。到3月下旬，盟军已占领了莱茵河，距柏林也只有300英里。德军已陷入盟军的包围之中，德国大势已去。

就在战争胜利的前夕，美国总统罗斯福不幸于4月12日因脑溢血逝世。丘吉尔闻讯大为震惊，他为失去一位亲密的朋友而悲恸。通过这场世界大战，丘吉尔与罗斯福建立了深厚的友谊。他们相互了解，心领神会，关系密切。丘吉尔经常称自己为罗斯福的“第一中尉”，对罗斯福始终称“总统先生”，罗斯福则亲切地称他“温斯顿”。在白宫的总统办公桌上放着叼着大雪茄烟的丘吉尔的木雕像，雕像上系着一张总统亲笔写的字条：“不要收走！否则罚款250美元！”罗斯福逝世后，雕像才被拿走。

4月下旬，苏军包围了柏林。在意大利战场上盟军的攻势也获得很大成功，迫使当地的德军司令于4月29日无条件投降。

5月7日，德军总参谋长约德尔在柏林向苏军和盟国远征军签署了无条件投降书。被战争拖得精疲力尽的英国人民终于等到了庆祝胜利的日子。5月7日，人们聚集在白金汉宫前，看着丘吉尔乘一辆敞篷汽车满怀喜悦地从人群中间经过。第二天，丘吉尔正式向全国人民宣布战争结束，丘吉尔领着议员们来到圣玛格烈教堂举行感恩礼拜。随后，他应国王邀请，同王室成员一起在白金汉宫的阳台上露面，接受无数深感庆幸的人民的欢呼。

丘吉尔在他撰写的六卷本《第二次世界大战回忆录》一书中，以“胜利与悲剧”作为最后一卷的标题，他认为反法西斯战争的结束既是胜利也是悲剧。

英国人民在丘吉尔首相的领导下，克服重重困难，在同德国法西斯的殊死斗争中生存了下来，并以反法西斯大国的地位屹立在世界上；

同时，又联合美国、苏联、中国，共同抗击法西斯，并最终取得了战争的胜利。这是丘吉尔感到欣慰的。但是，随着战争的胜利，在欧洲以及后来的亚洲各国形成的社会主义革命浪潮又把丘吉尔的喜悦心情冲淡了。社会主义革命摧毁了许多国家的资本主义制度，建立了众多的社会主义国家，从而使资本主义世界遭到极大的削弱。因此，在丘吉尔看来，对德国的胜利又变成了悲剧。

就丘吉尔个人而言，他既是胜利者，又是失败者。他成功地领导了英国人民进行反法西斯的斗争，保存了大英帝国，赢得了世界和平，其卓著的功绩无与伦比。然而，他却出乎意料地被人民抛弃了，在第二次世界大战胜利前夕被迫下台。

战争初期，为发动群众参加战斗，丘吉尔领导的战时内阁曾大肆宣扬在战后进行一系列改革来改善人民的生活条件。可是随着胜利的到来，丘吉尔竟将改革方案束之高阁。

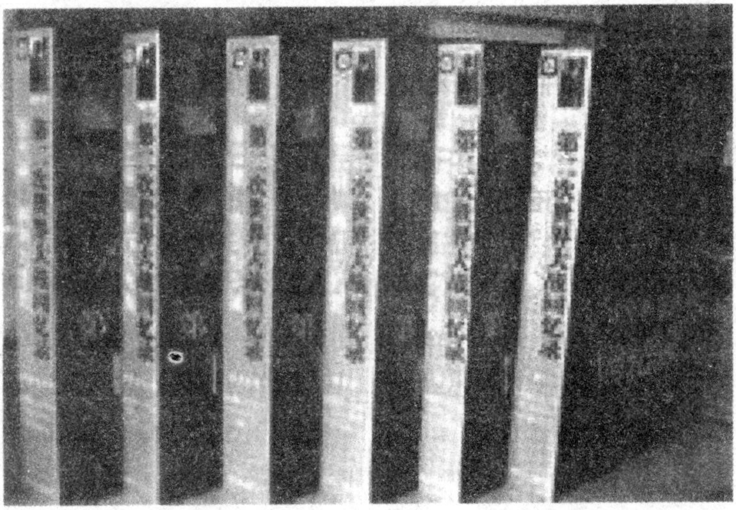

丘吉尔著作《第二次世界大战回忆录》

另外，丘吉尔的独断专行引起了越来越多的人的不满。不满情绪的日益增长，使丘吉尔的声望逐渐下降。许多党的党员及部分议员对丘吉尔进行猛烈的抨击，认为丘吉尔必须离开政府。他们认为，战争初期，英国处于生死存亡的境地，只有好斗的丘吉尔才是首相的最佳人选。而现在，欧洲战争已经结束，第二次世界大战即将取得全面的胜利，丘吉尔已经完成了他的使命，他的那些思想不适合于和平时期的英国。因此，丘吉尔应该下台啦。

1945年5月23日，丘吉尔宣布解散联合政府，他本人正式提出辞职。国王随即邀请他组织由保守党人和少数无党派人士组成“看守”政府，负责管理7月5日大选前的英国。

大选拉开序幕后，各种竞选活动纷纷开始。丘吉尔企图利用他在战争期间树立的威望，到处进行竞选演讲。城市及村镇的街道上挂着带有丘吉尔画像的宣传画和标语，标语上写道：“此人赢得了战争”，“此人必将完成其伟大的事业”。但是，对英国选民来说，战争已经成为过去，他们关心的是将来。他们希望选出能为其带来幸福生活，维护和平的人。

与此相反，工党领导人在选举中则比较明智。他们掌握了全国人民的情绪，提出许多符合民情的改革纲领。他们向选民许诺，执政后将全力保持在战争中与苏美形成的联盟，彻底改革社会保险制度，进行民用住宅建设。工党领袖艾德礼到各地竞选时，不像丘吉尔那样坐着豪华的汽车，而是和妻子一起坐一辆旧汽车。他的朴实的演说和丘吉尔自命不凡的态度，形成鲜明的对照，他稳健而朴实的作风给选民留下了良好的印象。

经过一个多月的激烈角逐，终于到了投票日。投票后，还需三个星期才能完成计票工作。7月15日，丘吉尔飞往波茨坦参加“三巨头”会议。丘吉尔对重新当选首相充满信心，在宴会上表现得兴致勃勃。在最后一次宴会上，他还同斯大林约好在下次东京会议上见面。

7月25日即大选揭晓的前一天，丘吉尔飞回伦敦，这天晚上，丘吉尔同家人美美地饱餐了一顿。到睡觉时，他还显得非常得意。

7月26日公布大选结果。虽然丘吉尔本人在他的选区获胜，保住了议席，但保守党遭到了惨败。工党在下院得到393席，而保守党只得

到 213 席。

选举结果完全出乎丘吉尔的意料，这对他是一个沉重的打击。丘吉尔怎么也想不到一个战功卓著的、享有盛名的人民领袖，竟被选民所抛弃。丘吉尔永远不能理解，也不能原谅英国人民在 1945 年选举中对他的冷遇。

当天晚上，丘吉尔向国王乔治六世提出辞呈，并请国王召见艾德礼，让他组织新政府。国王觉得这件事太令丘吉尔伤心了，他想给这位卸任的首相授予嘉德勋章。可是丘吉尔觉得在此时接受荣誉不合适，予以拒绝。半小时后，国王召见艾德礼，请他组阁。随后，艾德礼以首相的身份参加丘吉尔尚未开完的波茨坦会议。当了 5 年之久战时首相的丘吉尔就这样在下了台。

（三）最后时光

丘吉尔下台后，许多人认为他应该退出政治舞台，享受天伦之乐。他的许多朋友劝他离开议会，不要在下议院担当反对党领袖的角色。但真正了解丘吉尔的人都知道他决不会就这样忍气吞声地退出政治舞台的，他还会东山再起的。

丘吉尔经过冷静地思考之后，认为目前的失败是暂时的，并不表明他要永远退出政治舞台，只要不离开保守党和议会反对党的领导岗位，他就有机会重新组阁。这时丘吉尔虽已年满 71 岁，但他自我感觉良好，并相信一定会重返唐宁街 10 号。他在一次聚会时对同党的议员们说："工党政府不会永久存在，上帝保佑，在我们重返之前，国家不要遭受更多的损害。我们应当回去，我们一定回会去，这是必然的，就像太阳明天会重新升起一样。"

1950 年 1 月 11 日，艾德礼宣布 2 月 3 日解散议会，2 月 23 日举行大选。当时正在度假的丘吉尔闻讯后立即回国，为大选作准备。这次大选比较平静，丘吉尔仍以多数票当选为伍德福德选区的议员。最后下院的席位分布是工党 315 席，保守党 298 席，自由党 9 席。在这次选举中，丘吉尔的两位女婿——长女黛安娜的丈夫邓肯·桑茨和幼女玛丽的丈夫克里斯多弗·索姆斯分别在各自的选区当选，可他的儿子伦道夫再度落选。

两大党的席位数如此接近，按惯例应在年内再举行一次大选，但由于爆发了朝鲜战争，大选未能如期举行。

丘吉尔总有用之不竭的精力，他除了从事政治活动外，还用很多的时间去绘画，并把自己的画送到皇家美术院展出。另外，他还经常到美国、欧洲旅行。这些都是他每次失败后调节心情的最佳方法。

这期间，丘吉尔的最主要成就是撰写了一部长达数百万言的《第二次世界大战回忆录》。

丘吉尔在这部书中披露了大量的历史文件和事实，对研究第二次世界大战有一定的帮助，因此，这部书获得了诺贝尔文学奖金。

为使国内政局稳定，国王敦促艾德礼于 1951 年秋季举行大选。因此，艾德礼宣布 10 月 4 日解散议会，25 日举行大选。

为取得大选的胜利，丘吉尔四处奔波。这次，他接受了 1945 年失败的教训，提出了符合群众利益的施政纲领，答应选民执政后每年将建造 30 万所房屋以解决住房危机。

这次大选，工党和保守党仍是势均力敌。大选结果，保守党以 321 票的微弱多数取胜，工党政府垮台。1951 年 10 月 26 日，年近 77 岁的丘吉尔再度拜相组阁，这是丘吉尔第二次也是最后一次担任英国首相。

此时的丘吉尔虽已年迈体衰，但他精力依然十分充沛。重新出任首相，使丘吉尔高兴万分。兴奋之余，他非常清楚地意识到此次担任和平时期的首相，所面临的任务与 1940 年大为不同。

在这届任期内，丘吉尔仍和以前一样，对国内事务很少过问，这方面的问题交给大臣们去处理，而他把主要精力都集中到外交政策及国际事务上。1952 年 1 月，丘吉尔赴华盛顿会见杜鲁门总统，商谈如何加强英美合作问题，呼吁美国帮助英国增加军事力量。《泰晤士报》

驻华盛顿记者在报道丘吉尔访美之行时说：虽然丘吉尔的行动比过去要迟缓一些，但是他仍“反应敏捷、消息灵通、思想丰富、语言生动，而且诙谐机智一如既往。”

1952 年 2 月，英国国王乔治六世逝世，伊丽莎白二世继承王位。1953 年 6 月举行加冕典礼时，女王伊丽莎白二世授予丘吉尔嘉德勋章，以表彰他对英帝国所作的贡献。这次丘吉尔没有拒绝，并且坦然受之。

6 月 23 日，丘吉尔正式宴请来访的意大利总理加斯贝利。宴会结束时，他突然站不起来了，他得了轻微的中风，左边身躯出现麻痹症状。8 月，他渐渐地恢复了健康，并又回到内阁主持工作。10 月，他出席了一年一度的保守党年会，他在会上发表了演讲并获得了成功。但岁月不饶人，丘吉尔愈来愈觉得自己力不从心。1954 年 3 月他对密院院长巴特勒说：“我感觉自己像一只正要结束飞行的飞机。天色已是薄暮，汽油也将耗尽，可我还在寻找安全降落的地点。”他知道自己不久就该退休了，但他不舍得轻易交出手中的权力，一再推迟退休日期。

丘吉尔的辞职是逐渐地、无声无息地进行的。1955 年 4 月 4 日，丘吉尔在唐宁街 10 号首相官邸举行午宴，女王夫妇、政府官员、著名的工党成员、二战时期的军事将领和丘吉尔的密友应邀参加。女王对丘吉尔的辞职表示关注。4 月 5 日中午，丘吉尔主持了最后一次内阁会议，下午四点半，他前往白金汉宫，向女王正式提出辞呈。

4 月 5 日下午 5 时，丘吉尔驼着背，拄着手杖，恋恋不舍地离开唐宁街 10 号。当他叼着雪茄，领着他的狮子狗走向汽车的时候，全体人员唱起了“他是个好伙伴”的歌。丘吉尔伸出右手的两个手指，打着象征胜利的拉丁字母“V”的手势，向大家致意。在一片欢呼和祝愿声中，汽车缓缓地驶离了唐宁街。

1958 年法国戴高乐总统授予他“解放奖章”。1959 年即丘吉尔 85 岁寿辰之时继承了“下院之父”的荣誉称号。1963 年美国国会通过决议，授予丘吉尔美国“名誉公民”称号。在丘吉尔退休之初，新闻记者还经常在报纸上刊登采访他的文章和照片。后来，报刊上关于他生活的消息就渐渐地少了起来。

在晚年，丘吉尔对于自己终身为之奋斗的事业仍然念念不忘。1963年4月9日，在接受美国"荣誉公民"的称号时，他发表书面讲话说："我不同意那种认为英国和英联邦现在应在世界上扮演默然听命和次要角色的见解"，"谁也别想永远低估我们的精力、潜力和恒久不衰的力量"。可是，大英帝国的没落是无可挽回的。丘吉尔在回顾自己的一生时，也只能无可奈何地承认："我曾取得过很多成就，但到头来却是一场空。"

1964年11月，他度过90岁寿辰。有些人问他长寿的秘诀，他回答说："如果有地方坐我决不站着；如果有可能躺下我决不坐着。"丘吉尔一生最大的嗜好是饮酒、吸雪茄烟，他并不认为这些影响他的健康。1940年夏天，他到前线视察蒙哥马利的部队后到一家餐馆进餐。丘吉尔问蒙哥马利喝点什么，蒙哥马利答道："水。我不喝酒，又不抽烟。百分之百地健康。"丘吉尔风趣地说："我既喝酒，又抽烟，却百分之二百地健康。"他一直没有起过戒烟、戒酒的念头，直到他离开人间。

90岁寿辰之日，丘吉尔收到了来自各地的贺信、贺电六万余封。这时的丘吉尔已显得非常衰老，他的眼睛失掉了往日闪耀的智慧、意志和刚毅的目光，相反变得呆滞无神。美国报纸就丘吉尔90诞辰发表的文章中指出："温斯顿爵士还是和从前一样，向时间和命运挑战，但他终究是枯老了。"1965年1月初，丘吉尔患感冒而卧床不起。1月15日又因脑溢血昏迷一周多，终因抢救无效，于1月24日早晨与世长辞。

英国政府为这位举世闻名的大政治家举行了国葬，其隆重程度可以与国王的葬礼相比。英国女王、议会议长、三大政党的领袖、参谋长及其他国家的来宾出席了隆重的葬礼。当灵柩起运时，鸣礼炮19响，皇家空军的闪电式飞机举行空中分列仪式。葬礼举行了好几天，最后把他安葬在布伦海姆宫附近的布雷顿教堂公墓，温斯顿·丘吉尔父母的墓旁。

丘吉尔的一生是光辉的，他为人类和平作出了卓越贡献，世人将永远铭记他。

阿里斯蒂德·白里安

阿里斯蒂德·白里安（1862—1932），法国政治家、外交家，法国社会党创始人，11次出任总理，以对德和解获得诺内尔和平奖，以非战公约和倡议建立欧洲合众国而闻名于世。

白里安生于1862年3月28日，是一个旅店主的儿子。读高中时学习过希腊语和拉丁语，后在巴黎学习法律，毕业后以律师和新闻记者为业。30岁时，白里安热衷于工团活动和工会运动，强烈的反对宗教影响国家的政治生活。他支持工人的暴力运动，反对19世纪末不断滋生的军国主义和民族主义。他在社会事务中所表现出来的温和的处事作风使他被朋友们冠以“迷人的白里安”的雅号。在私人生活方面，白里安是个禁欲主义者，他终生没有娶妻。

白里安

1901 年，白里安与茹尔·盖得、让·饶勒斯等共建法国社会党，并担任法国社会党总书记。这个党提倡在资本主义体系内合法地发展共产主义。1902 年，白里安当选为众议员，一直到他去世。进入议会不久，白里安就因超群的讲演和雄辩能力而出名，他可以随时做即兴演讲。

1905 年，议会通过《政教分离法》，白里安为该法案报告人，这极大地推动了他的政治事业的发展。他虽然是一位无神论者，但在政教分离问题的辩论中表现出的温和政治立场仍得到天主教徒的赞赏，因为他在认同法律规定之前，同各教派的牧师代表进行了广泛的交流。1906 年，白里安任国民教育、宗教部部长，并与亚历山大·米勒兰等人另组独立社会党。1909 年，白里安继乔治·克列孟梭后出任内阁总理，这是历史上社会党第一次组阁。

在第一次总理任期内，爆发了 1910 年法国铁路工人大罢工运动，巴黎的食物供给和国家的经济都受到威胁。他动用军队严厉镇压了这次罢工，这使他失去了众议院中的社会党成员的支持。在此之前，他于 1894 年在南特工会组织大会上，极力说服工会领袖将发动总罢工作为一种适度的运动方式，当时他得到了社会激进组织的大力支持。而此时，社会激进派都指责他维护资本家的利益。白里安被称为独裁者，而他自己则声称，他之所以动用军队，是因为铁路运输对国家安全是至关重要的。1911 年 2 月 27 日，他被迫离任。

白里安支持法国参加第一次世界大战。1915 年 10 月，他再次出任法国总理，主持战时内阁，但在 1917 年 3 月因战事不利而离职。战后长期主管外交部，多次代表法国出席重要国际会议，但在巴黎和会和《凡尔赛和约》的签订中未起到任何作用。

1921 年到 1922 年，白里安再次出任短时期的总理职务，1924 年任外交部长，并在此后左派及中派联合内阁执政期间连续担任该职，1931 年还亲自领导内阁。他相信在欧洲实现长期和平的唯一途径是其他国家都与德国建立起友好的外交关系。在德国外长施特莱泽曼的支持下，白里安积极领导和推动西欧国家重现恢复彼此间紧密的合作关系。他取得最大的成就便是1925年10月16日开始协商，12月1日正式签署的《洛迦诺公约》。该公约包括由德国、法国、比利时、英国、意大利等欧洲国家所订立的彼此提供安全保障的一系列协定。在瑞士洛迦诺举行的会谈后不久，白里安邀请施特雷泽曼到托洛瑞山村进行秘密会谈，他们讨论了对使德国陷入困境的《凡尔赛和约》进行必要的调整，以便缓解德国人的抵触情绪。对德国加入国联，白里安答应进行全力支持，他的努力得到公众的认可。1926年，由于他在签订《洛迦诺公约》的过程中发挥了重要作用，与德国人古斯塔夫·施特雷泽曼共获诺贝尔和平奖。

1927年，白里安在担任外交部长期间，和美国国务卿富兰克·比尔林斯·凯洛格一起发起订立巴黎非战公约，又被称为白里安—凯洛格公约。该公约反对以战争手段来解决国际问题，并呼吁和平解决争端。1929年起，白里安数次发表备忘录，倡导欧洲联合，呼吁成立“欧洲合众国”。

尽管一段时间内白里安的身体状况欠佳，但在1932年初，他还是决定参加法兰西总统的竞选。关心他的朋友劝他退出竞选，但他固执己见。1932年3月7日，因心脏病发作卒于巴黎。

戈林

戈林，全名赫尔曼·戈林（1893年1月12日—1946年10月15日），出生于德国巴伐利亚的外交官家庭。纳粹德国帝国元帅和空军总司令，是纳粹德国中名气和权力以及罪行仅次于希特勒的二号人物，国会纵火案和组建秘密警察盖世太保的元凶，他既是德国的法西斯政治、经济与军事的首脑，也是制定奴役劳工计划、镇压残杀犹太人和其他种族的主谋，是二战中的法西斯主犯。

1893年1月12日，戈林出生于德国巴伐利亚的外交官家庭。12岁时被送进卡尔斯鲁赫的军校，16岁时又进入柏林附近的格罗斯利希特费尔德高级军校。他对军校的学习和生活非常满意。

戈林

1912年戈林从军校中业后进入驻米尔豪斯的步兵团服役。第一次世界大战期间，米尔豪斯被法军占领，他两次率突击队打入该城。他注意到空军在当时和未来战争中的作用，想方设法进入空军。1915年，戈林从飞行学校毕业后，驾机重返前线，立志要作最出名的战斗机飞行员。1917年因作战勇敢，获得3枚勋章。次年获最高战功勋章，并担任德国空军的王牌——里希特霍芬战斗机大队大队长。战争结束后，戈林先后到丹麦和瑞典闯荡。

1921年回国，进入慕尼黑大学学习。他对《凡尔赛和约》的条款极为不满，听了希特勒的讲演后，觉得与他的思想完全合拍，遂主动参加纳粹党。1922年戈林投靠希特勒后，希特勒把从失业者中招募算来的冲锋队员交给他。戈林按正规部队的要求，把他们组织起来，成为冲锋队指挥官，戈林很快就成为希特勒不可或缺的左右手。

1923牛5月1日，戈林佩戴着勋章参加啤酒店暴动，大腿中枪，被迫流亡瑞典和奥地利。由于受伤不能及时治疗，为减轻痛苦，每天注射吗啡，戈林逐渐对码啡上了瘾，变得意志消沉，嗜毒如命。1927年大赦后，戈林回到德国，先后任数家飞机公司和汉莎航空公司的顾问。次年国会选举，戈林成为纳粹党12名国会议员之一。1932年，戈林当选为议长，成为第一流的政客。

1933年初，希特勒担任总理后，戈林任不管郭长，兼任普鲁士的内政部长。他利用职务之便，以4万冲锋队、党卫队、钢盔队人员组成一支辅助警察部队，牢牢控制了占德国面积2/3的普鲁士的局面。他利用“国会纵火案”，逮捕纳粹的反对者，巩固希特勒政权。同年4月，他把政治警察改为国家秘密警察，即盖世太保。不久，他取代巴本成为普鲁士总理。他设法使希特勒相信，罗姆可能策划政变，促成希特勒血洗冲锋队。1933年5月，他被任命为航空部部长后，立即着手准备建立空军。

西班牙内战时期，戈林秘密派出空军参战。他让飞行员不断轮换，让尽可能多的飞行员积累实战经验。1938年2月，希特勒接管整个武装部队指挥权后，授予他元帅军衔。1940年7月，希特勒又授予他位居其他元帅之上的大德意志帝国的帝国元帅军衔。他还获得独一无二的大十字勋章。戈林仇视犹太人，在主持德国经济后，就着手掠夺犹大人的财富，把犹太人驱赶出国，只留下他们的财产。提议在城市建立犹太人隔离区和犹太人移民局，通过屠杀来最后解决犹太人问题。

1939年9月1日，德国法西斯悍然发动侵波战争，希特勒在演说中宣布，如果战争时期他遇到不测，戈林将成为他的继承人。这样，戈林就获得了希特勒法定继承人的地位。在侵波战争中，戈林出动他的机群对波兰空军突然袭击，使波军的许多飞机毁于地面。德国的轰炸机还对波军的防线和城市进行狂轰滥炸，使许多城市化为灰烬。戈林的空军对于使波兰抗战三周就被迫投降起了重要作用。空军在侵波战争上的胜利，使戈林更加野心勃勃，狂妄自大，总以为空军能够解决战争中的一切问题。

戈林与凯特尔元帅在一起

1940 年 5 月 24 日，德国装甲部队已经到达距离敦刻尔克 20 英里的阿运河地区，准备对处于包围圈中束手待擒的 30 多万英法联军实施围歼。但希特勒突然命令陆军停止前进，把消灭敌军的任务留给空军。其中的重要原因，就是戈林向希特勒建议用他的空军来单独消灭被包围的敌军，以减少宝贵的装甲部队的损失。实际上戈林是要为空军取得最后决战的机会，捞取“唾手可得”的胜利。但由于气候恶劣影响了德国空军攻击的效果，同时德国空军还受到英国新型喷火式飞机的有效抗击，故而戈林的空军虽然破坏了敦刻尔克港门，炸沉 243 艘英国运输船，但戈林向希特勒夸下的歼灭英国远征军的海口，并没有兑现。英法联军在德军的鼻尖下从敦刻尔克海滩上夜以继日地撤离，创造了历史的奇迹。

德军横扫西欧以后，1940 年 8 月，希特勒发布从空中和海上消灭英国海空军，为登陆英伦三岛扫除障碍的命令。戈林认为单凭空军就能使英国屈服，海军也认为只有取得制空权，才能渡海作战。戈林组

织并发动代号为“鹰”的对英国大规模空中攻势。戈林深信4天内就能摧毁英国战斗机在英国南部的防御，2—4周就可以完全摧毁英国皇家空军。早在7月，戈林就指挥空军对英国的港口和军舰进行不断的试探性攻击，企图引诱英国战斗机出来作战，但未得逞。8月15日，戈林把他的3个航空队的大部分飞机都投入英伦空战，共出动战斗机1149架次，轰炸机801架次。德英空军战斗的结果是，德军损失75架飞机，皇家空军损失34架。按这个比例，德国很难战胜英国空军。

从8月24日到9月6日，戈林平均每天派出1千多架飞机，正确地把摧毁英国空军防御力量的核心——战斗机作为主要目标。德国空军数量的优势开始显现出来。英国前线机场都遭到巨大的破坏，指挥空战的通讯系统也处于被摧毁的边缘。被击毁和严重损伤的战斗机达446架，飞行员的伤亡已达1/4，局势对英国皇家空军非常不利。德国空军如果坚持作战，英国就会完全丧失空中防御力量，德军的登陆作战就有可能成功。然而就在这一关键时刻，德国空军的战略改为大规模夜袭伦敦。事实证明，这是戈林的第二个重大失误。这一变化，拯救了被打得晕头转向的皇家空军，为皇家空军恢复元气提供了喘息之机，成为史无前例的英伦空战的转折点。由于戈林不能取得制空权，9月17日，希特勒开始无限期推迟“海狮”计划的实施。戈林因在英伦空战中没有取得希特勒所期望的、他曾经在其他战场上取得过的惊人胜利，使德军无往不胜的神话第一次破灭，而在希特勒面前开始失宠。此后，戈林就把指挥空军实际作战的权力委任给别人，自己退到第二线。在准备入侵苏联的计划中，希特勒指定戈林负责掠夺苏联经济财富工作，夺取苏联的经济资财，供德国使用。戈林把已被德国占领的国家的经济并入德国战争经济之中。

1942年冬季，苏军发动冬季攻势，在斯大林格勒包围德国第六集团军以及第4坦克集团军一部。在最后讨论被围部队坚守或是突围的时候，戈林满面春风地出现在会议室，庄重地向希特勒保证，可以通过空运接济被围部队。戈林的一句大话，使希特勒坚定了不准突围的决定。此后戈林不断被希特勒叫去汇报，他总是借口天气忍劣，不能按计划出动飞机，保证一旦天气好转，如数把给养运到。但是一直到1943年1月底被围德国第六集团军全军覆没，戈林的保证也没有实现。为此，戈林不断受到希特勒对他领导空军不力的严厉批评。戈林一怒之下甩手不干，作长时间的休假。此后，戈林成为空军乃至德军历次败绩的替罪羊。

1945年4月20日，戈林参加最后一次希特勒的生日聚会之后，同面临死神的希特勒告别，带领满载金银珠宝的汽车大队撤离柏林。他相信，希特勒的死期将近，自己就要成为继承人了。4月23日，戈林在科勒的鼓动下，准备出山担任和平谈判的使者，遂召集顾问商议。大家认为希特勒既然决定留在柏林，业已与外界和政府断绝联系，事实上已不能视事。根据希特勒1941年6月29日发布的公告，戈林有责任接管政权。于是戈林电告希特勒，要求把这一权力委托肯定下来。希特勒收到电报后，在纳粹党办公厅主任马丁·博尔曼的挑动下怒不可遏，回电说戈林已犯下叛国罪，如马上辞去全部职务，可免一死。博尔曼为了扫除通往最高权力之路的障碍，电令在贝希特斯加登的党卫队总部，以叛国罪逮捕戈林及其部下。这样，第三帝国的二号人物，德国历史上唯一的帝国元帅就成了阶下囚。

希特勒在自杀前一天的政治遗嘱中，重申撤销戈林的一切职务，并把他开除出党。希特勒死后，戈林才重新获得自由。盟军占领德国后，戈林5月21日被押送到卢森堡边境的蒙道尔夫美军战俘营，9月又被押到纽伦堡监狱。在纽伦堡审判中，戈林顽固坚持法西斯立场，一再否认自己的罪行。1946年10月1日，法官劳伦斯勋爵代美国际军事法庭宣读对戈林的判决，确认戈林犯有策划战争罪、破坏和平罪、战争罪和违反人道罪，判处绞刑。此后，戈林提出他作为军人应以枪毙处决，但遭到拒绝，遂决定自杀。1946年10月15日晚，戈林这个

戈林等纳粹战犯在纽伦堡国际军事法庭受审

法西斯罪魁服毒自杀，结束了他丑恶的一生。

海德里希

1904年3月9日，海德里希出生在德国下萨克森州的一个音乐世家。因为从小受到了严格的教育，学生时代的他多才多艺，他的小提琴演奏催人泪下，他在田径场、网球场上的表现也让无数小女生惊声尖叫。1921年，海德里希从中学毕业，他没有像家里希望的那样当一个音乐家，而是考入了海军军官学校。如果历史就这么发展下去，那么海德里希很可能成为一位U型潜艇的艇长而不是日后的“金发野兽”，但穿着一

身帅气的海军制服，身材高大、有着一头漂亮金发和英俊面孔的海德里希太有“女人缘”了，不检点的私生活让他最终和海军无缘。1931年4月，海德里希脚踩几只船的事情被人揭穿，他被海军扫地出门。

从海军“下岗”后，海德里希的境遇相当凄凉，甚至还当过一阵子赛艇俱乐部的教练。然而这种日子并没有持续多久，通过熟人介绍，海德里希很快和党卫队的头子希姆莱搭上了关系。1931年6月31日，海德里希和希姆莱在后者的家中见了面，海德里希那副标准的北欧人面孔让希姆莱相当满意，而海德里希多年从军的经历和出众的口才“忽悠”起只当过小学校长、毫无情报工作经验的希姆莱绰绰有余。最终海德里希“面试”成功，希姆莱将他招进了党卫队保安处。此后，海德里希如鱼得水，1932年他荣升保安处处长；1934年，他代表希姆莱接管了盖世太保；1936年，他被任命为安全警察总监。主持盖世太保和刑事警察工作，此时海德里希年仅32岁。在此后的6年时间里，他让盖世太保变成了一部高效、恐怖而严密的专制机器，任何敢于“妨碍”纳粹政权的人，无论是内部的冲锋队还是外部的反对者都遭到了无情的镇压。一时间，海德里希成了第三帝国中最令人畏惧的人物，躲在黑色阴影中的他被熟悉者称为“金发野兽”。

希姆莱（中）与海德里希（右一）

1941年夏天，德军占领下的捷克斯洛伐克爆发了大规模的游行和

罢工活动，地下抵抗组织也频频出击，斯柯达兵工厂的军火产量一降再降。为了稳定自己的后方，希特勒决定把最信任的鹰犬海德里希派到捷克斯洛伐克。1941 年 9 月 27 日，穿着一身党卫军上将制服的海德里希带着一干爪牙来到了布拉格，出任“代理保护长官”。上任伊始，海德里希就下令执行所谓“教育性”处决行动。在一周之内就有 400 多人被枪毙，受害者上至七旬老翁下至 10 岁幼童，布拉格的人民因此送给海德里希一个新的外号——“布拉格屠夫”。紧接着，海德里希开始对地下抵抗组织进行大规模破坏，盖世太保的皮靴声和警车的轰鸣声响彻布拉格，大批的抵抗组织成员被捕，我们熟悉的《绞刑架下的报告》的作者伏契克就是在这个时候被捕的，后于 1943 年被盖世太保杀害的。大屠杀过后，海德里希又开始施行怀柔政策，他宣布给军工厂中的捷克工人增加食品定量，还从德国请来乐团进行巡回演出，甚至经常不带警卫乘坐敞篷汽车穿过布拉格市区。在海德里希的软硬兼施之下，捷克斯洛伐克的抵抗运动彻底陷入了低潮。

眼看着布拉格被海德里希变成了血红色，远在伦敦的捷流亡政府也坐不住了，他们决定派遣特工暗杀海德里希。很快，在英国情报机构的配合下，一个代号为“类人猿行动”的暗杀计划成形了。12 月 28 日晚上 9 点，7 名捷克斯洛伐克地下抵抗人员乘坐着一架英国飞机向欧洲大陆飞去。这些人在英国接受过刺杀和爆炸等专门的训练，小组成员加拜克和库比斯是他们的指挥者。经过 4 个多小时的飞行，飞机来到了布拉格附近，7 人借助夜色的掩护伞降在了附近的森林里。成功着陆之后，暗杀小组分头潜入了布拉格，与当地的抵抗组织取得了联系并潜伏下来。由于海德里席的行踪诡秘，他的住所有盖世太保的严密守卫，刺杀小组在 4 个多月的时间里一无所获，几套行动方案先后被否定。就在大家一筹莫展的时候，一个装扮成钟表匠的抵抗组织成员进入了海德里希的住所，获取了海德卫希将于 1942 年 5 月 27 日前往柏林的情报。得到这个消息后，暗杀小组决定在海德里希前往机场的必经之路上进行伏击，由加拜克和库比斯负责具体的刺杀行动。

1942年5月27日早上10点，海德里希在和妻子吻别之后，上了一辆敞篷奔驰轿车，他要从布拉格出发前往柏林，当面向希特勒汇报军工生产的情况。按说杀人如麻的盖世太保头子出行，汽车得是防弹的，保镖得是成群的，可狂妄自大的海德里却认为他已经彻底征服了这个国家，没有人敢对他下手。他的汽车是没有防弹功能的奔弛150古董车，除了他的司机他没有带上一个警卫，唯一的武器就是他和司机腰间的鲁格手枪。

10点25分，海德里希的汽车出现在布拉格市区的一条弯道处，海德里希的司机减慢了速度，准备进入弯道口。这时路边突然出现了一道亮光，这是一名刺杀小组的成员用镜子发出的信号，意思是“野兽已经进入牢笼”。在此同时，身披雨衣、埋伏在路边的加拜克和库比斯也看到了汽车上的党卫队队旗、加拜克立刻甩掉了雨衣，操起一把斯登式冲锋枪跳到了公路中央。可期待中的枪声却没有响起，这把倒霉的冲锋枪卡壳了。此时，如果海德里希的司机能加大油门逃离现场，也放海德里希能保持性命，但这个司机却是个临时顶班的新手，他被突然出现的刺客吓傻了，居然在这个紧急的时刻把车停住了。库比斯没有浪费这个机会，他把一枚炸弹扔向了奔驰车。几秒钟后，炸弹在奔驰车的旁边爆炸，汽车的右后轮胎被炸裂，车身后被炸了一个大窟窿，海德里希的腰部也被弹片击中，鲜血流了一地。此刻的海德里希依旧凶狠，他和回过神来的司机掏抢向库比斯和加拜克不停地射击，他甚至还不停地对司机喊着：“追上他们，把他们干掉。”枪战很快就结束了，两位勇士成功逃脱，司机被子弹击中，海德里希则靠在汽车的发动机罩上不停地喘气。几分钟后，盖世太保赶到了现场，他们将海德里扶上了一辆汽车，把他送往了距离现场最近的布劳沃医院。

海德里希被送到医院后，两名外科医生为他做了紧急手术，海德里希的胸腔被打开，脾脏也被切除。得到海德里希遇刺受伤的消息后，希特勒和希姆莱都派出了自己的私人医院赶往布拉格。经过医生的救治，海德里希的伤情在6月1日得到了稳定，他甚至已经可以吃一些流质食物，医院向希姆莱报告说："海德里希已经度过危险期。"可到6月3日，海德里希的情况急转直下，出现了败血症的反应，医生们束手无策。6月4日，海德里希在与希姆莱见了最后一面后死去，一个不知名的工作人员在海德里希的病历上写下了死因——"伤口感染"。

1942年5月27日，海德里希在布拉格郊外遇刺时所乘坐的汽车

海德里希死后，希特勒为这个最得力的爪牙举行了国葬。6月9日，在帝国总理府，希特勒和数十位纳粹党的高级官员出席了海德里希的葬礼，希特勒无比"哀怨"地宣称"是命运夺走了海德里希的生命"。不过也不是所有纳粹党徒都很"怀念"这个权力欲极强的同僚，希特勒的心腹、"阿道夫·希特勒旗师"的指挥官塞狄特里希就偷偷地和手下说道："谢天谢地，这头猪终于死了。"

在海德里希的尸体下葬后不到24小时，希特勒就给盖世太保下达了报复的命令，悬赏100万马克捉拿刺客，盖世太保包围了布拉格西北部的利迪泽村。怀疑抵抗者藏匿此处的盖世太保对村民们严刑拷打，结果一无所获。他们残忍地将丛村的173名男子全部枪杀，妇女和儿童则被送往了波兰的集中营，这些无辜的村民几乎全部死在了那里。就在盖世太保以恐怖屠杀震慑人心的时候，暗杀小组也被他们的爪牙发现了。在抵抗组织内部叛徒的带领下，盖世太保包围了暗杀小组藏身的教堂。双方进行了2个小时的战斗，暗杀小组的7名成员和5名抵抗运动成员全体牺牲。然而，德国人的搜捕行动并没有结束，对地下抵抗组织的搜捕一直持续到当年秋天。根据盖世太保的统计，在海德里希死后所进的报复行动中，大约有2000名～5000名平民被处死，纳粹党又欠下了捷克斯洛伐克人民一笔血债。